INSIDE INFORMATION ON ECONOMIC REFORM 改革要情参阅

聚焦改革内幕　析治国之精髓　探讨体制掣肘　集政论之大成

第**③**辑

◇ 陈文祥　瑞士联合银行经济学家

◇ 刘武俊　《中国司法》杂志副总编

◇ 汪玉凯　国家行政学院公共管理教研部教授

◇ 吴敬琏　国务院发展研究中心研究员

◇ 吴晓灵　中国人民银行副行长

◇ 于建嵘　中国社会科学院农村发展研究所社会问题研究中心主任

◇ 袁绪程　中国经济体制改革杂志社总编辑

◇ 约翰·桑顿　美国布鲁金斯学会主席

◇ 张宇燕　中国社会科学院世界经济与政治研究所所长

◇ 竹立家　国家行政学院公共行政教研室主任

改革

要情参阅

改革要情参阅 INSIDE INFORMATION ON ECONOMIC REFORM

重大政策出台的台前幕后
中国改革进程中的重大问题

中国经济体制改革杂志社　主编

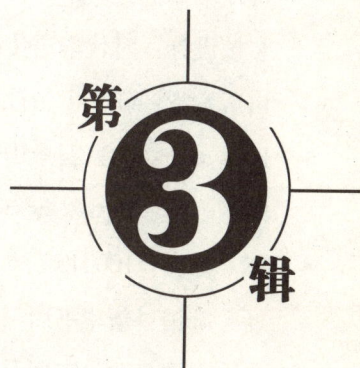

第 **3** 辑

新华出版社

图书在版编目（CIP）数据

改革要情参阅. 第 3 辑／《中国经济体制改革》杂志社主编. —北京：新华出版社，2009.12

ISBN 978 - 7 - 5011 - 9056 - 0

Ⅰ. ①改…　Ⅱ. ①中……　Ⅲ. ①经济体制改革 - 世界 - 文集　Ⅳ. ①F113. 1 - 53

中国版本图书馆 CIP 数据核字（2009）第 226016 号

改革要情参阅　第 3 辑

责任编辑：齐　鹏

装帧设计：时代华语传媒

出版发行：新华出版社

地　　址：北京石景山区京原路 8 号

网　　址：http://www.xinhuapub.com

邮　　编：100040

经　　销：新华书店

印　　刷：北京市通县电子外文印刷厂

开　　本：880mm×1230mm　1/16

印　　张：15.5

字　　数：275 千字

版　　次：2010 年 1 月第一版

印　　次：2010 年 1 月第一次印刷

书　　号：ISBN 978 - 7 - 5011 - 9056 - 0

定　　价：60.00 元

本社购书热线：(010)63077122　中国新闻书店电话：(010)63072012

图书如有印装问题，请与印刷厂联系调换　　电话：(010)80497836

第3辑 改革要情参阅 目录

INSIDE INFORMATION ON ECONOMIC REFORM

将国企改革进行到底

中国会出现"非典型次贷"危机吗?

土地收入:一笔没算清的账

稻米困境:谁来养活中国?

改革要情参阅 – 资讯汇编

时政要鉴:

"权力搅买卖"的寻租条件

中国离福利国家还有多远

高校"官满为患"

莫让民意涌入法院

"80后"厅官

东航"返航门"事件折射国企行政整合困局

"59岁现象"变"35岁现象"

政治体制改革不能总在意识形态冲突里打转

垄断国企怎么也吃环保"红牌"

183个城市欲建国际化大都市

年薪10万抵一纸户口的无奈

出版说明

中国经济体制改革杂志社

中国发生的一系列变化均发轫或受力于 30 年前启动的那场改革。在这整整一代人的历史中，我们所有中国人都与这场实质为利益关系调整的改革同呼吸、共命运，同俯仰、共沉浮。可以说，一部中国当代史就是一部改革史。

改革从危难中走来，自然不会是一路坦途。它时如满江春潮，让各阶层民众普遍受益；时如关山阻隔、暗流飞旋，遭遇扭曲的改革，出现新的社会不公。但"青山遮不住，毕竟东流去"。无论改革路途怎么曲折，改革仍将以日月经天、江河行地之势向前推进。因为有改革前后的历史比较，智慧的中国人民必定会选择改革。

在这 30 年的改革历史进程中，既有旧体制弊端的顽固表现，又有利益群体的对峙博弈，还有改革弄潮儿的慷慨悲歌、锐意进取。面对这幅浩繁而壮丽的历史画卷，学者们以独特的视角对改革中出现的问题作出自己的解读，并且展开尖锐的意见交锋。这套系列图书便是对这场历史嬗变和意见交锋的忠实记录。

中国经济体制改革杂志社所属的《改革内参》创刊于 1983 年，由当时的国家体改委主办，现由国家发改委主管、中国经济体制改革研究会主办。刊名曾几经变迁，先为《经济体制改革参考资料》、《经济体制改革内部参考》，1994 年定名为《改革内参》（保密期半年），中国改革开放的总设计师邓小平曾亲自为刊物的出版者题写刊名，由此体现着老一辈政治家对《改革内参》的殷切希望。

中国经济体制改革杂志社是中国唯一的一家专门承担改革宣传任务的国家级期刊社，还编辑出版《中国改革》（月刊）和中国改革年鉴。著名经济学家高尚全担任杂志社的专家委员会主任，著名经济学家吴敬琏担任名誉总编辑。

中国经济体制改革杂志社旨在立足中国改革实际进程，关注改革热点与难点，汇集各阶层对改革的诉求，借鉴海外启示，梳理改革经验，探讨改革路径，讲真话、切时弊、出对策，融可读性、理论性、前瞻性、可操作性于一体，为各级决策者和广大读者搭建起一个进行信息交流、探索和推动改革的平台。

将以往刊出的文章汇编成书，正是基于这样的考虑：这些文章虽然针对当时形势而写，但其见解独到、思想深刻、预见性强，因而，它们在今天看来仍有生命力，仍有积极的借鉴价值。

我们的改革正在路上，我们的改革远未成功。我们在充分展示并享受改革开放成果的同时，更要奋力推进改革。只有奋力推进改革，才能促进经济增长方式的转变；只有奋力推进改革，才能改善民生，促进社会公平正义，缓解社会矛盾，实现中国经济的可持续发展，完成中华民族复兴的伟大历史使命。

"温故而知新"。我们要把改革继续向前推进，就必须追寻改革的来龙去脉，通过历史经验和历史教训的吸取，把握改革的规律性。我们希望这套系列图书的出版能起到这样的作用。

代前言
后危机时代的中国改革

高尚全　中国经济体制改革研究会名誉会长

在百年一遇的国际金融危机中，发达经济体陷入全面衰退，中国等新兴经济体保持相对强劲的增长势头，成为世界经济稳定的重要来源。2009 年 10 月初国际货币基金组织发布的《世界经济展望》指出，新兴经济体和发展中经济体将先于欧美等发达国家走出危机、实现复苏。

但是，我们也要清楚地看到，新兴经济体的发展之路并非一帆风顺。比如，对外部市场的高度依赖和内需不足的矛盾，制约着中国经济的可持续发展。如何在后危机时代走出一条新的发展道路，对新兴经济，对全球经济，都有重要意义。

经济发展方式存在的矛盾进一步突显

国际金融危机对我国带来的冲击和影响，应当说是长期而深刻的。它不仅对我国实体经济带来了冲击，更重要的是它充分暴露出了我国发展方式中长期存在的一些矛盾。

（一）经济发展方式转型与市场化改革不到位的矛盾

我们喊了许多年的垄断行业改革，过去几年也有一定的进展，但一些行业在应对危机中出现明显的"国进民退"趋势，民营经济发展受到更大的冲击。再比如，高能耗经济和高碳经济赖以生存的最根本的体制基础，就是资源要素的行政控制和价格扭曲。

（二）社会公共需求转型与公共产品供给短缺的矛盾

我国已开始从私人产品短缺时代进入公共产品短缺时代，但相应的社会体制改革还不适应这个时代变化的趋势。公共产品短缺成为阻碍扩大内需、制约发展方式转型的一个重要因素。

公共产品短缺使我国消费率不断下降，消费率水平不仅低于发达国家，而且也低于"金砖四国"中的其他三国。2007 年，巴西、印度和俄罗斯消费率分别达到75.7%、64.9%和67.0%，而我国最终消费率为49.0%，2008 年进一步下降到48.6%；居民消费率更是偏低，2007 年仅为35.6%，2008 年又降为35.3%。

（三）政府作用的发挥与政府自身建设和改革滞后的矛盾

无论是经济增长方式转变还是适应社会需求变化的社会体制改革，最终都取决于政府自身建设与改革的进程。应当说，近几年政府改革有明显进展，但与经济社会发展需求相比仍有较大差距。例如，近年来政府在基本公共服务领域做了大量的工作，但从总体上来看，政府仍然是经济建设型的运作模式，中央和地方在公共服务上还没有严格的职责划分，地方政府的注意力仍然集中在追求经济总量的扩张上。

加大改革力度，奠定转型制度基础

当前我国宏观经济形势比较明朗，在政策刺激下，经济进一步回升已成定局。内外环境变化，也给改革带来了压力。外部市场持续萎缩、内部社会需求结构变化，是一个中长期趋势，很难通过政策调整来适应，只能在改革中积极应对，努力在以下几个方面取得重大进展。

（一）进一步深化市场化改革，完善社会主义市场经济体制

我们要通过深化市场化改革，尽快建立反映资源要素稀缺程度的价格形成机制、公平竞争的市场秩序、产权边界清晰的微观主体。这是提高市场活力、促进科技进步、增强自主创新能力、优化经济运行质量的基础条件。新阶段完善市场经济体制，就是要实现由政府主导型的经济运行机制向富有活力的市场主导型经济运行机制的转变，更大程度地发挥市场在资源配置中的基础性作用，凝聚转变发展方式的活力。

（二）加快社会体制改革，推进社会建设进程

未来几年社会体制改革要着眼于实现基本公共服务均等化、扩大国内消费需求。第一，农村是潜在的消费大市场，要注重通过城乡基本公共服务均等化开启农村市场。第二，把建立基本公共服务体制、实现基本公共服务均等化的目标同以人为本、提高人口素质、建设人力资源大国的战略目标结合起来。实质性地提高公共教育、公共卫生和基本医疗投入，形成全社会增加人力资本投资的良好制度氛围，为提高自主创新能力奠定坚实基础。第三，要特别注重协调社会利益关系，使全体人民共享改革

发展的成果，为全社会凝聚改革共识创造条件，使后危机时代的改革获得更为广泛的社会基础和社会支持。

（三）提速行政管理体制改革，加大政府转型力度

从 30 年转型与改革的历程看，我国发展方式转型的主要挑战不是经济社会本身，而是政府决策与政府转型。推进发展方式转变，应重点推进以行政管理体制改革为主线的政府转型。

第一，在完善政府经济职能上取得重要突破。建立市场化的宏观调控体制，增强中长期规划的科学性和约束性；强化央行在宏观调控中的独立地位，增强宏观调控的科学性、预见性和有效性；建立现代市场监管体制，确保市场监管的有效性；加强政府对外经济职能，为人民币国际化、企业走出去创造良好的制度环境。

第二，在政府公共职责保障机制建设上取得重要突破。建立中央和地方各级政府的职责分工及保障机制。按照公共服务支出责任与财力相匹配的原则建立中央与地方分工体制；建立符合公共服务型政府要求的绩效评估体系和行政问责制度。

第三，在改革调整行政权力结构上取得重要突破。以建立健全大部门体制为重点，大胆探索建立公共权力有效协调与制衡的体制机制，基本形成行政决策权、执行权、监督权既相互制约又相互协调的权力结构和运行机制。

第四，在政府自身建设与改革上取得重要突破。集中解决群众意见大、制约政府公共权力规范行使的突出矛盾和问题，在建立阳光政府、效能政府、廉洁政府、法制政府方面取得明显成效。

着眼于发展方式转型的改革要有新思路、大魄力

有人曾经提出，改革已基本结束。但这次国际金融危机以及它对我国带来的冲击却再次突显出改革的重要性。在我看来，改革不仅没有结束，反而面临更加艰巨的任务。未来 30 年，甚至更长的时期内，要推进发展方式转型，改革面临更重要的任务。实现改革新的突破，必须要有新思路，要有大魄力。

（一）把发展方式转型作为改革的主线，这是一个大思路

改革是前无古人的事业，要讲新话，讲老祖宗没有讲过的新话。真正把改革深入下去，要大胆突破过去的一些理论"禁区"。从现在的情况看，突出改革的新思路，就是把发展方式转型作为主线，推进三个领域的改革。第一，以经济发展方式转型为主线的经济体制改革；第二，以适应社会公共需求转型为主线的社会体制改革；第

三，以政府转型为主线的行政管理体制改革。

有了这个大思路，才能清晰地看到推进经济、社会和行政体制全面改革的迫切需求，才能找到改革新的突破口。第一，深化经济体制改革要以打破行政垄断为突破口；第二，推进城乡一体化要把城乡土地利用规划制度改革作为突破口；第三，推进行政体制改革把建立公共权力协调与制衡机制作为突破口。

（二）推进新阶段的改革要有大魄力

进入后危机时代，我国改革面临的环境更为复杂；改革的推进动力也有明显变化。着眼于发展方式转型的改革，需要有大的魄力，要在一些基础层面有大动作。

第一，坚持改革不动摇。面对当前国际国内的复杂情况，继续毫不动摇地坚持市场化改革方向尤为重要。从我国改革的历史来看，建立社会主义市场经济体制的改革目标和方向来之不易，是我们经过长期探索得出来的结论。今天中国有翻天覆地的变化，是改革开放的结果，我们必须坚持改革不动摇。

过去30年的实践证明，在严峻的挑战和巨大的困难面前，坚定地推进改革开放，是破解难题、加快经济社会发展的唯一出路。

第二，后危机时代深化改革呼唤新的思想解放。新阶段的改革，需要有新的超越。进入以扩大内需、构建消费大国为目标、以政府转型为重点的全面改革新阶段后，改革所面临的形势更为复杂，涉及的范围更广。没有新的解放思想运动，改革很难顺利推进下去。

第三，消除不利于改革的各种认识和判断，形成全社会共促改革的合力。

发展方式的转型带来的挑战已经超越了经济本身，着眼于此的改革更是呼唤大的智慧以及思想的碰撞与交锋。读者看到的这套《改革要情参阅》，直面社会发展转型和改革所面临的挑战与危机，融汇百家意见、纠正理论误区，是决策者的参阅材料，也是探索改革新思路的理论平台。思想的解放是没有止境的，制度的创新也是没有穷期的。改革不会终止，改革才刚刚上路。

腐败,全球"政治之癌"

- 越南人均收入低,收入差距和基尼系数不断扩大,越南经济是否患了"早熟症"?

- 与中国同为发展中国家的巴西也一直致力反腐工作,反腐措施推陈出新,中国应如何借鉴巴西的反腐经验?

- 日本"平成恐慌"的直接原因是"广场协议"引发的日元盲目升值,这是美国国家战略成功实施的结果。美国的这一招,会不会用于中国身上?

越南的基尼系数 1993 年为 0.33，1996 年为 0.36，1999 年为 0.39，2002 年为 0.42。许多经济学家认为越南患了"早熟症"，亦即越南人均收入很低，然而收入差距和基尼系数却不适当地扩大了。

越南经济社会发展之忧

谷源洋　中国社会科学院世界经济与政治研究所

越南从 1986 年起开始革新和开放，开始从高度集中的计划经济转为社会主义定向市场经济，到今天取得了国际公认的成绩。1990~2005 年，越南经济以年均 7.4% 的速率增长。然而，越南在经济高速增长过程中也出现了许多新的问题和挑战。

经济增长质量不高，基础尚不稳固

当前，在世界许多国家中，科学技术对经济增长的贡献率（综合要素增长率）为 60%~70%。在东盟国家，泰国、菲律宾、印度尼西亚、马来西亚等国的综合要素增长率亦为 40% 左右，而越南经济增长仍主要依靠资金、资源和劳动力数量的不断扩充，因而造成资源枯竭、环境污染，经济难以可持续增长。

国际经验表明，经济长期稳定高速增长只能建立在科学技术含量高、人力资源素质好、劳动生产率高、资金使用效果好、企业和产品竞争力强的基础上，然而，目前越南尚不具备上述要素条件。

大部分机器设备陈旧老化。当前，越南只有 20% 左右的机器设备是现代化的，而且主要集中在航空、通讯和油气开发等部门。在工业领域中，拥有高科技的企业仅为 20.6%，而 58.7% 的企业科技水平低下，工业科技水平远低于新加坡和马来西亚。工业自动化和机械化程度不高，因而劳动生产率难以提升。

人力资源素质不高，培训不足。截至 2004 年，越南 49.3% 的劳动力受教育程度在小学以下，其中 17.1% 为文盲和小学没有毕业的人。

劳动生产率低，投资效果差。根据对制鞋业的一项调查：在 8 小时的工作里，一个越南工人生产 10 双鞋，而一个中国工人生产 13 双鞋，一个印度尼西亚工人生产 11.5 双鞋。越南农业生产同样如此，其农业劳动生产率同中国相比要低 1.5 倍到 2 倍。尤其越南的投资效果不佳。

企业及其产品竞争能力不强。根据世界经济论坛发布的 2002 年和 2003 年《全球竞争力报告》，越南经济竞争力在 79 个国家中排在第 65 位，企业竞争力指数在 79 个国家中排在第 60 位。越南产品竞争力差，不少产品价格高于国际价格，如水泥价格比国际价格高出 15%，钢锭高出 25%，复写纸高出 27%，蔗糖高出 40%，等等。在世界经济论坛发布的 2004 年和 2005 年的报告中，越南经济的竞争力排位不仅没有提升，反而下降了。2004 年在 104 个国家中排在第 77 位，2005 年降至第 81 位，而 2004 年马来西亚居第 23 位，泰国居第 36 位，印度尼西亚居第 44 位。

经济结构和劳动结构调整缓慢。迄今，越南经济仍主要依赖于传统部门和产品，高科技含量的产业不多。

贫富差距拉大，社会矛盾增多

越南 20 年的革新与开放，使人民生活水平提高，人均收入增加了两倍，人均寿命 64 岁。但是，越南在经济增长的同时发展差距也在扩大。

贫富差距问题。1986 年革新之前，越南是一个分配相对平均的国家。1990 年，最富有的 20% 人口与最贫困的 20% 人口的差距是 4.1 倍，而到 1995 年增至 6.5 培，2002 年扩大到 8.1 培，此后几年差距继续扩大。河内、胡志明市等大城市以及九龙江平原各省的收入差距已经达到了绝对的高水平。以人均收入计算，1994 年最富裕省份中的贫富差距达为 25 倍，1996 年上升到 34 倍，1999 年则高达 50 倍。

越南的基尼系数 1993 年为 0.33，1996 年为 0.36，1999 年为 0.39，2002 年为 0.42。许多经济学家认为越南患了"早熟症"，亦即越南人均收入很低，然而收入差距和基尼系数却不适当地扩大了。

越南推行的"废除饥饿，减少贫困"工作取得了明显的效果，但如果按照新标准计算，越南的穷人现在仍然高达 26.8%。所谓新标准，是指农村的穷人为每人每月 20 万盾（约 100 人民币），城市的穷人为每人每月 26 万盾（约 130 人民币）。

过去几年，尽管越南的就业问题得到改善，但失业率依然很高。2004年，城乡失业率分别为5.6%和21%，不充分就业比率则高达25%左右。

各民族发展差异问题。越南是一个多民族的国家（55个），各民族发展程度差异很大，在华族（华人）和京族（越南最大的民族）中穷人所占比重最低，而巴纳（Bana）族穷人所占比重则最高。穷人主要集中在农村，特别是边远地区，如西北、西原、西南部地区。这些地区与城市、平原地区的发展差距明显扩大了。红河平原、九龙江平原、东南部地区是贫富差距最为集中的地区。例如，胡志明市最富有的20%人口与最贫困的20%人口的收入差距是11倍，头顿省为10.5倍，河内市为9.1倍，平阳省为8.5倍，海防市为7.5倍。少数民族与京族、华族之间的收入、穷人和缺粮穷人比例的差距不断扩大是非常值得注意的现象。这种差距一般在4至9倍之间，并有继续扩大的趋势。在京族和华族社会中，存在饥饿危机的人群也达到了人口总数的5%~7%，在其他少数民族中，这一比例则高达20%甚至80%。

移民问题。从欠发达地区向相对发达地区或发展条件较好地区，特别是从农村向城市移民的增加，成为发展趋势，且具有积极作用。但与此同时也带来了一些复杂的问题。从北部到西原地区的移民越来越多，造成土地压力增大，在移民与原居民之间、移民与林场之间不断发生土地争执，甚至引起民族冲突。移居城市人群一般没有户口，享受不到城市贫困人口的一些福利待遇，包括拥有医疗证、子女上学免交学费等等。没有户口的移民与拥有户口的原居民之间待遇的明显差别，是引发大都市发生严重社会问题的重要原因之一。

少数民族问题。一般而言，少数民族的收入低于京族和华族。除此以外，少数民族的贫困还表现在家庭规模大，子女多，文化水平低；有价值的资产，如住房、摩托车等不多。据国家统计，现有50%的少数民族生活在贫困线以下。贫困人口中少数民族所占比重愈益增加，已从1993年的20%增至2002年的30%以上，据一些报告预测，到2010年可能上升为37%。现在越南的穷人主要集中在少数民族地区。

最为严重的发展和收入差距存在于山区少数民族与城市、平原京族和华族之间。山区少数民族主要收入来源是土地，但现在土地已成为西原地区最为复杂的问题。

自1975年越南南方解放以来，西原地区少数民族的林地和可耕地日趋缩小，其原因：一是国营农场侵占了他们的土地；二是外来移民来此安家立业，占了他们的土地；三是官员分了他们的土地。那些被"抢占"的大多是肥沃的土地，易于从事生产经营。失去土地的少数民族，只好向更加偏僻的地区迁移，而那里的土地和气候条件更为恶劣，难以生存，从而形成贫困恶性循环。这是导致西原地区少数民族容易受坏分子和敌对势力操纵，建立反政府组织，引发社会动荡的重要原因。

土地问题。越南大部分穷人集中在农村，农民的生活与土地联在一起。一个突出的现象是自 20 世纪 90 年代以来，没有土地的农业户所占比重增加从 1993 年的 8.2% 增至 1998 年的 9.2% 及 2002 年的 18.9%。几乎所有地区都存在着没有土地的贫困户增加的趋势。在九龙江平原地区，没有土地的贫困户从 1999 年的 26% 上升到 2003 年的 39%。与此同时，土地交易市场逐渐形成了，2002 年有 15% 的农业家庭把自己拥有的土地出租和转包了，而 1993 年这一比重仅为 5%，1998 年为 10%。由于没有土地的贫困户增加，土地价格日益增高，由于土地可以出租承包、买卖，因此，土地争执冲突愈益增多。

贪污腐败问题。贪污腐败者与人民大众之间收入差距的扩大是当今越南政府最为头痛的问题。尽管政府颁布了严厉的反贪污法，惩治了许多贪污腐败者，但贪污腐败案似乎并没有减少，这使民众失去了对政府的信任，在太平省等一些地方曾出现过骚动。

此次考察中，我们与越南社会科学院有关人员交谈得知，由于存在上述制度监督，因此，即使是该院院长（越共中央委员）到国内下属机构出差，也无公车接待，更没有公款接待之优待。

越南政改的纵深观察

魏伟新　王利文　广东省政府发展研究中心

1986 年，长征上任一年后就以年龄为由辞去越共总书记职务——以自身行动废除领导干部终身制为标志，越南开始缓慢进行政治体制改革。2006 年，越共十大明确决定推进政治体制改革，越南政治体制改革提速，越南民主化进程走向快车道。

2008 年 4 月底 5 月初，广州发展研究院组团到越南调查越南经济发展和政治体制革新状况，形成本报告。

强化党内民主，创新党内监督与制衡机制

从越南共产党六大到九大，越共"党内民主"以各种方式在体制内付诸行动。具体举措如下。

废除实际上的领导干部终身制，大力推行干部队伍年轻化建设。越共对中央委员的年龄作出明确规定：凡是 60 岁以上党员不得第一次当选为中央委员，65 岁以上不得第二次当选中央委员，70 岁以上的中央领导人都要退下来；总书记任期不能超过两届，从而使干部的新老交替步入正轨。

在越共十大上，越共坚决执行到了年龄的领导都必须退休的政策，不仅 8 名政治局元老同时告别了国家领导岗位，而且政府各部中的多名要员也因为年龄而提前退休拒绝提名连任中央委员。其结果是，在 2006 年越共十大按差额选举产生的中央新一届中央委员会正式委员 181 名（含候补委员 21 名）中，领导层至少年轻了 5 岁。当选委

员中新人逾半，且多是年龄在 50 岁左右的越南各省市的第一、二把手和政府部委的副部长级人物。按差额新选出的 14 名政治局委员中，8 名为新成员，平均年龄 59.3 岁，远低于上届政治局平均年龄（68 岁）。

实行党的集体领导制度，强化中央委员会对中央政治局与中央书记处的制衡与监督作用。在九大上，越共强化中央委员会的集体领导作用：取消政治局常委会，代之以中央书记处，由中央书记处负责领导党的日常工作，指导党建工作和群众工作，检查党的决议执行情况等工作；强化越共中央委员会的集体领导作用，规定重大政策主张、重要干部任免、大型工程等重大事项，都要在中央委员会集体民主讨论的基础上进行无记名投票表决。

实行中央委员会质询制度，引入"辞职"等监督惩戒机制。2002 年越共九届五中全会上首次引入了质询制度。规定除了正常工作程序外，留出专门时间进行质询，任何一个中央委员都可以对包括总书记在内的中央委员提出质询，也可以对中央政治局、书记处、中央检查委员会提出集体质询，直到满意答复为止。同时，引入了"辞职"等监督、惩戒机制。2006 年 6 月潘文凯总理因对"交通部特大公款赌球案"的腐败事件负有领导责任而引咎辞职。

实行中央委员和重要领导职务的差额选举与信息公开制度。规定从九届中央开始，中央委员和包括总书记在内的重要领导职务的产生，由等额选举改为差额选举。选举前，将所有候选人的基本情况、家庭地址、电话等向社会公布，便于党员干部和群众的监督。省委书记以及所有省级干部的产生均需 10% 差额比例，在全省干部大会上进行无记名投票选举产生。同时，允许党员干部自荐参选党政群众团体职务。2006 年 4 月召开的党的十大上，党的总书记首次通过差额选举方式产生，农德孟以 76.6% 的选票再次当选。

提前公布党代会政治报告草案，广泛吸收党内外智慧，提高决策的透明度。从 1986 年越共六大开始，党代会政治报告草案提前两月在全党范围内公布，在党内进行充分讨论的基础上，对文件作了重大修改，正式提出革新开放路线。七大、八大继续沿袭六大做法。而在准备九大、十大党代会政治报告时，则进一步提高决策的透明度，在党内征求意见的基础上，通过主要新闻媒体提前两个月公布政治报告草案，在全国范围广泛征求党内外意见，进行补充修改。经过全党全民讨论、补充、修改的政治报告，更能体现全党全国人民的意志，并且形成共识，表现了越共高度的责任心和高度的自信。

还原国会的民意机构性质，强化其权力制约与监督功能

越南国会是具有立宪和立法权力、审议重大事项、决定国家和政府组成部门人选的权力机构。越南国会制度改革的目的，在于建立真正的民意代表机构，充分发挥立法和监督作用，使人民真正参与到国家政治生活。

直接、差额选举国会代表。越南选举法规定，凡是年满 21 岁，未被依法剥夺被选举权的越南公民，无论党派、信仰，均有被选举权，个人也可依程序自荐参选国会代表。

所有国会代表的提名候选人只有经过所在单位、居住社区的"民意关"和祖国阵线（越南的统一战线组织）等 3 轮无记名投票，并经由祖国阵线和选举委员会依法确认后才能成为正式候选人。名单一旦确定，每位正式候选人的简历和照片依法通过媒体予以公布。

实行竞选制度，所有正式候选人应在各级祖国阵线委员会在同级地方政府的共同安排下，选择在同一个时间段，前往本人所在选区直接与选民见面，听取选民的意见，回答选民的问题，并陈述本人当选后的"行动计划"，以争取选民支持；最后再通过最高超过 30%比例进行差额直选。

为确保选举的透明、公正，国会代表选举实行全程社会监督，正式候选人或其委托者、社会团体代表、新闻媒体有权见证、监督检票，候选人或其委托者有权对检票结果提出申诉。

越南国会代表由间接选举改为直接选举，使普通群众当家做主的权利受到尊重，大大增强了人民群众的参政意识。更为重要的是，通过竞争性直选、差额当选的代表，其民意的代表性、责任感和使命感极大增强，在审议国家法律、决定重大事项时，敢于反映选民的意见，不符合民意的法律草案条款（例如高的个人所得税的起征点和禁止工人罢工）通常会遭到国会代表的否决。

越南的选举法要求国会参选人要有履行国会代表职务、参加决定国家重大事项的能力，有优良的道德品质，模范地执行宪法和法律，并得到人民的信赖。第十二届国会代表选举结果表明，通过直接、差额选举产生的国会代表，整体年轻、新人增多、文化程度跃升、专业知识丰富，议政能力明显提高。在所有 493 名当选的国会代表中，新人居多，345 名是首次当选的国会代表（约占 69.97%）；代表以年富力强的中年人居多，1970 年以后出生的青年代表也达 54 人，而 60 岁以上的代表只有 29 人。这 493 名代表中，164 名具备大学以上的文凭，309 名具备大学文凭。党政官员代表数量进一

步下降。这使国会监督水平得到明显提高。

推行国会代表质询制和"信任投票"制。越南国会自 2002 年开始实行质询制度。越南的法律规定，在每次全国国会例会期间（每年 5~6 月和 10~11 月两次），国会代表有权就某个问题质询包括总理在内的任何一个政府成员、高检或高法官员，质询场面向全国直播。国会代表依法根据质询的结果对由其选举或任命的领导人（包括国家主席、国会主席、政府总理）进行"信任投票"的制度。

据越南媒体报道，自从实施质询制度以后，"政府官员不再敢小看国会"，代表们不再是"举手表决机器"，国会也甩掉了"橡皮图章机构"的帽子。一个典型的例子是，2006 年 6 月召开的十一届国会九次会议上，国会代表一连几天就交通部的公款赌球事件公开质询潘文凯总理，并认为总理应为交通部的腐败事件承担责任，迫使潘文凯总理 6 月 26 日引咎辞职。

依法治国，完善惩治腐败的制度建设，加大反腐败力度

越南在遏制腐败的制度建设和具体举措上不遗余力。

近年来，越南先后签署国际反腐败公约，制订反腐败法，并为此成立了由总理领导的反腐委员会。为了打破"党大于法"传统恶习，越共规定最高法院可直接审理越共高级领导干部的腐败案件，越共中央完全不干预审判工作。

推行官员财产申报制度。2006 年 3 月，越南总理阮晋勇签署颁布一项法令，要求政府官员与国会代表必须于 4 月起公布他们的收入、房地产、海外财产，以打击越来越严重的腐败行为。

从源头上遏制走私、腐败等弊端，加大对腐败分子打击的力度。2007 年初召开的越共十届四中全会上决定，党的机关、军队、公安等特权部门一律停止经商办企业，这些部门现有的纯经营性企业一律转交国家管理。同时，加大对高级干部违法的查处力度。据报道，2000~2004 年，越南全国各省和中央直辖市先后查处干部贪污案件8 800 多起，涉案官员包括几名在职的正副部长在内的 1.2 万多人。

新闻监督力度大。2000 年越南就出台了《新闻法》，允许新闻媒体在法律的范畴内对党、国会和政府部门及其官员进行监督。

有效推进行政管理体制改革，精简党和国家机关

越南的行政体制改革和经济改革是同时进行的。行政体制改革在制度改革、机构改革、干部与公务员改革以及公共财政改革四个方面同时进行。

越南经济近年来迅速发展，很重要的一个原因是行政体制改革有所突破。2007 年越南按照大部门体制对党和国家机关进行精简，越共中央从 11 个部委精简为 6 个，6 个中央系统直属机关党委整合成 2 个党委；中央国家机关从 30 个部委精简为 22 个，省、市、市辖郡/县政府机构也按照实际情况进行精简，总体精简幅度在 10%至 15%。

通过实行单位预算制度，辅之以新闻监督，越南党政机关一度存在的公款吃喝风、过度接待风得到有效遏制。

此次考察中，我们与越南社会科学院有关人员交谈得知，由于存在上述制度监督，因此，即使是该院院长（越共中央委员）到国内下属机构出差，也无公车接待，更没有公款接待之优待。

巴西最具创新性的一个电子防腐举措是强制推行电子采购系统。政府规定，超过一定金额的政府采购必须通过电子采购系统来进行。网站提供有关拍购公告、电子报价、拍购议程、正在进行中的拍购项目、拍购结果等方面的详细信息，公众可以随时查看电子拍购动态。

巴西的制度化反腐

郭存海　中国社会科学院拉丁美洲研究所

自民主回归以来，巴西的历届政府，特别是 2002 年上台的卢拉政府，均致力于反腐斗争，努力增强反腐力量，并力图将反腐斗争纳入制度化解决通道。

增强法律反腐的力度

对有关腐败问题的处理均由刑法和专门法律予以规定。1992 年巴西颁布实施了《反行政舞弊法》，这是巴西第一部力图消除公职人员腐败的专项法律。该法对诸如非法致富、行贿受贿、损害公共资金等腐败行为及其惩罚措施都作了比较明确的规定。不仅如此，该法还规定公职人员就职和离职时必须如实申报本人及配偶或子女的各种资产，任职期间由审计部门每年审计一次。对申报不实或不按期申报的公职人员将给予免职和相应的法律惩罚。1994 年，一部专门规范公职人员行为准则的法律出台，即《公职人员道德法》。该法不仅详细列举了 15 项公职人员禁令，还要求各级政府部门成立道德委员会，借以监督公职人员的职业道德操守并据此作为晋升的参照。2000年，巴西政府制定了《联邦行政高官行为准则》，对副部级以上的高级官员提出了更高的要求，其中特别规定，高级官员如果出现财产变化，必须向道德委员会报告。

政府采购作为最容易腐败的领域之一，一直是巴西政府重点监控的对象。可以说，巴西的《联邦政府采购法》是世界上少数几个最完备的专门法律之一。这部 1993 年制定的法律几乎包含了所有可能出现腐败的真空地带，该法规定，任何超过一定金额的商品或服务均须通过政府采购方式进行。整个招标过程完全公开，公众可以自由地获取相关的招标程序和合同信息。招标书、宣布中标、合同签署都必须在纸质媒体和互联网上予以公布，而且合同文本必须在宣布中标时确定以避免事后做手脚。

加强反腐机构建设，提高反腐效率

巴西是一个高度分权的联邦制国家。这一特性使它很难建立一个专门而独立的中央反腐机构，也因此常被视为巴西反腐斗争的一大弱点。当前，巴西的反腐力量分散在以下几个机构中。

联邦检察院。联邦检察院是巴西反腐败的一支最重要的力量。巴西宪法赋予联邦检察院以广泛的权限，它可以独立调查一切违反公共利益的案件，1988 年宪法又进一步扩大了联邦检察院的权力，在巴西有"第四权力"之誉。新宪法充分保障了联邦检察院的独立性：外部独立和内部独立。从外部看，联邦检察院独立于行政、司法、立法三大权力机构；从内部看，联邦检察官通过公开考试招录，具有和法官同等的自主性，他们只服从于法律和自己的良心，联邦检察长亦无权干涉检察官的调查活动。

国会调查委员会。国会调查委员会是隶属于立法部门的一个重要反腐机构。巴西宪法规定，国会任何一院都可以联合或单独成立国会调查委员会来监督和调查具有重大意义的案件。唯一的条件是，众议院或参议院调查委员会必须经过该院至少三分之一议员的同意。国会调查委员会通过启动立法和弹劾程序在肃贪反腐工作中起到了重要作用。1992 年科洛尔总统因腐败丑闻而被迫辞职，国会调查委员会功不可没。

联邦审计法院。联邦审计法院是协助国会进行监察的最高审计机构，联邦各州也都设有审计法院，州审计法院不受联邦审计法院的管辖。联邦审计法院之所以名为法院是因为它具有部分司法职能，不过它并不属于司法系统，这是巴西审计机构的一大特点。联邦审计法院拥有很强的独立性。巴西宪法第 52 条明确规定，联邦审计法院的成员由总统任命，参议院批准，但一经任命，除非遭受弹劾，否则不能被解职。这一宪政条款保障了联邦审计法院可以公正而独立地履行审计职能，从而赋予其较强的监督权力。

联邦警察局。联邦警察局隶属于司法部，它在处理腐败问题上的角色写入了宪法，赋予其对"违反政治和社会秩序，或者违反联邦政府的美德、服务和利益的刑事侵害进行调查"的重大职责。联邦警察可以独立地调查包括腐败、洗钱在内的各种刑事案件，另外还有权根据法律或者公民的举报，对政府部长、州长等高级官员展开调查。

充分利用现代信息技术，创新反腐制度

建立"政府服务和信息门户"，向公众在线提供相关的公共服务。这样不仅可以提高公共服务效率，而且有助于减少乃至消除从公共服务中获取贿赂的机会。

建立"透明门户"，民众可以通过这个网站获取有关预算、开支、透明举措等方面的信息。联邦政府对各州、市的拨款，以及各大型工程及社会项目的投资和使用情况都将在网上公布。

网上举报系统。在线电子举报系统是作为构建公众参与反腐机制的一部分设立的。这一系统设在联邦审计法院网站之下。检举人只要提供被检举人的相关信息和证据便可即时提交，并可很快得到确认信息。不过，根据巴西宪法的相关规定，在线举报只接受实名举报。

巴西最具创新性的一个电子防腐举措是强制推行电子采购系统。政府规定，超过一定金额的政府采购必须通过电子采购系统来进行。网站提供有关拍购公告、电子报价、拍购议程、正在进行中的拍购项目、拍购结果等方面的详细信息，公众可以随时查看电子拍购动态。

努力建设一个高效的司法系统

巴西的司法效率低下是全球闻名的。为提高司法效率，2004 年 12 月，巴西国会在历经 13 年的讨论和磋商之后终于批准了关于司法改革的宪法修正案。新的宪法修正案引入了"遵循判例"的理念。这被认为是一种保证法院审判程序的统一性和限制反复上诉的一种有效手段。这次司法改革还建立了一个全国法官委员会，以此作为对司法部门的外部监控机制，监管司法系统的行政和财务活动，监督法官履行职责。不过，法官委员会无权分析和评价法官的判决所涉及的实体问题。

倡导和推动公民社会和媒体参与反腐

巴西宪法规定言论和新闻自由并予以切实的保障，新闻记者可以自由报道涉及公共权力机构的腐败问题，不过如果歪曲事实、构成诽谤罪者将负刑事责任。除此之外，巴西还重视发展致力于反腐的公民社会组织。巴西预算论坛是一个由工会和其他非政府机构组成的透明网络，主要负责追踪和监控联邦预算和公共开支动态。

> 20世纪90年代以前，阿根廷的腐败大都是小型腐败，到90年代中期以后，随着结构改革进程的扩展，特别是私有化进程的深化，体制上的缺陷和监管中的漏洞与空白突显出来，利用公权谋取私利的腐败行为大为增加和泛滥，逐渐渗透到政府管理和政治体制的方方面面，并逐步形成大规模的和群体性的腐败。

阿根廷：无效司法体系下的反腐

刘纪新　中国社会科学院拉丁美洲研究所研究员

20世纪90年代以前，阿根廷的腐败大都是小型腐败，或者说传统的腐败，报纸杂志甚至很少谈论腐败问题，直到1988年以后才有少量这方面的信息被披露出来。到90年代中期以后，随着结构改革进程的扩展，特别是私有化进程的深化，体制上的缺陷和监管中的漏洞与空白突显出来，利用公权牟取私利的腐败行为大为增加和泛滥，逐渐渗透到政府管理和政治体制的方方面面，并逐步形成大规模的和群体性的腐败。无效的司法体系，减慢了政府治理腐败的努力，使得大量重要的反腐败调查悬而未决。腐败问题成为阿根廷最重要的政治话题之一，政府也从过去对腐败现象的视而不见转变为表示关注，继而将之纳入政府公共政策领域，提出并实施反腐措施。

加强反腐制度建设 制定预防腐败的法律法规

作为一个实行三权分立的国家，阿根廷的反腐监管体制也是以实现立法、司法和行政三权各自的内部监管和三权之间相互制衡的外部监管相结合的方式展开的。到世纪转换前后，阿根廷已初步形成了一个政府主导型的反腐监管体制，而议会在反腐监管中的作用则比较小。在阿根廷的反腐体制中，直接承担反腐监管职责的机构主要是国家审计署、国家稽查署、反腐署、检察院的政府调查检察院和保卫专员公署。其中，反腐署的设立是阿根廷实现反腐斗争制度化最重要的一项措施。

国家审计署和国家稽查署是对行政部门的财务情况进行监管的两个主要机构。国家审计署隶属于议会，负责对包括行政部门在内的所有政府部门和公共部门进行外部监管；国家稽查署是政府机构，负责行政部门的内部监管，与设在各部门的内部审计机构共同组成政府内部监控体系。

阿根廷的检察监察机构设置有自己的特点。它将检察院和保卫专员公署一起设置在公共部中，而这两个机构均为部级单位。根据法律规定，公共部为独立于三权之外的一个独立的权力机构，拥有独立的职能，进行独立财务核算，其与行政部门的联系是通过司法部，与议会的联系是通过一个双边委员会。在检察院中，设立了专门负责反腐工作的机构——政府机构调查检察院，专门负责调查全国政府部门发生的腐败行为和违规行为。保卫专员公署（即起源于北欧国家的监察专员公署）属议会管辖，是一个有充分行动独立性和自主性的国家机构，不受任何其他机构的指导，其职责是保护人权和所有其他权利，保卫宪法和法律规定的利益，监督政府公共管理职能的行使。

反腐署是设立在司法部的一个专门从事反腐监察工作的副部级机构，成立于1999年。其职责是"提出和协调反腐计划，与政府机构调查检察院协作，行使法律规定的职责和授权"，权限范围为"全国公共管理部门内的联邦机构和下放了权力的机构，以及有国家参与的公司、团体和所有其他公共和私营机构"。反腐署由两个各自独立的部门——调查部和透明政策部组成，前者负责调查政府和相关部门的腐败投诉（如非法致富、欺诈、贿赂、侵吞公共财产等），在获得证据后，可以提出控告，进行起诉；后者负责制定各项政策以推进政府工作的透明度，防止出现腐败，以及管理公务员财产公开系统。

近几年，在继续推进反腐制度建设的过程中，阿根廷更加重视完善法律法规体系，以提高预防腐败的能力。通过制定"全国政府采购制度法"、"公共工程法"和"财政管理和联邦公共监督体系法"等，建立了政府采购制度，加强了预防政府采购中腐败行为的能力；通过"政党筹资法"，对捐赠者、捐赠数额和竞选开支进行规范，提高了预防竞选中腐败行为的能力；通过"联邦公共就业法律规范框架法"、"全国行政管理职业体系法规"，以及关于议会雇员聘用、最高法院法官和检察院检察官任命的法律法规，进一步完善了政府部门的人事制度。同时，还通过相关法律，建立了保护举报腐败行为的制度，以及加强了对洗钱活动的监控。为了不断改进反腐政策，反腐署和政府机构调查检察院还举办了一个长期论坛，总结和交流反腐斗争的经验和信息。

反腐体制尚不完善 制度建设任重道远

制度建设是一项长期而艰巨的任务，阿根廷的反腐体制还存在许多缺陷。

阿根廷虽然实行三权分立体制，但在超级总统制和强势政党控制的环境下，三权之间的制衡作用非常小。行政权力过大，远远超过立法权和司法权；议会作用弱小，司法不独立，难以对行政权实施有效监督。

反腐监察机构设置比较混乱，缺乏统一的规划和整合，机构设置多，监察范围既有重叠地带，又有诸多盲点。反腐署署长并不拥有必要的独立性，他是由应该由其监督的总统任命的，反腐署所需要的人力和物力资源也来自行政部门，因此，很难真正做到对行政权的有效监督。

对政府官员和公务员的监管比较差。行政部门官员的财产申报由反腐署负责，实行得比较有成效，而立法和司法部门由于缺乏执行机构，财产申报不到位。此外，阿根廷目前已落实的反腐体制安排大多限于联邦政府及其管辖范围，而对拥有80%公务员、管理相当部分公共资源的省市级政府机构和公共机构的反腐监管机构建设却是一个薄弱环节。

20世纪60年代以来的汉江经济奇迹中，韩国大企业扮演了极其重要的角色，一些企业如三星、现代、LG早已成为了世界500强企业。1998年金融危机以后，国际经济界流行一个词汇"Korea Discount"（韩国折扣）。意思是韩国企业的股价与外国同类企业相比，价值偏低，并将其归咎于韩国企业脆弱的治理结构。

韩国财阀的太极术

詹小洪　中国社会科学院经济研究所

　　据韩国银行资料，韩国最大的30个家族企业集团（也称财阀）几乎控制了40%的韩国经济。近年，韩国一再爆出的经济大案要案既震惊了世界，更为他们充满了东方色彩的独特企业治理结构作了个最好注脚。

"韩国折扣"

　　2004年底，直属于韩国总统府的机构国家公平交易委员会公布了一个"财阀集团股份族谱"，将截止到当年4月1日资产达到2万亿韩元（约合20亿美元）的36家企业集团作为对象，列出了集团总裁本人、配偶及直系亲属和旁亲在集团占有的股份。通过此图谱，人们能够对这些大企业集团中，总裁及亲属的股权明细和他们对旗下子公司通过交叉持股的公司治理结构状况一览无余。

　　此图谱揭示，这些韩国大企业集团总裁持股率平均不满2%（1.96%），若加上他们的亲属的2.66%股份共4.61%的股份，却能牢牢控制着整个企业集团的经营权。如决定企业发展方向，制定企业战略，市场开发营销、子公司总裁任免、公司利润分配，等等。在韩国企业集团中，总裁绝对是一言九鼎。值得注意的是，越大的企业集团总裁持股率越低。如三星总裁李健熙0.44%、LG总裁具本茂0.83%、现代汽车总裁郑梦九2.85%、SK总裁崔泰源0.73%、韩进总裁赵亮镐2.92%。

　　每个大企业集团旗下都有很多子公司，有的是上市公司，有的是非上市公司。这

36家企业集团旗下共有781家子公司，企业集团总裁在其中469家子公司（占总数的60%）完全不拥有股份。公平委员会表示，尽管总裁在整个集团占有股份极低，却能利用很少的持股率，通过"杠杆持股"行使着近50%的稳定的企业支配权。

本来，在现代公司制度下，股东在企业经营过程中的发言权及决策权取决于本人的持股率。但是上述韩国那些大企业集团总裁却能利用极低的持股率掌握企业经营权，这证明韩国的企业治理结构有问题。这种"韩国式企业治理结构"常被外界（多为欧美国家经济界）称为"前现代式"、"不透明的"、"独裁式的"、"违反道德的"。

韩国式企业治理结构最大问题是经营不透明，信息披露制度缺失。根据韩国《证券交易法》，上市公司的持股情况必须公开，这样总裁及其企业管理层还比较难做手脚。但非上市公司持股情况大部分是不公开的。总裁完全可以通过非上市子公司之间的相互持股、互相担保债务等企业内部交易，来达到以非上市公司控制上市公司，进而达到以低持股率掌控企业经营权的目的。举例来说，通过"A公司拥有B公司股份，B公司拥有C公司股份，C公司又拥有A公司股份"的这样子公司之间令人眼花缭乱的循环出资方式，来保障总裁对整个企业集团的经营权。甚至有韩国官员称，引发1997年金融危机的主要原因就在于，"企业财团总裁以低股份率控制子公司的方式，盲目扩张事业所致"。

这种"前现代式"的韩国式企业治理结构往往与政商勾结、（如贿赂政要、为总统选举和国会选举特定候选人筹集秘密资金）、做假账、逃税、秘密继承遗产、私下授予经营权、暗箱操作、内部交易这些负面新闻联系在一起。据韩国经济学家分析，财阀们不端违规行为最终目的都是为了保证将企业经营权顺利地交到其后代手上。

20世纪60年代以来的汉江经济奇迹中，韩国大企业扮演了极其重要的角色，一些企业如三星、现代、LG早已成为了世界500强企业。但由于有上述污名，投资者对购买这种企业集团的股票感到担心（目前三星集团的股份有64%是被外国小股东所有），导致韩国公司的股票价值被大大低估，据韩国媒体报道，大概被低估20%。1998年金融危机以后，国际经济界流行一个词汇"Korea Discount"（韩国折扣）。意思是韩国企业的股价与外国同类企业相比，价值偏低，并将其归咎于韩国企业脆弱的治理结构。

企业病屡治屡犯这种病态的韩国企业治理结构历来为韩国公众所诟病，在1998~2007年，金大中、卢武铉两届左翼政府期间，都曾推出过一系列强硬的财阀（主要是针对资产2万亿韩元以上的大企业）改革计划，具体如下。

实行大企业出资总额限制。即大企业集团对旗下子公司的投资不能超过该子公司的25%股份，以防止大企业的经济集中程度，保护小股民权益。同时也是为了防止出现资产泡沫化。

解散位高权重的大企业集团的指挥中枢——企业结构调整本部（后来叫做战略企划室）；禁止子公司之间相互持股和相互债务担保，以防止大企业用低股份率控制企业经营权；提高大企业总裁及其亲属持有公司股份的透明度；在以首尔为中心的首都经济圈内限制投资设厂，这主要是为了保护耕地和保护环境等。

这些措施的主旨是：防止经济集中在少数财阀手中、提高经济透明度、打击腐败、保护中小股民利益、特别是严防财阀的第二代、第三代财阀通过非法的、不光彩的手段继承企业经营权。

总的来说，在韩国社会，公众对财阀的印象并不好，据一次问卷调查，你对"富豪是否尊敬"，竟有40%的被访者作了否定的回答，肯定的只有33%。2005年，高丽大学要授予三星总裁李健熙荣誉博士学位，居然遭到该校学生的强烈抵制而差点流产。理由是抗议三星公司禁止工会活动以及通过买卖旗下非上市子公司爱宝乐园股票的手法而让其子非法继承三星公司经营权。

面对公众的批评、政府的限制，财阀以及韩国右翼媒体则认为这是韩国社会出现的"反企业"、"反市场"情绪。他们尤其对企业出资总额限制条款指责有加，抱怨这个限制会导致外国投资者对韩国企业的敌意收购。事实上韩国财阀们从来没有停止违规经营，近年来暴出的黑幕屡屡震惊世界。

韩国第二大企业集团是现代汽车公司。2007年，现代汽车集团总裁郑梦九涉嫌贪污900亿韩元资产，并给旗下子公司造成2 100亿韩元的损失，因犯了《特定经济犯罪加重处罚法》，以贪污、渎职罪而被起诉，被判处三年徒刑，缓刑五年。判决书写道"郑梦九长期秘密筹集账外资金并非法擅自使用的行为严重妨碍了企业经营的透明性和健康性"。但是法庭又说"为了保障企业防御权（指防止外国投资者对现代汽车公司股权的恶意收购），将经济波动影响降到最小化，我们不会取消之前允许的保释决定"，即网开一面，对郑梦九缓刑5年。

三星集团一年的销售额1 500多亿美元，占韩国经济总量的15%。2008年4月22日，三星总裁李健熙等人曾利用高层干部职员名义的1 199个匿名账户管理价值4.5万亿韩元的股票和现金，而没有缴纳股票交易中所产生的1 128亿韩元资产增值税，触犯了《特定犯罪加重处罚法》中的逃税罪。此外，李健熙还被控未向证券监督当局报告匿名股票的变动情况，触犯了《证券交易法》。另外，李健熙等人廉价发行爱宝乐园可转换债券（CB）后转给李健熙之子李在镕，给爱宝乐园方面造成了至少达 969 亿韩元的损失，犯下《特定经济犯罪加重处罚法》中的渎职罪。这种转让令李在镕成为爱宝乐园的最大股东，爱宝乐园是三星集团循环出资结构的核心，这实际上也确保了李在镕的集团经营权。发行可转换债券是战略企划室得到李健熙批准后主导执行的。李健熙等还被控介入廉价发行三星 SDS 附认证股权债券，给公司造成 1 539 亿韩元损失，让自己的儿子李在镕得到相应利润。最终李健熙因为上述罪状而宣布集团领导层辞职和解散战略企划室。

案件发生后的各方反应

韩国财阀们贪渎罪责一旦东窗事发，往往都会采取下面一系列补救措施。

捐款回报社会，所谓花钱消灾。如捐出自己等值于涉嫌贪污或者逃税的款项，用于建立社会救助基金，或者建立学校，要么办什么社会公益事业。如郑梦九捐出 1 万亿韩元（相当于 10 亿美元）。李健熙更将 4.5 万亿韩元悉数捐出。

总裁或当事企业首脑辞职，通过电视向全国国民谢罪。在现代汽车集团和三星集团两次事件中，通过电视，我们都看到分别以郑梦九为首的数十名现代集团领导、以李健熙为首的十数名三星集团领导们，神情严肃，整齐划一地向电视观众低头谢罪的镜头。其意义和影响绝不亚于一个政府总理的辞职。三星总裁李健熙从此退至幕后，其子李在镕也辞去三星集团中处于旗舰地位的子公司三星电子公司客户服务总管一职，"白衣从军"，去开辟海外市场，为今后登上集团总裁宝座积累一些历练。许诺为振兴国家经济作出贡献。如扩大投资、增加招收新员工名额。

落实政府屡屡要求的而企业以前当作耳边风的政策。如解散策划过违规行为而被社会公众深恶痛绝的企业中枢——战略企划室。实行金融与产业分离。

那么，韩国各界对财阀们中箭落马的反映又是怎样的呢？

提起公诉的检方和法院往往都是重查轻判。接到财阀们涉嫌犯罪的举报，大法院都会成立独立的特检组，侦察过程中，一丝不苟，严格收集罪证。但最后的判决书往往都有肯定现代汽车和三星集团在发展韩国经济中的地位和作用的措辞，然后加上一句"为了振兴国家经济"，"考虑到当事人这样做是为了企业的经营权不至于旁落"，"他的问题与普通渎职罪不能简单等同"、因此"法律面前人人平等"的原则不能机械应用，要"适当考虑个别特殊性和时代背景等"，道出从轻发落让当事人免受牢狱之灾的理由。我们从前些年韩国财阀 SK 集团总裁因涉嫌做假账被判刑 3 年，法院给予缓刑，以及法院 2007 年对郑梦九，去年对李健熙的判决不难得出此规律。

为犯事财阀辩护的多是所属企业本身及有财阀俱乐部之称的韩国"全国经济人联合会"等团体。现代汽车集团和三星集团为自己申辩的主要理由是：总裁们所以违规操作，多是为了防止外部尤其是国外投资者蓄意收购本企业，以保证经营权落在自己人手中；抱怨韩国遗产继承税率过高，继承者无力用现金交纳，如用股权抵税款，又会使自己在企业的股份率降低，致使蓄意收购者乘虚攻击，所以才导致逃税。如果让总裁们下狱，企业正常经营必然中断，这只会使韩国企业的外国竞争同行幸灾乐祸。

公众通过现代汽车集团和三星案件，则觉得法律面对有钱有势的大企业无能无力。一是避重就轻，没有采信关于三星集团筹集秘密资金贿赂政要的举报。尽管媒体披露了有被贿赂人举出了三星集团送礼的铁证。二是觉得企业的过去业绩成了"减罪符"，有钱能使鬼推磨。认为韩国是金钱凌驾于法律和正义之上的社会。法院对三星案的判决迎合了新总统李明博的"亲企业"政策。值得注意的是，这次三星案件的爆料人金勇哲原来是三星集团中枢战略企划室的法务组组长。他背后的支持者是代表韩国社会良知的宗教团体——天主教实现正义司祭团。

许多日本人也意识到了，日本战败，不是坏事。作一个"好样"的战败者，日本没有吃亏。战争结束后 10 年，日本就繁荣起来了。从 1952 年到 1973 年的石油危机，日本的国民生产总值以年均 10% 的速度迅速增长。

"世仇完全不合时宜了"

黄钟　中国经济体制改革杂志社

"掏尽德国人的腰包"

三十年河东，三十年河西。

1940 年 6 月 22 日这天，轮到德国羞辱法兰西了。

在贡比涅森林专列车厢里，希特勒坐在当年法军元帅福熙签字的地方，以胜利者的姿态签下他的大名。桌子是福熙元帅 1918 年 11 月 11 日用过的桌子，位置是福熙元帅 1918 年 11 月 11 日坐过的位置。希特勒以眼还眼以牙还牙，为德国人报了法国佬 1918 年的一箭之仇。

1918 年 11 月 11 日，还是在贡比涅森林。这回，是福熙元帅发威。当德国代表团的埃尔兹贝格议员提到"建议"时，福熙冷冷地说，不存在什么建议的问题，难道德国代表团不是来请求停战的么？话像刺刀一样冰冷。

1918 年 11 月 11 日上午 11 时，西线响起来停战喇叭。硝烟在散，恨却未消。法国大部分舆论都支持签订一个苛刻的"交纳赔款"的和约，也就是 1871 年俾斯麦强加于法国人头上的那种和约。1870 年普法战争法国失败后，法国 50 年来一直生活在德国崛起的阴影之下。

饱受苦难的法国人要求对德国进行彻底报复，这不奇怪。一战使法国丧失了 1/10 的人口，140 万人死亡和失踪，大约 300 万人受伤。战火所及，满目凄凉。打仗就是打钱。四年仗打下来，法国 1918 年的预算赤字高达 180 亿法郎，并且欠美国 160 亿法郎，欠英国 130 亿法郎。法国成了一个遍体鳞伤、精疲力竭的胜利者。难道痛苦就白白地受了？

1919 年 6 月 28 日，凡尔赛和约签字。法国又把阿尔萨斯、洛林拽进了自己的怀抱，并且占领萨尔十五年，然后由公民投票决定它的最后归属。当然啦，法国分得的赔偿也很丰厚。

1921 年 1 月，协约国将德国的战争赔款总额规定为 1 320 亿金马克。它们想让德国再也翻不过身来。

于是，德国人更多记住了被人欺负的历史，而粉饰、淡化、抹去了宰割别人的记忆。《凡尔赛和约》签订之后的德国，是一个充满敌意的德国。谁找到了火星，谁就能够点燃德国。对凡尔赛体系的不满，对强加的和平的愤慨，对前途的忧虑和无助，都是纳粹主义崛起的精神土壤。

有识之士忧心忡忡。在听到凡尔赛和约签订的消息时，福熙元帅说："这不是和平。这是 20 年的休战。"而英国经济学家凯恩斯也在 1919 年警告："这样的和约如果付诸实施的话，将会造成越来越深的灾难。"

"巴黎咬牙切齿地垂下了头"

历史上，普鲁士德国弱小的时候，受人欺凌，强大的时候，别人就是它的牺牲品。数百年如此反反复复。近代的普鲁士，简直就像是专门为了注释弱肉强食而存在。法国也是这样。耶稣说：要爱你们的仇敌。可数百年间，普法两个基督教国家，彼此谁也没有表现出这种胸襟气度。

普法战争，法国惨败。1871 年 2 月 28 日，总理梯也尔给国民议会带回了他签署的协定：割让阿尔萨斯和洛林，赔款 50 亿法郎。维克多·雨果预言："如果人们今天称之为条约的东西变成事实，欧洲将永无宁日！"

一个金法郎，就是一份怨恨。

微生物学的奠基人巴斯德眼看着法军兵败如山倒，就曾誓言："直至我生命的最后一息，我的每一项研究都是为了这个座右铭：与普鲁士不共戴天，复仇！复仇！"而都德则写下了中国人熟悉的《最后一课》。他们都记住了，并且也让他们的同胞们记住了法兰西的耻辱和仇恨。

可他们忘记了，1870 年 7 月 19 日，是法国先向普鲁士宣战；法兰西满怀着阻止德意志统一的决心。阿尔萨斯本来就是日耳曼的一个省，是 1648 年签了威斯特伐利亚和约后才归了法国。从 1675 年到 1813 年，法国入侵日耳曼不下 14 次。平均每 10 年一次。在这段岁月里，日尔曼摊上法兰西这么个邻居，算是倒了大霉。

数百年里，德法之间就这么恩怨往复循环。胜者总想从败者那里大捞一把，败者总想卧薪尝胆再报大仇。或许，是血还没有流够。德国和法国，乃至整个欧洲，还得流一场大血。

"世仇完全不合时宜了"

巨额的赔款，让德国喘不过气来。德国政府要求延期偿付，法国政府认为德国是在要赖，1923 年 1 月 11 日把军队开进了鲁尔工业区。

鲁尔是德国的工业中心。占领鲁尔，等于是给马克的恶化以最后一击。1923 年 10 月，买一只鸡蛋，得花 3 000 万马克。面对如此剧烈的通货膨胀，一般德国人的日子怎么过呀？很难想象，德国人不会以为那是拜法国所赐。也很难想象，德国人不会怀念当年打得法国鼻青脸肿的光辉岁月。

在这种背景之下，许多德国人更容易从希特勒的大叫大嚷中获得心理满足。1938 年 3 月，德国兼并奥地利。为 4 月 10 日全民公决制作的一份传单就这样写道：

"一步一步地，阿道夫·希特勒撕毁了专制的凡尔赛条约！

1933 年，德国退出凡尔赛国际联盟！

1934 年，重建陆军、海军和空军的工作开始！

1935 年，萨尔回归祖国！第三帝国的武装力量重新站了起来！

1936 年，莱茵兰彻底解放！

1937 年，战争罪行的神话光荣地消失了！

1938 年，德国和奥地利统一于第三帝国！实现了大德国！

因此，在 4 月 10 日，整个德国将承认它们的解放者阿道夫·希特勒！

全体人们都说：是！"

这份简洁的政治"成绩单"，确实容易让德国人产生伟大领袖希特勒领导我们向前进的感觉。当德国经历了那些耻辱和贫困的年代后，哪一个爱国者、哪一个军人会不拥护德国那种蓬勃向上的发展呢？

仅用几年时间，从高加索山到大西洋，从挪威到北非，到处都飘扬着□字旗。欧洲再一次陷入血海之中。

德国也没少流血。一战的时候，德国死了 177 万多军人。这回，德国死的更多，总共 525 万人丧生，其中 50 万是平民百姓。

冤冤相报没法了。胜利的法国和战败的德国，都开始以新的眼光看待历史，以新的姿态走向未来。1945 年 8 月，在萨尔布吕肯的一次演讲中，戴高乐说："法国人和德国人应当一笔勾销过去的事情，进行合作，不忘记他们同是欧洲人。"1949 年 5 月，联邦德国成立，10 月，联邦德国加入欧洲经济委员会。总理阿登纳向世人宣称："在今日的欧洲，世仇完全不合时宜了，我决心使德法关系成为我政策的核心。一位联邦总理必须同时是一个好的德国人和好的欧洲人。"

"不要领土，也不要赔款"

1945 年 9 月 2 日，麦克阿瑟这位美国陆军五星上将代表盟军接受日本投降，第二次世界大战画上了句号。

这下子，是不是该轮到麦克阿瑟慢慢地收拾日本呢？毕竟，当年山本五十六率军偷袭珍珠港，不宣而战，美军损失惨重，罗斯福在国会称这是"一个永志不忘的奇耻大辱日子"，就连麦克阿瑟自己，不也曾被日本人从菲律宾赶跑了吗？为了对付轴心国，1 600 百万美国人参加了这场战争，伤亡人数超过百万，其中有将近 30 万人战死疆场。死伤了那么多将士，现在德国日本都投降了，该用什么告慰英灵呢？

在 8 月中旬受命为最高统帅时起，麦克阿瑟就拟定了他想要遵循的各项政策。他要重建和复兴日本。

让日、德两国人民在占领下复兴，是美国政府的一项战略抉择。1945 年 7 月 20 日，杜鲁门总统到柏林美国管制区委员会的司令部，参加了在柏林上空正式升起美国国旗的仪式。他在演讲中说："……让我们记住，我们正在为和平而战斗，为人类的幸福而战斗。我们不是为了掠夺土地而战斗。我们从这场战争中，不要一块领土，不要金钱之类的东西。我们要的是全世界的和平与繁荣。"而此时，太平洋战争还没有画上句号。

1951 年，约翰·杜勒斯对那些倾向于取得赔款的政治活动家们说："倘若你使用鞭子，倘若你勒索赔款，倘若你堵塞日本的经济发展机会，倘若你的举动像是监狱看守和奴隶工的主人，若你把日本逐出海运业并关闭它的纺织厂，那么，你将建立的一种和平，只能导致仇恨越结越深，而且到头来不免把日本推进到苏联的势力范围中去。"

美国对日本的宽大，是一种强者的宽大。麦克阿瑟则是这项对敌宽大战略的一个具有创造性的执行者。

在从冲绳飞往厚木机场的飞机上，麦克阿瑟向惠特尼口授指示：首先是摧毁军事力量、惩治战犯、建立代议制政府结构、使宪法现代化、举行自由选举、给予妇女选举权、释放政治犯、解放农民、建立自由劳工组织、鼓励自由经济、取消警察压迫、建立自由而负责的新闻制度、教育自由化、分散政治权力、政教分离。

仅就如何处置天皇一事，就足见麦克阿瑟非凡的政治智慧。他没有把天皇传到盟军司令部来，以显示权威。他决定等天皇自己来。1945年9月27日，天皇求见麦克阿瑟。

到1951年4月11日，麦克阿瑟在日本待了5年零7个月。他已经整整71岁。当这位占领者被解除职务时，日本国会甚至通过了一项决议案，对麦克阿瑟表示敬意和感谢。天皇裕仁亲自为他送行。吉田茂首相则向全国广播："麦克阿瑟将军为了我们国家的利益所取得的成就是历史上的奇迹之一。是他把我国在投降以后从混乱和衰败之中挽救过来并把它引上了恢复和重建的道路。是他在我们社会的各个部分扎实地培育了民主精神。是他为和平解决方案铺平了道路。受到我国全体人民最为深切的尊敬和仰慕并非偶然。我们全国对他的惜别之情非我的言词所能表达。"麦克阿瑟说，当他离开日本时，"从大使馆到厚木机场的路上，两百万日本人民排在路的两旁，挥着手而有的则流着泪"。

一个巴掌拍不响。日本人把美国人视为一个"好样"的占领者，他们自己也准备做一个"好样"的战败者。

10多年后，吉田茂在回忆录里说，"对盟军总部要端正战败的态度是我一贯的想法"。所谓端正战败的态度，吉田茂说，既不是一切都唯命是从，也不是阳奉阴违，而是"协助占领政策"，不过，"每当对方有认识上的错误或不符合我国国情的主张时，我一向是尽可能说明我方的情况，力求说服对方。并且尽管这样，但问题仍按对方的主张作出决定时，我所采取的态度是遵守这个决定，以等待能够纠正对方错误或过分的时机到来"。

许多日本人也意识到了，日本战败，不是坏事。日本著名的教育家小原国芳在1946年出版的《教育立国论》里就说："假使当时日本成了战胜国，日本会变成什么样呢？恐将是军阀、财阀、官僚专横跋扈，军部权力永久化，猖狂达于绝顶，军国主义被视为神圣，战争受到赞美，国家经费的大部分为此而被夺去，使国民陷于水深火热的痛苦中。……所以，我们决不去惋惜失败，难道不应该从心底欢呼败得好吗？"

　　作一个"好样"的战败者，日本没有吃亏。战争结束后 10 年，日本就繁荣起来了。从 1952 年到 1973 年的石油危机，日本的国民生产总值以年均 10%的速度迅速增长。

有人曾计算过，二战后日本在其经济快速增长中从美国赚了约 10 万亿美元，而在 90 年代却把这笔钱又还给了美国。所以，日本人把 90 年代说成"失去的十年"、"伤心的十年"、"惨痛的十年"。

警惕日本式危机在中国重演

张道航　中共大连市委党校经济管理研究部

日元升值造成的"平成恐慌"

1989 年，正值日本平成元年到来之际，媒体开始大肆鼓吹新一轮的"平成景气"即将开始，然而在这之后人们所看到的非但不是什么景气，而是绵延十余年的"平成恐慌"。

平成恐慌实际上是一场波及整个社会的经济危机，它的背后有着深刻的经济、政治乃至社会原因，但是导致这场危机发生的最直接的原因则是日元对美元的升值。20 世纪 80 年代，美国对日本等国的贸易连年出现逆差，为了解决这种贸易不平衡状况，1985 年 9 月美国、日本、联邦德国、法国、英国五个发达国家的财长及央行行长在纽约广场饭店举行会议，达成五国政府联合干预外汇市场，使美元汇率下调以解决美国巨额的贸易赤字，这就是所谓的"广场协议"。自广场协议后日元兑美元开始大幅升值，从 1985 年 2 月的 236 日元兑换 1 美元，到 1987 年上升到 120 日元兑换 1 美元。

日元的升值引发了强烈的单边预期，导致大量热钱纷纷涌入，推动房价、股价快速上涨，而当热钱撤出时，房价、股价就像过山车一样又迅即跌入低谷。从 1984 年至 1989 年，日本的土地价格上涨了 2 倍，东京、大阪等大城市甚至上涨了 2.5 至 3 倍，据推算，这期间全国银行直接投放不动产的资金达 60 万亿~70 万亿日元，间接投放的达 50 万亿~60 万亿日元。这些巨额资金的投入推动房地产价格不断攀升，而当 1990 年 4 月房地产价格开始下跌后，这些资金便成为不良债权，1995 年后许多银行的破产也正是这些不良债权所致。再看日本的股市，1984 年日经平均指数只有 11 000 点，而在 1989 年 12 月 29 日竟达到 38 915 点的历史最高点，就在人们翘首以待突破 4 万点大关时，股价迅速下跌，仅三个月就跌至 28 000 点。

不仅楼市和股市暴跌，平成恐慌也给实体经济带来重创，令日本经济在 90 年代出现了连续的零增长甚至负增长。日本政府曾动用了 70 兆日元的景气恢复对策资金也都无济于事。有人曾计算过，二战后日本在其经济快速增长中从美国赚了约 10 万亿美元，而在 90 年代却把这笔钱又还给了美国。所以，日本人把 90 年代说成"失去的十年"、"伤心的十年"、"惨痛的十年"。岂止是 10 年，如果以 2002 年日本经济才恢复到 2%的增长作为截止的话，前后已经是 13 年，而且时至今日将近 20 年过去了，日经指数再也没有回到 1989 年的历史高位，仍在 13 000 点徘徊。

日本平成恐慌的直接原因是日元盲目升值造成的，是美国国家战略成功实施的结果。但如果从深层分析，则与日本的经济发展道路和增长方式有着直接的联系。二战后，日本经济发展基本是模仿和沿袭了西方工业化道路，从钢铁、汽车到高楼。80 年代在已经实现第一阶段的发展后，日本本应转变其经济增长方式，及时调整经济结构。美国在里根总统执政的 80 年代，就开始了发展信息技术等高科技产业的结构调整，从而带来了美国经济在 90 年代的 10 年持续增长。但是日本却没有跟上这种结构调整的步伐，仍然执迷于传统产业，甚至把大量资金投入到房地产和股市上，导致其经济结构严重失衡。平成恐慌实际是在日本还没有醒悟的情况下，由经济发展自身的力量对其结构进行的一次强制性调整。而美国也正是借助于这样一个可乘之隙，才使他们的国家战略得以成功实施。

警惕在中国重演"平成恐慌"的历史

再看我国，自 2005 年新一轮汇改以来，人民币对美元的汇率已从 8.27 元兑 1 美元攀升到 6.99 元兑 1 美元，上升了 18.4%。由于我国对人民币的升值采取了小幅慢走的汇率政策，这一方面给国外资金进入中国套汇套利带来可乘之机，另一方面又迫使中央银行必须通过增发基础货币来抵消人民币的升值速度，这就不可避免地会带来流动性过剩，进而引发通货膨胀。纵观我国经济出现的这些异常现象，与当年的日本十分相似。

我国经济长期以来受前苏联计划经济模式影响，主要以投资拉动增长，始于 1978 年的改革开放尽管让我们走上了市场经济，但是依靠投资拉动增长的模式不但没有改变反而有所强化。由于自主创新能力不足，过度投资形成的多是一些低水平的重复建设，这些低水平的重复建设所带来的过剩产能只能以大量出口廉价产品的形式来加以释放。这与当年日本一味地依赖于出口来拉动经济的高增长走的是同一条路。目前我国已是世界第三贸易大国，2007 年外贸顺差达 2 600 多亿美元，外汇储备已达 1.6 万亿美元，过大的顺差和过多的外汇储备都对人民币的升值形成了一种倒逼机制。其实，一个国家本币的升值未必一定能够减少顺差和抑制外汇储备的过快增长。20 世纪 80 年代广场协议后日元很快升值，但日本的国际收支顺差一直在扩大，外汇储备也在增加。我国自 2005 年汇改以来便采取了小幅升值的做法，贸易顺差和外汇储备不但不减反而猛增。但是，由本币升值所带来的热钱涌入、流动性泛滥、经济发展过热、通货膨胀上升、资产价格猛涨、企业利润下降等等，这样一种传导机制无论在当年的日本和如今的中国都是真实存在的，而且目前各种危险因素已经积累到让我们不得不防的地步。

汇率可以说是美国对付后起国家屡试不爽的法宝，更是当前转移次贷危机和扼制中国的重要战略。所以，我们必须尽快制定出应对贸易失衡和汇率形成的国家战略。

民主路线图从来没有固定版本

- "可控的民主"是俄罗斯社会发展条件下的一种政治折衷,把民主置于某种力量的控制之下,是对民主的完善还是对民主的亵渎?

- 网络是把双刃剑,对于网络民主这个新生事物,与其被动地接受,不如主动地介入。地方主政者和网络管理部门在这个方面是否已经达成某种共识?

- 人大监督要挺直腰杆子,把好国家的官位子,管好人民的钱袋子。

通常认为，只有民主宪政才能有效反贪倡廉，但巴列维国王却不认同这一点，甚至在流亡国外的生命最后时刻，他仍不承认这一点。他一再强调，对权力的制衡、宪政是西方的标准，在伊朗行不通。因为，伊朗有自己的历史、文化、传统和特色，而且还是经济、社会落后的发展中国家，所以更不能照搬发达国家的政治模式。

伊朗"帝国民主"的结局

雷颐　中国社会科学院近代史研究所

1978 年，中东石油大国伊朗在巴列维国王领导下进行的 "白色革命"进入第 15 个年头时，却极其出人意料地被 "黑色风暴"——原教旨主义的"伊斯兰"革命所推翻。在这 15 年里，伊朗在通往"现代化"的道路上突飞猛进，取得了令人炫目的成就，但民众人心向背却发生了从支持改革到反对改革的根本性变化。

伊朗人为古波斯人的后裔，公元 7 世纪时，伊斯兰教成为伊朗"国教"，伊朗成为政教合一的国家。在漫长的历史中，伊朗逐渐衰败。1941 年，年仅 22 岁的巴列维国王继位。经过 20 余年的历练后，他于 1963 年开始了雄心勃勃的"白色革命"，想借此使伊朗在 2000 年成为"世界第五工业强国"。

这个一揽子的现代化、世俗化的方案，一开始就遇到以威望极高的霍梅尼为领袖的什叶教派的激烈反对。1963 年初夏，双方在德黑兰街头发生流血冲突。结果，冲突以获得多数民众支持的政府动用军队对教会力量的镇压而告结束，霍梅尼被迫流亡国外。

巴列维国王在《白色革命》一书中对这一"革命"作了详细的说明。他声称："我们需要进行一场深刻的、根本性的革命，一举结束一切与社会对立和导致不公正、压迫和剥削的因素，消除一切妨碍前进、助长落后的反动势力，指出建设新社会行之有效的方法。这些方法也要与伊朗人民的精神、道德、国家的自然气候、地理条件、其民族特点、民族精神和历史传统相适应，并能尽快地使我们达到和赶上当代世界最先进社会前进步伐的目标。"具体说来，在农村，实行土地改革，废除佃农制，把可耕地的 1/4 分给 3 万多农户，但这却严重侵犯了教产；在城市，把一些工厂企业出售给合作社和个人，向发达国家大量派遣留学生，兴办大量现代学校，培养了大批现代知识分子，对妇女的各种规条得到进一步放松。不能否认，这些措施使伊朗经济和社会得到了迅速发展。许多巨型现代化工厂魔术般地出现在原本荒凉的田野，德黑兰由一座肮脏破败的小城一变而为举世闻名的繁华大都市，贫穷的伊朗跃升为世界第二大石油输出国而几乎成为财富的代名词，仅 1974 年就给国外贷款上百亿美元，并在两年内购置了价值 60 亿美元的军事装备，人民的总体生活水平也有了明显的提高，国力迅速增强……然而，在这举世公认的成就之下却潜伏着深刻、巨大的社会危机。

经济的发展明显与社会发展脱节。由于发展的不协调，尤其是官场腐败贪污盛行，甚至一些王室成员也同样贪污。正是种种骇人听闻的贪污之风，造成了整个社会道德的颓败，民众逐渐对巴列维政权产生了强烈的离心力。

经济的发展虽使人民生活有了总体提高，但由于种种原因却造成了惊人的两极分化，富者越来越富，穷者越来越穷。具有讽刺意味的是，不仅一般百姓不满，后来，国家遇到财政危机，政府为降低通货膨胀决定对新富阶层进行诸如加强税收、制止投机等某些限制、要求他们略微"牺牲"少许利益时，他们居然也加入到反对巴列维的行列中了。

由于注重工业而忽视了农业，造成了农村的停滞，使大量农村劳动力进城寻找谋生之路。曾任美国驻伊朗大使的沙利文在《出使伊朗》一书中写道："他们来自保守的农村并受过严格的伊斯兰传统教育。他们来到西方化的现代城市，对违背他们的基本是非观念的事物看不惯。他们的收入虽然比他们有生以来所能期望的还要高得多，但各种开支也使他们非常不满。他们眼巴巴地望着为进行投机买卖建起来待价而沽的高楼大厦空着没人住，想起自己还住在德黑兰南部的贫民区，十几个人一个房间。他们看到政府官员和中产阶级乘坐有专职司机驾驶的奔驰牌轿车在城里来来往往，自己却因公共交通工具严重不足而不得不拼命挤车。他们的失望和不满是大量的，而能使他们感到宽慰的事情又实在太少了。他们当中许多人吸毒成瘾，许多人盲目地以流氓行为来发泄心中的怨恨。"这些，使社会问题更加严重。

通常认为，只有民主宪政才能有效反贪倡廉，但巴列维国王却不认同这一点，甚至在流亡国外的生命最后时刻，他仍不承认这一点。他一再强调，对权力的制衡、宪政是西方的标准，在伊朗行不通。因为，伊朗有自己的历史、文化、传统和特色，而且还是经济、社会落后的发展中国家，所以更不能照搬发达国家的政治模式。

美国等西方国家是巴列维的盟友，但这些国家的政府对巴列维政权的专制统治又多有严厉批评，要求他进行政治体制改革，西方新闻界对他的批评就更加强烈了。面对种种批评，巴列维反驳说："我是他们的同盟者，而他们却不顾我们的国情，仍然希望我实现西方民主思想。""新闻界，尤其是美国的新闻界，经常是带有伊朗应该是什么样的成见，而不曾管它实际上是什么样，更重要的是它将来会是什么样。伊朗被突然从中世纪推到现代技术发达的世界，把这样一个国家与有着几百年民主传统和文明史的国家相比就像拿苹果和橘子相比一样，简直无法比较。"他坚持认为："民主是一个历史进程，无论是从下层开始还是从上层开始，它都不能由法令强制实行。经验表明，从上层逐步学着实行，比下层的大动荡要有效得多。"而且，"我认为每个国家都有权利和义务实现或者是恢复伟大的文明。这就是为什么伊朗不能不保持其世代流传的和带有普遍性的传统"。

在自己的政权已被推翻、"自己的经验"已被证明错误时，仍强调"自己的经验"正确有效，真乃莫大之讽刺。

面对愈演愈烈的贪污受贿之风，巴列维于 1976 年成立了"皇家调查委员会"，想以此监督贪官污吏。这种"自我监督"的机制自然收效甚微。然而，他至死都认为"皇家调查委员会"是监督官员、反对腐败的最佳机制："这是检查国家事务的现代化服务机构。在我看来，这种自我评价的办法比西方国家必须依靠'忠诚的反对派'的办法更加可靠、更加公正。反对派的批评很少以客观情况为依据。"而"他们要求'真正的议会民主'，实际上只不过是蛊惑人心的宣传，结果将是对民主的歪曲与讽刺。这种民主常见于威信扫地的多党制。我所要的是增进我国实际利益的真正民主，但是，我的对手们对这个主张不感兴趣"。他一直强调："只有在君主立宪制的庇护下，伊朗各级生活才能广泛实行民主化。""因此，为了实现真正的帝国民主，就需要有一个君主从上边进行统一。"他认为，伊朗此时仍要首先发展经济："没有白色革命，民主在伊朗将只是一种幻想，建立在饥饿、无知及物质和精神堕落基础上的民主只是一种讽刺，最终将成为民主最险恶的敌人。"不过，在巴列维时期曾任伊朗驻联合国大使的费雷敦·胡韦达则认为未进行民主的政治改革是腐败不止和政治反对派得以发展的原因。"在国家发展的那个阶段，国王的基本错误并不在于加快经济发展，而在于对政治自由的疏忽。到 1970~1972 年，物质条件改善需要与民主齐头并进。这里，国王犯了严重的判断错误，放过了一些机会。"

"白色革命"曾经激发、造就了一批现代知识分子，但巴列维国王长期坚持所谓

"帝国民主"，使知识界逐渐产生了强烈的离心和对立倾向。巴列维却不从自身找原因，坚持认为知识界疏离的原因，在于"面对这么多新奇的事物，我们有些学生没有准备。他们思想还不够成熟，不知怎样对待显然是很舒适的新生活"。他们"不知道他们的父辈和祖辈所经历的困难"，"同被宠坏了的孩子一样"，经常提出过分的要求。同时，霍梅尼虽长期流亡国外，但在国内影响极大，始终坚信真主、真理、正义、道德在自己一边，以"简朴、自由和公正的生活"为号召，坚持进行反对国王的原教旨主义革命。

日益严重的社会危机，为要净化信仰、纯洁道德、在人世间建立完美理想社会的原教旨主义提供了深厚的社会基础。社会愈是腐败不堪，原教旨主义的吸引力就愈大。这样，曾经支持"白色革命"、现在进一步要求扩大自由民主的知识分子和一部分民众认为，巴列维此时已过于保守、过于强调伊朗传统和特色而拒绝政治改革，从而反对他；力量强大、一直反对"白色革命"的宗教界人士和另一部分民众却认为，他的经济、社会政策完全违背了传统、违反了教义，从而也反对他。当面临这两方面的共同反对时，"白色革命"就岌岌可危了。

由于种种社会矛盾一直未获解决，问题越积越多，危机越来越深，终于在 1978 年秋公开爆发。胡韦达记述说，反对者来自社会各界："工人、知识分子、市场商人、戴或不戴面纱的妇女、缠着黑色、绿色和白色头巾的教士、孩子、青少年、穿西服的富人和衣衫褴褛的穷人。" 1979 年 1 月中旬，巴列维国王终被推翻，逃往国外，"伊斯兰共和国"宣告成立。霍梅尼的基本原则是，国家决不能凌驾于宗教之上，任何违反伊斯兰教的法律实际上都是违法的。因争取民主自由而坚决加入反对巴列维行列的"穿西服"的知识分子，此时方深有所悟，其中一些人后来也不得不逃往国外。虽然也有人几年前就看出了巴列维垮台的某些征兆，但多是根据"通则"认为，经济的发展将促进现代民主政治的产生，而没有料到最终促发的却是政教合一的原教旨主义革命。

"白色革命"失败的根源，在于巴列维始终反对民主宪政，始终认为民主宪政只是一种西方的"地域性"制度，而不是一种现代经济制度所要求的普适的制度和价值，因此认为别人对他的种种批评只是他人以自己的价值观念强加于人。他没有认识到，不同国家的宪政确会因历史、文化传统的不同而呈现出不同的形式和特点，但对权力的制衡、限制这种精神却是相通的。然而，他只想要现代经济制度，却不想要现代政治制度。伊朗人民生活水平确因"白色革命"大大提高，巴列维便据此认为不进行政治体制改革也能一直得到人民的支持和拥护。他没有意识到，当温饱得到保障后，人们对贪污腐败、社会不公便格外不能容忍。事实说明，只有权力互相制衡、限制的民主宪政才是防止、反对腐败的有效措施和根本制度，而由皇家掌握大权自我监督的"皇家调查委员会"根本无法制止腐败；"帝国民主"其实并无民主，已成笑谈。可惜，直到临死，巴列维都未能明白这个简单的道理。

"可控的民主"是俄罗斯社会发展条件下的一种政治折衷：它与民主的本义是不相符的。民主是少数对多数的服从，坚持三权分立和权力制衡原则，反对任何不受制约的力量存在。"可控的民主"既然把民主置于某种力量控制之下，那它就与民主的本义相冲突。

普京"可控的民主"在俄罗斯的实践

许志新　中国社会科学院东欧中亚研究所

普京从 1999 年 12 月 31 日任俄罗斯代总统，2000 年 3 月 26 日当选俄罗斯总统，到 2008 年 5 月 7 日卸任总统，主政俄罗斯八年又五个月。在社会政治领域建立"可控的民主"，是普京执政以来政治行为的着眼点。"可控的民主"的实质是总统集权，使总统权力凌驾于其他社会权力之上，成为民主的操控者。就本质而言，"可控的民主"与三权分立、相互制衡的宪政制度有冲突，但却是普京的强国战略所需要的，而强国又符合俄罗斯广大民众的心理诉求。

向"可控的民主"过渡

如果把普京入主克里姆林宫以来所有关于国家发展的言论加以总结的话，就可以看到其中贯穿着一条主线：在国际竞争中已经落伍并面临严重危机的俄罗斯必须建立强有力的国家政权体系，使之成为"秩序的源头和保障"，成为"任何变革的倡导者和主要推动力"。

为了加强以总统权力为核心的国家权力，普京上台后在社会政治领域采取了一系列措施，客观上形成向"可控的民主"过渡。这些措施主要如下。

坚决打击车臣分裂主义和恐怖主义。1999 年 8 月普京出任政府总理后，立即发动了第二次车臣战争。虽然车臣问题至今仍未彻底解决，但车臣叛匪已遭到空前沉重的打击。

削弱地方势力，制止分离倾向。叶利钦时期，出于政治斗争需要，曾赋予各联邦主体较大的自主权，以致各地政令不一，各行其是。普京出任总统后的第一项工作就是将全国划分为7个联邦区。联邦区的设立对联邦主体形成取代之势，有效制止了地方分离倾向，实现了全国政治和经济空间的统一。

打击寡头，解决寡头干政问题。普京当政头两年，重点打击了大寡头——"桥"新闻媒介控股公司总裁古辛斯基和曾任叶利钦顾问、独联体秘书的别列佐夫斯基，迫使他们逃亡国外。2003年10月，俄罗斯当局又以经济罪名逮捕了试图再次干政的俄罗斯第一大富豪、尤科斯石油公司总裁霍多尔科夫斯基。

控制媒体和舆论。2000年，国家增持公共电视台股份（达51%），结束了别列佐夫斯基对该台的控制。2001年，卢克石油公司对属于别列佐夫斯基的另一家电视台TB—6提出经济诉讼，迫使后者倒闭。目前，国家用直接或间接控股方式控制了俄罗斯3家最大的电视台、70%的广播电视和80%的报纸。2001年还颁布了《大众传媒法》，规定外资在俄罗斯传媒机构的持股比例不得超过50%，禁止外国公民和公司获得这些机构的控股权。2002年，普京签署总统令，取消了美国"自由欧洲"电台在俄罗斯境内的特权。

压制反对派，形成支持现政权的议会多数，结束议会纷争。俄罗斯共产党曾长期是议会第一大党，其"不妥协的反对派"立场使议会成为纷争不已的场所。2001年底，在普京的授意下，两个中派党"团结"和"祖国——俄罗斯运动"合并为"团结—祖国运动党"，成为议会第一大党，在俄罗斯10年议会史中首次出现了起主导作用的"政权党"，俄罗斯共产党丧失了对议会的控制。在2003年12月的议会选举中，在普京的公开支持下，政权党"统一俄罗斯"赢得压倒性胜利。

打击官僚腐败。2002年，普京在国情咨文中对官僚腐败发出严厉警告，2003年，开展全俄反腐肃贪运动。受普京的指示，俄罗斯经济发展和贸易部相继推出了100个长期或短期的根除行贿的措施，并在此基础上拟定一个适合于整个政府机构的反腐防腐制度。2004年3月，成立俄罗斯国家反腐败委员会。

上述措施不同程度地缓解了导致俄罗斯社会政治动荡的根源性问题，使经济发展所需的政治社会条件较以前有所改善。俄罗斯出现新型权力结构：普京大权在握，高高在上；军队、国家安全部门和内务部等强力部门的支持是其权力基础，广大民意的支持是其社会基础；通过联邦政府和政权党，普京政权确保了对官僚系统的控制。

随着新型权力结构形成，"可控的民主"得以确立，俄罗斯政治进入新时期。事实证明，在俄罗斯建立"可控的民主"是一颇为顺利的过程，所遇到的阻力远比预料的小。其根本原因在于普京得到了大多数民众的支持。大乱导致大治，是社会发展规律。这种大治实际上是民众的要求。普京的政策措施结束了俄罗斯近10年的政治和经济混乱，很自然地被民众视为这种大治的代表。"可控的民主"符合这一社会发展规律。

"可控的民主"的意义

"可控的民主"之意义，表现在现实和历史两个方面。

现实意义。（1）对叶利钦道路做了否定。这种否定不论在思想上还是在行动中都起到了拨乱反正的作用。俄罗斯再也不能继续沿着过去那条盲目追求民主的道路走下去了，否则便难以制止社会动荡。这种否定再次表明，民族国家的生存发展利益是最基本的利益，高于民主制度建设的利益。（2）为经济发展提供了政治条件。"可控的民主"创造了稳定的政治环境，使政治动乱成为过去，使国家的政治前景变得可以预测，这就为发展经济提供了条件。

历史意义。（1）"可控的民主"是俄罗斯式的新型权威主义。乱世需用重典，重典来自权威。"可控的民主"快刀斩乱麻地解决阻碍社会经济发展的矛盾和问题，以尽快实现国家振兴的任务。在俄罗斯发展的现阶段，这种权威主义是必要的。（2）"可控的民主"是从计划经济向市场经济、从缺乏民主的政治制度向民主政治制度、从极权主义传统文化向民主主义新文化过渡的一种社会管理形态。过渡形态何时结束，将以市场经济的成熟程度、中产阶层的人数多寡和作用大小、社会自治的发展水平、司法的独立性等，为其基本判定依据。

普京所走的道路将因"可控的民主"而打上特殊的历史印记。"可控的民主"是普京第二个总统任期的统治形式。在他的总统任期结束后，随着领导人的更迭，"可控的民主"的表现形式可能发生变化。俄罗斯向"市场和民主"的过渡不是短时间所能完成的，其扭转内外颓势的任务也将是长期的，"可控的民主"将持续较长的时间。

"可控的民主"的施政手段

"可控的民主"是俄罗斯社会发展条件下的一种政治折衷：它与民主的本义是不相

符的。民主是少数对多数的服从，反对任何不受制约的力量存在。"可控的民主"既然把民主置于某种力量控制之下，那它就与民主的本义相冲突。

因此，"可控的民主"的思想前提，就是要破除对民主的迷信。2004 年普京指出，民主应当建立在一定的经济条件之上："绝对的民主概念是不存在的。当然，有一些不能不遵从的民主基本原则。但是如果没有达到一定的经济发展水平，要想保障这些民主原则是不可能的。"在历史的教训下，以普京为首的现实主义政治家开始摆脱"民主至上主义"的束缚。民主固然美好，但却是有实现条件的，并不是包治百病的灵丹妙药。

普京在确立"可控的民主"的过程中把握了这样一些执政要点。

确立总统权力、强力部门和行政系统的整体性强势地位。确立"可控的民主"，首要的是突出总统权力。但仅凭总统权力是不够的，没有其他权力的配合，总统将陷入孤军作战的境地。在各种力量中，普京首先赢得了强力部门和行政系统的支持，从而使以总统为核心的国家执行权力成为一个强大的整体。面对这个业已强大的国家机器，任何反对势力都将处于弱小地位。

坚决打击任何对总统权力和国家权力的挑战。普京对车臣恐怖主义、对寡头干政行为、对地方分立主义、甚至对那些有可能做大的反对党派，均采取了坚决打击政策。普京一贯的政策都是要加强中央权力。他对一些势力借着民主方式挑战总统和中央权力，始终抱有高度警惕。

运用总统的影响力控制议会。在俄罗斯多次选举中，选民往往无视政党的纲领，而以总统的态度为转移，这表明俄罗斯民主的不成熟。普京充分利用了这一点，在议会选举中以总统身份对选民施加影响。以总统为核心，得到强力部门和行政系统全力支持的权力中心的形成，促进了议会成员的依附。对许多议会成员来说，支持普京是他们得以政治存在从而实现自身利益的前提。

为打击行动尽可能披上合法的外衣。普京的打击对于行动有两个特点：一是在经济问题上抓住对手的经济犯罪、债务问题等大做文章；二是以支持或者反对总统权力来划线，确定打击目标。从现象上看，普京遵循了司法程序，运用的是法律手段，但由于司法权力对总统权力事实上的屈从，进入司法程序只是为普京的掌控披上合法的外衣。

控制媒体，使反对意见难以表达。由于普京政权控制了大多数媒体，反对派对普京的批评，学术界涉及敏感问题的争论性意见，均很难在主流媒体上得到反映。选举中反对派的呼声受到压制，很难传播到全国。对舆论的控制，也使一些有法律争议的做法得到掩饰。

　　"可控的民主"是一种罕见的俄罗斯式的社会管理模式，普京在建立这一模式的同时也形成了自己一套特殊的统治术。这种统治术源自"可控的民主"模式内在的相对集权与外在的民主形式之间的矛盾，实际上源自社会本身的矛盾。没有这套统治术，就不可能实现社会管理手段与社会发展目标的统一，就无法推进强国战略。

中国的民主探索将把中国引向何方，仍是一个开放性的问题。如同一位官员所描述的："没有人预测是在 5 年以后。有人认为要 10 年到 15 年，有人说 30 年到 35 年。但没人说 60 年。"中国在地方选举、司法改革以及加强监督上的试验，都是向更为法治化体系转变的一部分。中国社会向着开放和多样化的转变，也同样如此。这些举措将逐渐创造一个公民社会。

中国民主的三根支柱

约翰·桑顿　美国布鲁金斯学会主席

2006 年，布鲁金斯学会的一个代表团受到了温家宝总理接见。当被问及"民主"意味着什么，中国可能在什么时间、采取何种民主形式时，他回答说："我们谈民主的时候，通常指的是三个关键组成部分：选举、司法独立和以制衡为基础的监督。"温家宝预计直接和间接选举将逐步从村一级扩展到乡镇、县，甚至省级，但没有谈进一步的发展。关于中国的司法体系，他强调了改革的必要性，以保证司法的"尊严、正义和独立"。要制止官员滥用权力，监督是必要的条件，倡导中国共产党内的制约与平衡，以及官员对公众的更大责任。媒体和中国近两亿互联网用户，也应该"适当"参与到对政府工作的监督中去。他说："我们必须向民主靠近。我们存在很多问题，但我们知道我们要走的方向。"温家宝通过选举、司法独立和监督这三根支柱定义了民主。

选举

竞争性、大众化的选举只发生在中国 70 万个村庄中。村庄选举也出现一些严重问题，包括拉裙带关系、买选票、选举出的领导可能并不胜任或腐败等。

过去 10 年，一些更复杂的选举试验在乡镇一级进行。其中最大胆的莫过于 1998 年四川步云的直选尝试。官方媒体认为，只有当地人民代表大会才有权选举乡镇领导，这违反了宪法。

也许是鉴于直选的合法性，大部分乡镇还是采取了不那么激进的方式，即"公开推荐选拔"。2001 到 2002 年，全国有近 2 000 个乡镇进行了各种形式的差额选举，占全国总数的 5%。如果这种选举成功进行，哪怕只引入了有限的竞争，政府治理质量也将提高。而且，这也为"制衡"播下了种子。

对于县一级的选举试验，城市也进行了有限的尝试。2003 年，一些独立候选人参与了地方人大代表竞选。虽然几乎所有独立候选人都落选了，但其人数却呈爆炸性增长：从 2003 年全国不足 100 人，到 2006、2007 年的 4 万人，预计 2011~2012 年，独立候选人的数量将达数十万。

近年来，中国领导人为扩大党内差额选举也作出了努力。中国共产党引入党内民主的方式之一，是为一个职位设置多名候选人。十七大代表的差额比例就超过了 15%。

胡锦涛 2007 年 6 月在中央党校的讲话可能预示了一种新的政策方向。他说："解放思想，是党的思想路线的本质要求，是我们应对前进道路上各种新情况新问题、不断开创事业新局面的一大法宝，必须坚定不移地加以坚持。"

法治

中国的司法体系在过去 30 年中已经大踏步前进，但前路依旧漫漫。现在，检方仍然在 90% 以上的案件中胜诉。一些地方的党委领导仍然对司法过程有所干涉，政府也仍掌握着政治敏感案件的裁决权，但大部分观察者都同意，这种干预的频率和程度都随着争议的愈发复杂化而逐步下降。

中国有了一系列重要法规来保护公民免受政府过错所害：2005 年的《公务员法》，1994 年的《国家赔偿法》，以及 1989 年实行的《行政诉讼法》。最主要的挑战再也不是缺乏完善的法律法规，而是法律法规和实际操作之间的鸿沟。尤其是在一些地方和一些政治敏感的案件中，地方党政领导仍能支配法院。地方党委掌控法官和检察官的人事任命，地方政府则对司法系统的工资和预算有决定权。这种情况和几年前的中国银行系统颇为相似。银行系统通过将人事权和放贷决定权上收而得以重组，这也许为重构司法体系提供了可借鉴的经验。

最近党可能开始感觉到，有必要增加更多正当程序。至少有 20 个省级党组织已经建立相关机制，保证对党员的过错发出通知，给予党员对被控罪名自我辩护的机会，对最终裁决给出理由陈述、准予上诉等。中国领导人意识到，中国的情况已是错综复杂，需要通过一个得力的、取信于民的法律体系来依法治国。

对司法的不信任，可能是促使人们采取更激烈方式表达意见的一个原因。官方数据显示，中国每年都会发生一些群体事件。领导人要求党和政府停止对日常司法的干涉，但仍然坚持对敏感案件的控制，并在宏观层面对司法体系保持控制。问题在于，能否在建立一个公平独立的司法体系的同时，又在最高层级上保持控制力。

监督

中国的体制中，历时最久的保持官员诚实的机制是传统的上访制。但上访被当作是最后的办法，且通过这种方式解决问题的案件寥寥可数。另一个监督机构是中共中央纪律检查委员会。政府中与之对应的，则是监察部和最高人民检察院反贪局。新华社也承担了一定的监督职能。但即使有多重机制，官员腐败问题仍然很严重。官方数字显示，2006 年有超过 9.7 万名官员被查处，其中 80% 是因为玩忽职守、收受贿赂或违反财务规定。

中国领导人面临着一个基本的两难处境。腐败是民愤所在，根除腐败是首要任务；同时也必须保持地方官员的忠诚。

政府越来越多地采取一些其他渠道，作为对正式监督机制的补充。例如，北京的一些区用民意调查的方式来衡量对各个政府单位的满意程度。另一个前景看好的趋势是中国的媒体迅速市场化。独立的出版物开始报道人们想读的新闻。过去几年，互联网和手机也开始挑战传统媒体，成为公民表达意见的渠道。在著名的重庆"钉子户"事件中，互联网发挥了重大作用；在厦门 PX 事件中，手机成为市民们的武器。

中国在选举、司法独立和监督方面取得的进步，是中国社会转型和个人自由扩张过程的一部分，这一过程又伴随着 30 年来极其快速的经济改革和发展。

一名高级官员表示，现今中国国内的争论焦点，已不再集中于是否要民主，而是在什么时候、以什么方式的问题。人民代表应由能力出众的专家组成，从而最终变成真正意义上的立法机构。政府还应该在省一级实行直接选举——并非西方式的多党选举，但至少也要是在若干候选人之间的竞争。

中国的民主探索将把中国引向何方，仍是一个开放性的问题。如同一位官员所描述的："没有人预测是在 5 年以后。有人认为要 10 年到 15 年，有人说 30 年到 35 年。但没人说 60 年。"中国在地方选举、司法改革以及加强监督上的试验，都是向更为法制化体系转变的一部分。中国社会向着开放和多样化的转变，也同样如此。这些举措将逐渐创造一个公民社会。

省委书记、省长上网邀网民"灌水"、"拍砖"，是信息时代领导干部领导模式、领导艺术的一个创新；网络作为社情民意最活跃的平台，已经成为党和政府倾听民意、关注民生的重要途径。高度重视、充分利用这个平台，必将有效促进各级党委政府更新执政理念、提升执政水平。

中国网民：从草根到问政

刘国军　中共广东省湛江市委党校

网络信息技术的发展对政治领域产生了深刻的影响，随着网络参与人数的大众化、讨论话题的多样性、交流方式的简捷化、传递信息的快速化、网民身份的隐蔽性、抒发感想的直接性等诸多特点的日益显现，"网络民主"对社会正发挥着日益强大的影响力。

中国特色的网络民主政治之路

网络技术在给人们工作生活带来极大便利的同时，也拓宽了公众参与公共社会事务管理的舞台，并催生出一种新型的民主方式——网络民主。

以广东为例，有网站 24 万多个，网站域名数量 142 万多个，网民 3 344 万人，占全国的 16%，是网民第一大省，无论是网络建设、网民数量、网络社会影响，在全国都具有举足轻重的地位。多年来，广东网民以参与社会的热忱，以体察社会的思考，以维护社会公平正义的良知，积极参与网络公共舆论建设，成为网络民主发展的主流。无论是国家大政方针的制定，还是惩治社会不正之风；无论是鞭挞弊习，还是弘扬正气，都曾留下过网民的声音。从前些年抗击非典的反思，到去年罕见的雨雪冰冻灾害天气提供的意见和建议，到正在如火如荼深入开展的第三次思想大解放的呐喊，越来越多的网民发现，网络使"人民当家作主"变得前所未有地贴近自己，网络已经成为民众参与"政事"的一条通道。

在南粤大地，网上问政已是风起云涌：城管条例修订问计网民，自主创新能力不强问计网民，灰霾天气超百天问计网民，区域协调发展问题的破解亦问计网民；而湛江县（市、区）委书记述职，则开历史先河采用网络直播的方式，把监督的范围扩大到互联网，通过网络直播的方式向全社会公开。广大网民能够紧紧围绕国内外所发生的重要新闻、热点难点问题等展开讨论，积极建言献策。网络所形成的强大舆论氛围，让人们对网络的力量刮目相看，充分显示了网络的建设性作用。网民的声音成为民意诉求的重要力量，且这种声音也越来越引起各级部门的高度重视，成为党委政府决策的重要参考。

"庙堂知晓江湖事"与"江湖参知庙堂言"

网络是复杂的、多元的，具有两面性，是把双刃剑。网络既有积极的一面，也有反智、暴力、反民主、反法治的一面。任何新生事物都具有两面性，没有哪一种事物天生就完美无缺，关键是要看长远，看主流，看未来社会发展的趋势。如何对待网络民意与民智？广东省的主政者给出了一个明确而坚定的回答。汪洋书记公开明确表示："对于网络民主这个新生事物，与其被动地接受，不如主动地介入。

从春节期间省委书记、省长的《告广东省网友书》，到两会期间邀请网友"灌水"、"拍砖"，再到4月17日的网友座谈会，广东主政者对网络民意的态度显露无遗。应该说，4月17日的网友座谈会本身就是主政者自我思想解放的产物，其表现形式，就是要鼓励"庙堂知晓江湖事"与"江湖参知庙堂言"。其实现途径，就是要鼓励平等对话，其规格之高、规模之大，恰恰突显了主政者对民意的尊重，对民智的珍惜。互联网络凝聚民意的主流渠道作用被高层认可，是一个良好的开端，成为互联网从学用、商用、民用走到政治生活前台的标志性事件。中国网民10年中历经了从草根到问政的转变，这样一种转变从侧面反映了中国开始更加深层次地关注民生问题，成为中国网络民主的一个标志性事件，具有里程碑的意义。省委书记、省长上网邀网民"灌水"、"拍砖"，是信息时代领导干部领导模式、领导艺术的一个创新；网络作为社情民意最活跃的平台，已经成为党和政府倾听民意、关注民生的重要途径。高度重视、充分利用这个平台，必将有效促进各级党委政府更新执政理念、提升执政水平。

不少人开始按照"经济人假设"的思维方式来观察和认识世界。因为政治家、官员、公务员也有与普通人一样的欲望和缺陷。政党、政府的决策、目标和行为，也不可避免地要受到政治家和官员、公务员自身动机的支配。

党政分开应当成为政治体制改革的基本方向

李树桥　国家行政学院综合教研部

邓小平同志在论述政治体制改革的时候，十分强调"党政分开"的重要性。他曾经说过："政治体制改革包括什么内容，应该议一下，理出个头绪。""改革的内容，首先是党政分开，解决党如何善于领导的问题，这是关键，要放在第一位。"

邓小平主张改善人民代表大会制度

邓小平同志提出"党政分开"，是在总结了我们党执政以来的经验教训所作出的科学决断。

1980 年他在回答意大利记者提出的问题时这样说："这要从制度方面解决问题。我们过去的一些制度，实际上受了封建主义的影响，包括个人迷信、家长制或家长作风，甚至包括干部职务终身制。我们现在正在研究避免重复这种现象，准备从改革制度着手。我们这个国家有几千年封建社会的历史，缺乏社会主义民主和社会主义法制。现在我们要认真建立社会主义的民主制度和社会主义法制，只有这样，才能解决问题。"在谈到改革党和国家的领导制度时，邓小平同志提出要解决的第一个问题就是权力过于集中。同时他还提出："中央将向五届全国人大三次会议提出修改宪法的建议，要使宪法切实保证人民真正享有管理国家各级组织和各项企业事业的权利，享有充分的公民权利，要使各民族真正实行民族区域自治，要改善各级人民代表大会制度等。"当年，邓小平同志还耐心地解释党政分开不会削弱党的领导，而会改善党的领导、加强党的领导的道理，以消除党内一部分同志的疑虑。

邓小平同志"党政分开"的重要思想得来不易，是我们党和国家极其宝贵的政治财富和精神财富。现在，在我国经济体制改革已经取得巨大成绩、正进一步推进政治体制改革的时候，仍然应该把党政分开作为政治体制改革的基本方向。

我反复学习、领会邓小平同志关于政治体制改革的论述，觉得邓小平提出的"党政分开"，就是要在共产党的领导下，形成党委、政府、人大、政协间一定程度的制衡机制。邓小平同志是主张增强人大对于其他各政权机关的制衡和监督职能的，希望人大真正发挥宪法规定的国家最高权力机关的作用。前文所引"改善各级人民代表大会制度"的要求，就饱含了邓小平同志对于各级人民代表大会的殷切期待和希望。人大对党委、政府等政权机关的制衡应当包括以下三个方面。

挺直腰杆子，在重大决策上发挥制衡作用

世界各国的经验和中国共产党执政 60 年的经验都说明，政党、政府都是一个总体的概念。而其中的政治家、官员、公务员都是活生生的人。依照传统观念，人们按"完人假设"的思维方式来看待他们。在人们的想象中无论是执政党还是政府的工作人员都是一心为公、全心全意为人民服务的，他们就是国家和人民根本利益的代表。社会实践教育了人们。不少人开始按照"经济人假设"的思维方式来观察和认识世界。因为政治家、官员、公务员也有与普通人一样的欲望和缺陷。政党、政府的决策、目标和行为，也不可避免地要受到政治家和官员、公务员自身动机的支配。不同层级官员追求的目标可能不同，有的追求额外收入和物质享受，有的追求名誉、权力、地位，有的追求青史留名和身后评价。政治家和官员、公务员的任何私欲带进公务活动，都会造成他们的决策取向与国家、人民根本利益的偏离。

我国自古以来就崇尚"大一统"思想。过去曾经有过统一思想、统一认识、统一意志、统一步调、统一行动等"五个统一"的口号。但是，政治家和官员也会有认识上的局限性。如果"统一"的方向正确，那当然是好事。如果"统一"的方向错了呢？上面号召"大跃进"，下面一起"放卫星"。这样到底是好事还是坏事？如果大的方向出现了偏差，那种情况下的解决问题快又有何益？我们新中国的历史上，不是曾经有过多次因排斥、打击不同意见而造成了严重灾难吗？

各级人大在涉及立法和重大问题的决策过程中，应当设置"辩论"程序。真理愈辩愈明，通过辩论达成的认识才是真正的共识。包含充分辩论程序的决策过程是决

科学化、民主化的制度保证。这样作出的决策才容易化为全体公民的自觉行动。在党和国家的重大决策问题上，提倡有不同的声音，鼓励发表不同意见，这既是中国共产党党内民主和人民民主的题中应有之义，也是党、国家、民族、人民的核心利益所在，还是我国现代历史上付出沉重的代价才换来的最为重要的经验教训。

在我们党和国家的历史上，曾经产生过在政治上和思想上都有着卓越建树的伟人。这样的伟人以后也还可能出现。人民崇敬他们，因为他们为国家和人民作出了杰出的贡献。但他们是人而不是神，他们也有自身的局限性。我国已故思想家王元化曾经在他的文章中说："把人的精神力量和理性力量作为信念的人，往往会产生一种偏颇，认为人能认识一切，可以达到终极真理，但他们往往并不理解怀疑的意义，不能像古代哲人苏格拉底所说的'我知我之不知'，或像我国孔子说的'知之为知之，不知为不知，是知也'。所以，一旦自以为掌握了真理，就成了独断论者，认为反对自己的人，就是反对真理的异端，于是就将这种人视为敌人。结果只能是：不把他们消灭，就将他们改造成符合自己观念的那样的人。"

全国人大代表在党和国家重大问题的决策上，应该成为反映人民心声、敢于发表不同意见的模范。因为他们不仅是人民自己选出的代表，接受了人民的重托，还受到宪法的特别保护。《中华人民共和国宪法》第七十五条庄严规定："全国人民代表大会代表在全国人民代表大会各种会议上的发言和表决，不受法律追究。"因此，在我国，增强人大对于其他权力机构的制衡和监督作用，有充分的法律依据，而无任何体制性障碍。各级人大都应有一批敢于实事求是提出问题和发表意见的耿介之士，切实保障在我国政治体制中植入有效的"失误矫正机制"。

把好国家的官位子，保证人大任命的干部不带病上岗

人们是从成克杰、陈良宇、王怀忠等曾经为重要领导干部的犯罪案例中开始认识这个问题严重性的。

成克杰原任广西壮族自治区主席，1998 年 3 月被选为全国人大常委会副委员长，2000 年 7 月因犯受贿罪被判处死刑，当年 9 月被执行死刑。经查，他以批项目、要贷款、提职级等多种方式，非法接受贿赂款物合计人民币 4 109 万元的罪行，主要是他在 1990 年至 1998 年 1 月任广西壮族自治区主席职务期间犯下的。那么，为什么他还能在 1998 年 3 月全国人民代表大会上，顺利当选为副委员长？据查，上海市的陈良宇 1987 年至 1992 年在任黄浦区区长时就劣迹斑斑，为什么在那以后他仍然能够步步高

升？其中 1996 年开始任上海市副市长、2001 年开始任代市长、2002 年开始任市长时，都要经过上海市人民代表大会审议、批准的法定程序。我们的地方人大当时到底是怎样审议、把关的？经查实，安徽的王怀忠受贿 517 万元人民币的罪行，主要是在他从 1993 年到 1999 年 2 月任阜阳地区专员、地委书记和阜阳市委书记期间犯下的。为什么他在 1999 年 10 月还能顺利赴任安徽省副省长？

以上案例是否说明，我国各级人大任命重要领导干部的审议机制存在着严重缺陷？以后这样的问题应该怎样解决？我们是否应该按照邓小平同志 29 年前提出的要求，对于各级人民代表大会制度作些认真改善呢？

实践证明，在干部任免问题上，在总结历史经验的基础上，逐渐建立起一套成熟的、细致的、有效的审议程序非常重要。审议程序决定审议结果。在这个审议程序中，起码应当包括对被审议对象过去、现在政治思想、道德品质、奉公守法、工作业绩的全面了解，应该包括审议对象长期工作、生活的地方和单位对其的公众评价。只要设计一个良好的工作过程，就可以避免以往曾经发生过、本来可以避免的疏漏和失误，得到预期的工作效果。

管好人民的钱袋子，国家重大预算决策须经过人大批准方可执行

公共预算是国家治理的核心内容。预算制度的安排反映一国民主与法治建设的基本状况。现代预算制度的基本特征，就是政府行政部门必须每年向权力机关提交年度预算，经权力机关批准后，行政部门才能执行预算。立法机构对于国家财政拥有控制权，具有经费核准、拨款、审查的权力。宪法明确规定全国人大为国家最高权力机构。全国人大如果没有完整的赋税立法权和国家财政支出的审批权，那还算得上什么最高权力机构？世界上已经有不少发达国家和发展中国家实行了"参与式预算"的模式并取得了丰富的经验。我们在人民代表大会制度的框架内和人民民主的坚实基础上，一定能够把这种世界上公认的先进预算制度做得更好。在中国这样幅员辽阔、人口众多的国家，事无巨细都要求公民直接参与，成本会偏高，难以实现。但是通过立法机构参与国家重大预算决策的严格审查和控制，按照法定程序吸收公民代表直接参与决策过程，则是绝对必要的，也是可行的。我国现行的政府预算偏于粗略，只有几个大类的数据，缺乏具体内容。全国人大会议时间较短，会议议题较多，用于审查预算的时间比较短绌，加上相当一部分代表专业知识不足，使得对于政府预算的审议往往流于形式。国外立法机构相当大的精力用在预算审查上。我国人大预算审查工作的

粗放，不仅容易造成国家财力的浪费，还为腐败的滋生和蔓延留下了空间和土壤。

中国政治体制改革的切入点和路径可以有多种多样的选择。它可以从选举制度的改革开始，可以从放宽对公民言论的控制开始，也可以从预算改革开始。相对而言，以预算改革为切入点改善政府施政和治理，可以取得"事半功倍"的成效。之所以如此，是因为预算改革能够从收入和支出的源头上强化对政府行为的约束，可以从技术层面逐渐渗透、稳步推进政府制度创新。它将政府的行为细节展现在阳光之下，有效地遏制腐败势头，改善政府与民众的关系，增强政府的公信力。我国的政治体制改革先从预算改革做起，是一种适宜的、可行的选择。而预算改革的顺利推进，有赖于"党政分开"的理论支撑和环境保障。

基层民主包括基层人民民主和基层党内民主两大部分，其中基层党内民主尤其重要，因为作为执政党的党内民主，对人民民主起着带动、示范的作用，中国共产党要以尊重党员主体地位，来推动和实现尊重人民主体地位；以保障党员民主权利来推动和实现保障人民民主权利。

六件事可加快发展基层党内民主

许耀桐　国家行政学院科研部

建设中国特色社会主义，必须坚定不移地发展社会主义民主政治。坚定不移地发展社会主义民主政治，必须如十七大报告提出的把"发展基层民主"作为"基础性工程重点推进"。基层民主包括基层人民民主和基层党内民主两大部分，其中基层党内民主尤其重要，因为作为执政党的党内民主，对人民民主起着带动、示范的作用，中国共产党要以尊重党员主体地位，来推动和实现尊重人民主体地位；以保障党员民主权利来推动和实现保障人民民主权利。因此，应尽快发展和落实基层党组织的党内民主。为了尽快发展和落实基层党内民主，当前应集中做好以下六件事。

第一件事：实行基层党组织的党务公开

发展基层党内民主有一个基本要求，就是赋予党员有了解党内事务的权利。党员既然拥有了解党内事务的权利，就必然要促使党务走向公开。《党章》规定："党的各级组织要按规定实行党务公开，使党员对党内事务有更多的了解和参与。"所谓党务公开，是指凡涉及党的思想、组织、作风、制度、能力等方方面面的建设和发展的状况以及财务开支账目必须向全体党员通报。在基层党组织实行党务公开，就是使基层党组织的所有事务让所有党员知晓。过去，基层党组织的党务往往只为少数党员、主要是领导班子的成员知道。需要将党务传达给基层党组织全体党员知道的，只是那些需要大家执行或了解了组织上的意图后有利于贯彻的内容。这样，就使基层党务长期处于封闭、限制的状态。实行党务公开必须打破这种状态。

公开党务公开到什么程度，往往会碰到"党务机密"的困扰。其实，中国共产党早已从革命党变成执政党了，基层党务已不再涉及国家机密和军事机密问题，实质上已没有什么机密可言，不能再借口"机密"而拒不公开。

第二件事：实行基层党组织重大事项的民主讨论

基层党务可分为常规事务和重大事项两种。常规事务是指那些经常重复出现的、性质非常相近的例行性事情；重大事项是指那些具有全局性、方向性和原则性等特点的需要决策的事情。一般来说，基层党内的常规事务可由基层党组织有关部门的领导、工作人员直接照章办事，事后通报大家即可。而基层党内的重大事务不但必须由领导班子按照民主集中制原则讨论决定，而且应当事先征求全体党员的意见，进行民主讨论。过去，基层党组织重大事项往往缺失事先征求全体党员意见、在党员群众中进行充分民主讨论的环节，由基层党组织的少数人决策，甚至是"一把手"拍板。这就使党员群众对重大事务决策缺乏民主化有很大意见，认为党员的民主权利被剥夺了。搞好基层党组织重大事项的民主讨论，首先必须明确什么是"重大事项"。为此，基层党组织应先要把重大事项的范围搞清楚，列出一个"重大事项清单"，确定下来。今后，凡属列为基层党组织重大事项的应由大家民主讨论，使民主讨论的合理意见能够成为决策时应考虑和吸纳的重要因素。

第三件事：实行基层党组织领导班子的直接选举

《党章》规定："党的各级领导机关，除它们派出的代表机关和在非党组织中的党组外，都由选举产生。"选举的基本形式分为直接选举和间接选举两种。间接选举是选举人先选出一定的代表，然后委托代表去对候选人进行投票选举；直接选举则是选举人直接对候选人进行投票选举。党的十七大报告已经明确指出，"逐步扩大基层党组织领导班子直接选举范围"，规定了基层党组织领导班子必须实行直接选举。以往基层党组织领导班子选举，多采用上级党组织经一定组织考察程序，形成候选人名单，然后交由党员选举的方式。这样的选举在很大程度上成为走过场的选举。

今后，应改革基层党内选举制度，首先应改进候选人的提名制度。基层党组织领导班子候选人名单采取由上级党组织推荐与党员和群众公开推荐相结合的办法，也可以采取直接由基层党员和群众公开推荐的办法产生。如果候选人名单过多，可以进行预选，直至形成合适的候选人名单。然后提交全体党员进行直接选举，按得票多寡，产生基层党组织领导班子。

第四件事：实行基层党组织定期工作报告制度

《党章》规定："党的各级委员会向同级的代表大会负责并报告工作。"党的十七大报告进一步指出，"地方各级党委常委会向委员会全体会议定期报告工作"。现在的情况是，各级党组织定期做工作报告普遍缺失，往往是到了五年换届的时候才作一个总报告，党员并不清楚党组织的工作状况，在党员和党组织之间形成隔阂。十七大报告提出"定期报告工作"的规定，就使党组织找到了一种和党员建立密切联系的渠道。基层党组织定期做工作报告，是加强党员和组织的联系与监督，凝聚党员之心、增强组织活力的重要方式。需要指出的是，这里关于"定期"的要求，值得认真研究。定期，不管是半年、一季度，还是两个月，总之一定要有确切的时间规定，并且规定下来后不能随意更改，应作为一个例行公事予以真正施行。

第五件事：实行基层党组织领导班子民意测验制度

《党章》指出："党在任何时候都把群众利益放在第一位，同群众同甘共苦，保持最密切的联系，不允许任何党员脱离群众，凌驾于群众之上。"基层党组织要保持同人民群众的密切联系，就要时刻倾听人民群众的呼声，接受人民群众的评判，就要经常了解在人民群众心目中的威望高不高。为此，必须建立基层党组织领导班子民意测验制度。对基层党组织作出的重大决定，通过的政策措施，以及领导人的工作业绩，定期展开规模调查、征求民意，是一件很有意义的事。老百姓的支持率和满意度，是基层党组织工作的一面镜子，是反映党的威信的晴雨表。开展民意测验工作，能发挥群众监督的广泛性、强烈性的特殊效用，能及时给党和政府以警醒和激励。民意测验结果支持率和满意度高了，会给基层党组织以继续做好工作的信心和力量；反之，民意测验结果支持率和满意度低了，就会及时地促使基层党组织总结、反思，改进工作。

第六件事：实行基层党的代表大会常任制和代表任期制

《党章》规定："党的地方各级领导机关，是党的地方各级代表大会和它们所产生的委员会。"搞好党内民主，必须首先搞好党的领导机关民主。为此，十七大报告重申，要完善党的代表大会常任制和党的代表大会代表任期制。当前，必须在县（市、区）一级试行党代表大会常任制和党的代表大会代表任期制，以改进党代会、全委会和常委会这三会之间的关系。地方党代会是地方党的最高领导机关，由它产生全委会，全委会再产生常委会。党代会、全委会、常委会之间构成了一个委托授权的关系链，党代会的领导权力高于全委会和常委会。但现在由于党代会是五年才开一次，就三会的实际运作机制而言，倒是常委会决定一切，其次是全委会，最后才是党代会。这就使三会本来的权力金字塔结构被完全颠倒过来，形成了一个倒金字塔结构。无论是就地位还是实际的职权来看，授权结构成了"空架子"，被授权机构的权力远远大于授权机构，实际地位也远远高于授权机构。很显然，这违背党的权力授受关系的理论。因此，只有实行党的代表大会常任制和党的代表大会代表任期制，才能健全党的地方各级全委会、常委会工作机制，才能发挥党代会对重大问题的决策作用，从根本上推进基层党组织党内民主的发展。

　　在法定的、很短的时间内，必须按照规定办法选出一个村长，站在北京这个角度，这是不错的。但站在基层角度，一个乡下辖几十个乡村，怎么可能在法定的、很短的时间里，把合格的村长选出来？尤其是在村民外流比例非常高的农村，实在是没有办法操作。为什么一定是全国一个模式——海选，这么大一个中国，谁证明过海选就是最优的方法？

农村基层民主下一步

杜珂 《中国改革》记者

　　应当看到，当前在不少农村地区，村民自治包含的民主决策、民主管理、民主监督等重要内容，并没有真正得到全面的贯彻落实，村长直选暴露出来的一些问题使得村长直选乃至乡镇直选沦为"村干部自治"。在这种情况下，如何进一步"发展基层民主，保障人民享有更多更切实的民主权利"？中国经济体制改革研究会日前召开"基层民主与政府治理"研讨会，来自学界和基层政府的人士济济一堂，各抒己见。我们挑选了其中四位发言人的主要观点，详情如下。

　　李凡（世界与中国研究所所长）：

　　应尽快通过村委会和居委会组织法的修改方案，给予基层以政策信息。

　　总结这么多年来中国基层民主发展的情况，可以发现中国基本有两种类型的基层民主，一个是动员式民主，一个是维权式民主。用动员方式进行的基层民主主要是村民自治和居民自治。目前，动员式民主的发展已经出现了两个转折，一是出现了地方政府创新式民主，一是出现了维权式民主。地方政府创新式民主包括乡镇长和乡镇党委书记的直接选举，公共预算的改革，地方人大的改革，还有一些地方建立了一些对话机制，推进了地方政府和群众的对话。维权式民主也可以叫参与式民主，目前来看基本上包容了所有的社会方面，例如环境的维权、业主的维权、公民的知情权、在网上发言的言论权等等，但是从总的特点来看，它仍然是一些孤立的案件。不过从我们的了解来看，维权式民主的内部在酝酿着联合，想形成一些比较集中的力量，以达到更好的维权效果。

我们从中国基层民主实践中发现，有七个方面对基层民主发展的影响比较大。我们将它们叫做基层民主的七个发展路径。这七个路径就是选举、人大改革、法治改革、政府治理、党内民主、公民社会和维权。在这七个路径中，前面五个属于制度建设，后面两个属于社会发展。

作为对当前基层民主发展的政策考虑，要将中国的基层民主不但继续进行下去，而且更重要的是要解决问题，特别是解决基层政治的混乱问题。对此我有三个考虑，也作为上中下三个政策。

第一，应该推动乡镇长的直接选举。第二，推动政府治理改革，特别是建立公共预算机制，推动预算改革，让人大发挥作用，看住地方政府的花钱。同时，也应该鼓励各个地方建立和老百姓的各种各样的对话机制。第三，民政部已经将村委会和居委会组织法的修改方案报到了中央，这些修改方案里面增加了大量选举的内容，对于规范基层民主的选举会有帮助。在目前基层民主出现问题的情况下，应尽快将这两部法修改通过，这样就等于明确地告诉地方，中央还是要基层民主的，地方不得胡来。

赵超英（河北青县县委书记）：

先把村民自治搞扎实，乡镇自治、乡镇直选会水到渠成。

从长远看，乡镇长、书记直选是必然的趋势，但前提要实行乡镇自治。现在还不是时候，眼下还是应该扎扎实实地推村民自治。过早推乡镇直选，搞不好会连村民自治取得的这点成果也给毁了。什么时候搞乡镇长直选呢？我看要等到村民自治能够自动驾驭，也就是村民自治真正落实了，上级党委政府对乡村事务不必、也不能再干预了的时候。到那时乡镇自治、乡镇直选也就水到渠成了。

我们不能对村民自治的状况估计过高。尽管搞了许多年，也搞了直选，但体制架构还不理顺，制度安排还不配套；很多地方党委、政府还没有真正认识，很不情愿，很不自觉；村民的参与能力也有问题，还需要进一步训练。这个过渡时期，乡镇的角色很复杂、也很重要。既要指导村民自治，有些事情还要直接管，比如计划生育。况且，现在乡镇实际还是上级的执行组织，搞直选意义不大，徒把事情搞乱。不要操之过急，也不能好高骛远，村民自治搞扎实了，乡镇成了自治村的联合体，乡镇自然也就自治了，直选也就不在话下了。由此再往更高层次、更大范围推进，所有的事情都能办好。美国民主也是以乡镇自治为基础的。相对几千年的历史，相对这么大的国家，花十年、二十年功夫算什么？政治上搞"穷过渡"，欲速则不达。

青县这几年搞村民自治，遇到了一些问题，关键在上边，关键在认识。尽管村民自治上了宪法，又有专门法律，但有的部门、有的人仍然不放心、不放手，认为搞村民自治农村会乱,会影响政府的动员能力。所以,你搞你的村民自治,我搞我的"党的领导",结果造成"两委"冲突。我认为,"两委"冲突实质反映的是干群矛盾、党群矛盾,反映的是经济基础与政治制度的矛盾。"大锅饭"的时候可以搞"一元化"领导,"大包干"只能搞村民自治,不然神仙也领导不了。现在必须解决这个问题,要实心实意搞村民自治,放心放手搞村民自治,在村民自治的基础上研究政府治理,研究党的领导。要量体裁衣,不能削足适履。

陈林(浙江瑞安副市长):

最前端的行政末梢不要靠选举产生。要肯定这些年的成绩。村民自治暴露出来的一些问题,不是民主本身造成的,很大部分是法治缺位造成的。

发展基层民主,需要讨论民主的内容与形式,界定乡村之间、各级地方之间的权力配置,还要考虑民主政治的"规模经济"问题。现行体制下,乡镇的权力大都被各种部门纵向切割,就算搞了乡镇长直选也是徒具形式少有内容。

民主不能等同于选举,更不一定要从最基层、一层一层往上选。民主政治要超出乡土、宗族的界限,太小体量,财政经济实力都不足以维持,而且越往农村基层,"前现代"的因素越容易占据主导作用,难以形成市民社会和公共空间。其实,村级搞民主我就认为政治体量不足,大多数乡镇一级也达不到民主政治的必要体量。譬如台湾搞过一段时间的乡镇长"民选",发现弊大于利,也要改为"官派"了,即由"民选"的"县市长"派任"乡镇长",政治上共进退。

那么,究竟多大的政治单元适合民主政治的完整运作呢?这里提出几个具体标准:十几万到几十万人口,方圆在一个多小时车程以内,政治经济和历史文化联系较为密切,本身具有一定的整体性,居民具有基本的地域认同,对外是相对自成体系的政治经济单元。这就非常接近于县域。当然有的县人口、面积太大或者成分有点"杂",可以划小。也有少数经济上的重镇强乡,不妨直接升格为县或县级市。

如果推动县级直选,一些县份可能要划小。如果推动乡级直选,大多数乡镇可能要撤并,更要将部门权力还归乡镇。表面上好像推动乡级直选比较渐进,其实对于现有体制冲击更大。我国法律的授权大都是以县或"县级以上某某主管部门"为对象的,已经形成了一定的权力结构。把县份划小,权力也自动下移,人事安排的空间更大一些。这要比撤并乡镇,或者乡镇向上级部门争权,在技术上容易得多。无论在县或乡一级设立完整的政府单元,更下一级可以作为派出机构,也就是最前端的行政末梢不要靠选举产生。在执政党拥有足够权威的条件下,这些调整可以尽快完成。

李昌平（河北大学）：

现在必须清除基层的黑社会，这个不做好，很多设计都会落空。

在法定的、很短的时间内，必须按照规定办法选出一个村长，站在北京这个角度，这是不错的。但站在基层角度，一个乡下辖几十个乡村，怎么可能在法定的、很短的时间里，把合格的村长选出来？尤其是在村民外流比例非常高的农村，实在是没有办法操作。为什么一定是全国一个模式——海选，这么大一个中国，谁证明过海选就是最优的方法？

目前对于基层民主和治理怎么搞，大家都在说自己的话，无法达成共识。对此，我提出以下几点建议：

第一，由于集体经济和三提五统的消失，现在的村民委员会到了非改不可的时候了，需要剥离出来很多职能，比如村民委员会要把集体经济责任交给农协；把环境保护、社区服务交给服务型的组织；把计划生育等工作交给政府部门做。现在的《村民委员会组织法》已经过时，建议废除。待村民委员会改革后，再出台新的组织法。第二，农村一定要发展新型合作经济和新集体经济，没有这个，农村健康组织就难以生长，非健康组织就会控制农村，基层民主和治理就没法搞。第三，以县为单位，主导村一级的改革。村一级的改革没有必要全国一盘棋安排。村一级现在死水一潭，放手让地方搞，中央要将基层民主和治理的着力点上移到乡镇。第四，由中央安排，找几个乡镇做实验，尝试各种模式，比如发达地区到内地搞试验，放手搞十年了再总结，再制定政策。第五，尝试在县乡一级推行人大代表直接选举，将河北青县探索的"村代会制度"推到县乡一级，县乡党的组织要设在人代会里，党的领导体现在人代会的决策领导上。第六，全党、全社会现在必须清除基层的黑社会势力，不仅要在人大、政协、党委、政府部门内清除黑社会势力，还要在中介服务组织内清除黑社会势力，有黑社会背景的经济组织也要清除。这个一定要做，要把黑社会控制住。这个问题已经非常严峻了，不解决，我们设计的制度再好都没用。黑恶势力对弱势人群的伤害将远远超过中央的恩惠。

中国立法正在民意引领下以关注民生的视角，开始了一次向社会立法、民生立法的历史性转型。

　　总之，要不要认真对待基层权力生态恶化趋势，对我们执政党来说，不是小问题，而是生死攸关的大的问题，必须提高到"维护党的长期执政地位"的高度来认识。对于那些忘记了党的宗旨，对党三心二意、阳奉阴违；公权私用、贪污腐化、买官卖官；破坏党和政府威信、拉帮结伙搞小团伙利益的人，要坚决严厉惩处。

警惕基层权力生态恶化趋势

竹立家　国家行政学院公共行政教研室主任

　　2009 年上半年我国地方发生的一些突发性、群体性热点事件再一次证明，中国正处于"社会加速转型期"。其主要特点是：由于公共权力的缺失、滥用和变质，导致我国基层权力生态进一步恶化，使"以利益博弈为中心的社会矛盾和问题进入突发和多发时期"，这种现象极大地破坏了我们党和政府在群众中的形象，影响了党和政府的威信。已经发生的各类事件说明，政治和行政体制等"关键性改革"的"时效性"要求具有重要的紧迫性。

　　从上半年发生的热点事件来看，有几个特点值得关注：一是热点"事件"具有真实性，客观上反映了某些地方权力生态恶化、政府公信力下降、公民权利和利益受到严重伤害的现实；二是这些事件大多是与群众日常生活密切相关的基层政府部门相关联，某些基层政府部门行政不作为、乱作为、公权私用，丧失了公共权力最起码的"维护社会正义"的基本品质，引起群众不满；三是这些"事件"大多是由于基层官员的言语不当或行政和司法行为不当；四是"事件"背后都或多或少与腐败有关，官商勾结或官黑勾结隐现其中，使群众心寒；五是部分官员的责任心不强导致事态扩大。

　　热点事件演变大致是遵循以下路线：一是大多事件性质确实恶劣，与我们党和政府"立党为公，执政为民"的执政目标相违背，甚至违背文明社会的基本道德和法律要求。我们知道，"公道自在人心"，公平与正义是社会主义的核心价值，政府是维护社会公平与正义的最后屏障，如果公共权力不能维护社会正义，甚至侵害社会正义，那么，社会稳定和社会凝聚力就会遭到破坏；二是当事件被社会舆论热议的时候，当事人或当地政府极力掩盖事实真相，或含糊其词、或口出狂言、或不知所措，使事态进一步扩大，成为舆论焦点；三是当地政府对舆论"回应"不及时，处理过程不透明，其结果必然是伴随着一些"谣言"扩散，舆论进一步扩大，酿成严重后果，降低了政府威信；四是处理结果不公，或避重就轻，或轻描淡写，极端轻视公众的判断力，滥用公众对党和政府的信任和情感，引起舆论的进一步反弹。

不言而喻，公共事件世界各国都有，但在处理公共事件时，普遍遵循的路径是坚持行政过程、司法过程公开透明这一现代公共管理的基本理念。因此，我们在面对和处理公共事件时，首先要第一时间公开事实真相、公开政府对事件的基本观点、公开事件处理过程；其次，要从公共利益出发，坚持用公共精神的理念公正、依法处理热点事件，不受个人、"小团伙"、单位、地方利益的干扰，警惕某些地方权力生态恶化导致群体性、突发性事件升级，对党和政府威信造成的严重伤害；最后，对确实对党和政府形象造成伤害、严重损害群众利益、在社会上产生重大负面影响的责任人要从快从严处理，并迅速公布。

我认为，基层权力生态恶化必须引起我们的高度警惕，中央的爱民惠民政策是通过基层的公共权力部门的官员来传递的，如果与群众直接联系的基层权力部门出了问题，就会实质性地拉大政府与群众的距离，破坏党与群众的血肉联系，从而使我们的执政失去群众基础。例如，郑州规划局一主管信访工作的副局长面对媒体，竟然说出"你是准备替党说话，还是准备替老百姓说话?"这种让党和群众都"心痛"的话，实在匪夷所思，引起舆论热议是"情理"之中的事。但作为公共管理学者，我更关心的是"逯军事件"这一文本的"叙事结构"是否具有某种普遍性，是否反映了基层权力生态恶化的现实，如果是，那就要引起我们的高度警觉，要严肃查处。

故事的情节其实很简单：首先，起因是划拨为建设经济适用房的土地上建起了连体别墅，敢于这样做并能办到的最少需要土地局、规划局、建设局等多个政府部门批准，出了这样的事，政府部门都干什么去了，背后是否有隐情，值得我们关注。但直到 7 月 13 日开发商天荣公司被处罚，没有看到那个政府部门或个人对此事负责，是否这里的官场生态出了问题，已形成"官官相护"的封建官场恶习，值得研究。不过，逯军副局长的"替谁说话"谬论，倒可以使我们深刻地领悟和窥视当地权力生态的端倪；其次，逯军的身份是领导干部、并且是主管"信访"，说出把党和群众利益严重对立、具有严重的政治观点和政治立场问题的言论，这样的干部是如何上到如此高的位置，主管如此重要工作的，似乎也有追究责任的必要。逯军把自己主管的、关系到群众切身利益的大事，说出是"闲事"，而郑州市委组织部一位干部竟称这是逯军个人的行为，组织部也管不了。如此看来，我们有理由认为，当地的"官场生态"是否真的出了问题，需要上级部门认真研究。虽然 6 月

22 日逯军已经停职，但我们还是要严肃地管一管"闲事"干部和那些"管不了"的干部。我们知道，"政治路线确定之后，干部就是决定的因素"，这是我们党在长期的实践中总结出来的经验。最后，对天荣公司的处理希望不是最后的结果，有必要把这个"案例"作为一个典型案例来看待，认真研究当地的权力生态，保证公共权力的纯洁性。要做到对那些不负责任、没有起码的政治和道德品质修养、胡作为、乱作为的干部起到警示作用，让党满意、让群众满意。

总之，要不要认真对待基层权力生态恶化趋势，对我们执政党来说，不是小问题，而是生死攸关的大的问题，必须提高到"维护党的长期执政地位"的高度来认识。对于那些忘记了党的宗旨，对党三心二意、阳奉阴违；公权私用、贪污腐化、买官卖官；破坏党和政府威信、拉帮结伙搞小团伙利益的人，要坚决严厉惩处。只有这样，才能保证社会正义公共权力的纯洁性，保证社会正义长治久安。

媒体是社会的眼睛和良心，是社会的预警雷达，是舆论监督的利器。我们要像呵护公民的权利一样呵护媒体的权利，尊重和保障媒体合法的新闻监督权利，宽容媒体的失误。对于代表社会公众利益对公共事件进行监督的新闻媒体，应该保持尊重和宽容的态度。苛求媒体不出一点差错，无异于拒绝舆论监督。

宽容而非纵容媒体的报道失实

刘武俊　《中国司法》杂志副总编

"央视报道失实被法院判免予道歉"的新闻颇受各界关注。据《京华时报》报道，央视《每周质量报告》2007 年 3 月报道了河北省晋州市海龙棉织厂生产"毒毛巾"事件，后经相关部门检验，该厂毛巾虽然不合格，但并未含禁止使用的强致癌物质。海龙棉织厂随后对央视提出侵害名誉权控告。随后，市一中院认定商品生产者应容忍社会公众以及媒体对其作出的苛刻批评，终审驳回海龙棉织厂的侵害控告。

显然，司法的天平偏向媒体这方。作为长期关注司法与传媒问题的学者，我个人认为，法院的这一判决实际上体现了对新闻监督的司法支持，体现了对新闻失误的司法宽容，传达了合理宽容新闻失误和积极支持新闻监督的司法态度。这一判决本身对于尊重、支持和保护媒体正当的新闻监督权具有积极的司法导向，具有超越个案的深远的司法智慧。

据报道，法院审理后认定，民事主体依法享有获得客观社会评价的权利，与此同时，法律亦保护媒体的正当舆论监督权利。

具体到本案，央视是基于部分毛巾生产企业使用对人体有害的染色剂，严重危害公众安全这一社会现象所作的调查节目。相关部门目前已确认该单位生产的毛巾不合格，虽不合格原因与致癌物质无关，但仍可证明其产品有质量问题。此外，毛巾安全问题涉及公众利益，作为生产毛巾的企业，针对媒体与公众对其产品质量及安全的苛责，应予以必要的容忍。

从央视报道失实的个案可以看出，法院理直气壮地表达了对新闻监督的司法支持。

诚然，在媒体舆论监督不断遭受打压，粗暴干涉记者的正常采访活动，甚至殴打、拘留记者等恶性事件屡有发生的背景下，法院更加有必要向全社会传达这样一种司法导向：尊重媒体的新闻监督权，适当宽容媒体的报道失误。

媒体是社会的眼睛和良心，是社会的预警雷达，是舆论监督的利器。我们要像呵护公民的权利一样呵护媒体的权利，尊重和保障媒体合法的新闻监督权利，宽容媒体的失误。对于代表社会公众利益对公共事件进行监督的新闻媒体，应该保持尊重和宽容的态度。苛求媒体不出一点差错，无异于拒绝舆论监督。

世界上没有全知全能的人，也没有全知全能的媒体。媒体记者在采访报道过程中，由于时效性、采访技术、采访对象是否配合、采访信息不对称等诸多因素限制，只能尽量追求真实，而无法保证绝对真实。

我们不宜苛求记者像侦探一样把整个事件调查透彻。既然允许科学家在探索自然规律的科学研究中不断试错，那么也应该允许媒体在报道事实真相方面出现可以宽容的失误或疏漏。

在一个开明的和谐社会中，我们既要给科学家试错的权利，也要给媒体记者失误的权利。

实践中，新闻报道时效性强，某些采访专业性强，媒体采访时所能利用的资源有限，有关方面往往不配合甚至干扰、阻止媒体采访报道，在类似消息不对称的情况下，媒体的报道难免有疏漏甚至失实之处。

因此，要宽容媒体出错，宽容一定程度的失实报道。要更多地从社会公共利益而不是单纯地从当事人的角度看待媒体报道失实问题。

当然，现代意义上的媒体是责任媒体，媒体有责任客观全面公正地报道，新闻记者要有基本的职业操守，不能道听途说、捕风捉影、添油加醋、以讹传讹、恶意炒作。宽容绝对不是纵容，对于存在主观恶意，蓄意捏造事实造假新闻诽谤被报道对象的，那就不仅仅是道歉的问题，情节、后果严重的还可能承担民事责任甚至被追究刑事责任。

宽容是和谐的润滑剂，宽容促进和谐。我希望全社会都要树立宽容媒体的意识。

宽容媒体的意识，不仅是公民、企业和社会组织的文明风范，同时更是公权部门和领导干部的应有意识和执政之道。对于媒体正当的新闻报道，不宜吹毛求疵，切忌借公权力打压刁难媒体，甚至动辄定性为"诽谤之罪"。

我颇为欣赏前任国家安全生产监督管理总局局长李毅中在 2007 年接受媒体采访时说的一席话："要虚心接受监督，包括媒体监督。媒体不是中央纪委，媒体不是审计署，媒体不是调查组，你不能要求他们每句话都说得对。只要有事实依据，就要高度重视。""不能要求媒体每句话都说得对"，因为"媒体不是中央纪委，媒体不是审计署，媒体不是调查组"。

　　让全社会尊重媒体，宽容媒体，让媒体有更大的勇气和信心完成公众赋予的新闻舆论监督的使命。

　　唯有如此，媒体的新闻舆论监督才有可能得到正常健康的发展，发挥更好更大的作用。

少谈点"盛世",多谈点"危机"

- 160年来,中国前后发生过三次大规模的维新运动,自1978年以来的改革开放在三大维新运动中具有怎样的历史意义?

- 过去30年,在经济总量居前列的国家中,中国是唯一一个没有国民获得诺贝尔自然科学奖的国家,在过去三四百年的历史里,中国的科技贡献为何如此有限?

- 中国高校为何"官满为患"?

对美国的金融危机是否已基本结束，与会专家有不同看法。但是，与会专家一致认为，美国金融危机对实体经济造成的伤害还远远没有显现出来，作为经济社会以及发展模式的危机才刚刚开始，世界经济面临更加严重的衰退。

危机与应对

中国经济体制改革研究会

全球金融危机正不断加深，对中国经济的不利影响也日益显现出来，如何应对危机，使中国经济走出困境，是人们普遍关注的问题。近日，中国体改研究会在北京召开了"宏观经济与改革走势座谈会"，来自研究机构和政府部门的 30 多位专家学者和政府官员参加了座谈，以下是主要观点综述。

世界经济衰退对中国经济增长方式提出挑战

我国经济面临的问题与美国相比有不同的特点。与会专家认为，由次贷危机引发美国金融危机的根源之一，就在于以金融业为代表的虚拟经济严重脱离实体经济而过度膨胀。中国当前面临的主要是消费不足和生产相对过剩而导致的危机。长期以来，我国内需不足的问题一直存在，但是这个问题被强劲的外需掩盖。这次美国次贷引发金融危机，外需大幅度下滑，内需不足的问题凸显出来。由于引起中美两国危机的原因不同，因此，危机传导的路径不同。美国的传导路径为：次贷危机—金融危机—实体经济—社会危机。我国受美国金融危机的影响，首先是实体经济出了问题，对虚拟经济的影响还没有明显表现出来。

要做好应对世界经济衰退的长期准备。对美国的金融危机是否已基本结束，与会专家有不同看法。但是，与会专家一致认为，美国金融危机对实体经济造成的伤害还远远没有显现出来，作为经济社会以及发展模式的危机才刚刚开始，世界经济面临更加严重的衰退。而我们原来保 GDP 增长 8% 的政策，包括十大产业振兴计划和所谓扩内需、振产业、提社保、科技支撑等等，都是建立在短期的温和的衰退判断之上。我国政府在 2010 年之后出台更大力度的财政刺激或者金融刺激方案是比较困难的，如果美国经济要经历 3~5 年的长周期调整，也许在四万亿和十大产业振兴方案过去之后，我们有可能会遭遇更深的经济衰退。

还有专家认为，我们对外部需求的依赖程度不可能再提高到危机前的水平。这对高度依赖出口的地区，比如珠三角、长三角地区从现在开始要考虑应对长期性的外需下降。因此，中国经济面临从出口导向型经济增长模式，尽快转为依赖国内消费的增长模式。

抓住当前有利时机，加快推进改革。对于当前严峻的国际形势和国内形势，有专家认为，恰恰在这种情况下，正是深化改革的一个好契机，从历史上看，往往是危机促进了改革。我们应该抓住这个契机深化改革，把解决短期和中长期的问题结合起来，不仅能够应对当前的经济下滑的趋势，而且为下一步改革和经济长远可持续发展创造一个比较好的基础。

但是，也有专家认为，现在很多措施的出台都着眼于保增长和应对当前的危机，改革好像一时顾不上了。所以，日子好过的时候不想改，碰到危机了，要救急又顾不上改，这样不利于危机的解决。因为只有深化改革，才能消除产生危机的根源。

当前经济发展和体制改革应注意的几个问题

把短期刺激经济增长的政策和长期的体制改革结合起来。有专家提出，我们要抓住和很好地利用这场危机提供的战略机遇，不仅要采取扩张性财政和货币政策，解决好近期内保增长的问题，更要制定和实施一个大调整的长期战略，以改变结构失衡和实现体制转型，并把二者恰当地结合起来。比较而言，结构调整和体制转型比短期救急保增长更重要、更根本、更困难。

还有专家指出，国内市场的问题，特别是消费、储蓄等问题，更多的是机制的问题，而不是政策的问题。在当前经济危机的情况下，实施一些刺激经济增长的政策是必要的。但是刺激政策是短期的，解决不了长期增长的问题。所以更重要的是财政体制改革和收入分配制度改革以及社会保障制度的建立。

既要保增长，又要防止通货膨胀。有专家认为，在当前经济快速下滑和失业率较高的形势之下，保增长既是经济目标又是政治目标。现在的政策焦点和社会焦点都集中到了经济增长速度上，大家都希望经济增长的速度越快越好，希望尽快从快速下滑回归到一个比较理想的增长速度。这不仅能表明经济刺激方案奏效，还会带来快速增长的市场信心。但需要警惕的是，当前以强刺激和增加流动性的方法来刺激经济增长，如果经济过快地加速，未来经济则有可能发生严重的通货膨胀。

扩大内需要处理好投资和消费的关系。有专家认为，我国内需始终上不来的原因是投资率过高，挤压了必要而正常的消费，使消费率不断降低。所以要扩大内需，首先要在财政支出上解决好投资和消费的比例关系。在投资和消费的比例关系确定之后，还要解决收入分配严重不公平和社会保障制度不健全的问题，才能真正发挥消费拉动经济增长的作用。中央政府决定增加4万亿投资，应该有相当一部分用于增加消费，增加消费关键是尽快建立一套合理的社会保障制度，或增加农民收入和城市低收入者的工资。

政府投资要带动民间投资。有专家认为，政府加大投资规模主要是为激活民间投资，提升整体经济活力。今后一个时期的经济走势，取决于4万亿元投资能否带动民间投资的跟进。如果没有民间投资的跟进，仅仅靠国家的4万亿投资，很可能拉不起经济，或者暂时拉起来很快又掉下去。如果有民间投资进来，投资的乘数效应会大大提高，才有可能保持经济持续增长。而民间投资能否跟进，又取决于改革为民间资本提供的投资空间。因此，为了确保政府投资的拉动效应，应当确立一个原则，就是哪个领域政府投资大，哪个领域就应该作为当前改革的重点。

同时，有专家提出，要防止政府投资对民间投资的"挤出效应"，因为根据以往的宏观调控来看，一旦要强调紧缩的时候，首先打击的是民营经济；一旦强调扩张的时候，重新扩张的是国有部门，形成和改革方向相反的趋势。

结构调整要着眼于大格局。结构调整应该怎样调？有专家提出，结构调整要着眼于大格局。在当前失业率急剧上升的情况下，面临的首要问题是解决就业问题，而容纳劳动力较多的是中小企业和服务业，因此，当前不宜提倡淘汰劳动密集型的小企业。另外，服务业在现有的城乡格局下根本发展不起来，因为农村人口分散，对服务业不会有太大需求。因此，服务业要有大的发展，吸收更多的劳动力就业，就必需加快城市化的进程。

防止就业问题转化为严重的社会问题。有专家认为，当前最为严重的不是增长速度下行的问题，而是吸收了大量劳动力就业的中小企业倒闭和停工，以及包括劳动密集型出口加工企业的不景气，造成大量的农民工、大学生和其他劳动力的失业。由于社会保障制度不健全，失业人员增多，有可能成为社会不稳定因素。因此，要加快建立健全社会安全网，为失业人员提供安全保障机制。企业破产不可怕，最可怕的是企业破产后没有有效的社会保障制度来救助和安置下岗失业人员。

深化改革是化解危机的根本途径

与会专家认为，中国经济 30 年来高速成长的原因，就是改革开放。我们当前遇到的困难，世界金融危机是一个原因，但是，更深层次的问题是我们内部体制性、机制性的障碍没有得到解决，有许多改革不到位造成的，因此，只有深化改革，才能化解危机，使我国经济继续平稳较快的增长。

继续大力推进市场化改革。与会专家认为，当前推进市场化改革难度最大的是推进行政性垄断行业的改革。行政性垄断行业凭借自己的垄断地位和与政府部门的特殊利益关系，已经形成了行业的特殊利益，要打破这种已有的利益格局，确实难度很大。

有专家认为，当前，政府通过实施积极财政政策和适度宽松货币政策，以及加大投资规模都是为了激发私人部门投资意愿，但是并没有调动起民间投资的积极性。关键是垄断行业的权力和领地太宽，民间投资投不下去，甚至过剩流动性找不到投资出路，也扭曲了内外部经济的发展。因此，必须加快垄断行业的改革，如铁路、电信、石油、金融等行业的体制改革，为民间投资提供空间。这不仅是改革的一项长期任务，对于当前的保增长和保就业也有重要意义。

有专家建议，推进市场化改革要放开政府对经济的过度管制。我国服务业长期落后和政府的管制有直接关系。政府管制限制了民间资本注入许多服务行业，这导致本来应当是大量吸纳人民创业和劳动力就业的领域并没有发挥吸纳就业的作用。还有专家提出，劳动力市场、资本市场应该有充分的灵活性，这样才能保证投资确实有效率。

建立适合中小企业发展的金融体制。在世界金融危机的影响下，我国大批中小企业破产，缺乏融资渠道是主要原因之一。因此，有专家建议，应当改革目前金融体制高度垄断的局面，大力发展乡村和城镇社区小银行。具体办法是：由社会资本发起，限定其规模，发展专门为个体、微型和中小企业服务的小银行。将目前一些民间地下的借贷组织合法化，将其发展为小银行。将目前的一些担保公司，鼓励其发展为小银行。最终形成为个体、微型和中小企业融资的金融体系。

完善社会保障制度。有专家提出，应对金融危机，首先应当把社会安全网建立起来。社会安全网的建设需要政府加大投入。当前，社会保障体制的改革要注意解决以下几个问题：一是地区间的"碎片化"问题，就是不能够跨省"漫游"的问题；二是对象间的"碎片化"问题，就是如何整合社会保障体系的问题；三是农民工的失业问题，这方面各级政府能不能有一些作为，比如农民工的失业保险。

加快推进社会管理体制改革。有专家认为，当前我国正处于社会冲突的多发期，群体性事件不断增加，而且这一轮经济波动，也引发了一系列社会问题。为防止由经济波动所引发的社会问题进一步加重或蔓延，我们一方面要在改善民生、促进就业等方面作出制度安排，另一方面，要改革社会管理体制，社会管理体制改革的方向：一是要进一步完善政府管理社会事务的方式，要实现善治。二是培育社会组织，特别是发育社会基层组织。社会组织要实现自治，消除社会组织对政府的依附关系。三是有些事务政府与社会组织可以共治。

"危机催生改革"，这句话很有道理。但危机能否催生改革还要看危机程度有多深，范围有多广。中国人往往喜欢扛过去，比如今年危机来了，就大幅度增加投入。但中国的消费问题是深层次的结构性问题，消费呈两极分化，农民和低收入工薪阶层的消费没有提升起来，这个问题就很难解决。

中国改革的战略问题

袁绪程　中国经济体制改革杂志社总编辑

当前的危机与改革

对于当前的危机，理论界有很多看法，但大家有个共同的认识，都认为这次金融危机实际上是三个因素的叠加：一是世界经济达到了一个高峰，并向低谷跌下来的自然周期；二是中国过度的积累，美国过度、超前的消费，这个结构很难持续下去；三是美元为中心的世界金融体系出了问题，这三个问题叠加，总爆发了。

这次危机对中国冲击很大。我们这个国家的外贸依存度在大国里是绝无仅有的。经济增长主要靠制造业出口拉动。所以中国根本的问题是增长模式的问题，增长模式的问题又跟体制和结构问题连在一起，最终还是要通过结构调整和体制改革来克服危机。

"危机催生改革"，这句话很有道理。但危机能否催生改革还要看危机程度有多深，范围有多广。中国人往往喜欢扛过去，比如今年危机来了，就大幅度增加投入。但中国的消费问题是深层次的结构性问题，消费呈两极分化，农民和低收入工薪阶层的消费没有提升起来，这个问题就很难解决。所以，目前从上到下都有呼唤改革的要求。在深化改革中寻找出路总是明智之举。

关于对改革的认识问题

在什么样的语境下表达，说话的范式和概念要有定义，不然就会扯不清楚。

目前对改革多有非议，比如，如何看待 30 年改革开放？主流的意见认为成就是第一位的，问题缺点是第二位的；也有人认为维权已经替代改革；还有人认为，改革走到今天已经失去当年的意义了，改革就是分赃，是打着改革的旗号搞内部人利益分配。

如果说，人们对改革的事实有不同的看法，那么，对改革的概念就更有歧义了。我们在使用同一概念时，可能讲的是不一样的东西。有人讲的是事实，有人讲的是理论；有人讲的是实然，有人讲的是应然。如果讲事实（实然），我们的社会在这 30 年间发生了巨大的变化。"文革"年代号称是全面无产阶级专政的年代，那个无产阶级全面专政是把中国古代的皇权专制和现代的极权手段结合起来无所不包的全面领域的专政。但是 30 年来的变化对年轻人来说或许感觉不那么深刻，觉得今天的现实离自由、民主、法治的理想社会差得太远。这有一个视角问题，就好像一瓶水，从上往下看只有一点点，但从下往上看又觉得有很多。所以不同角度决定了人们对问题的看法和结论的不同。但不管怎么看，事实上，改革发生了巨大的变化。

那么，如何从概念上把握事实上的改革呢？在我看来，转轨、转型、改革等概念虽来自不同的学科，但大致是"同义"的，指的都是变革，即社会变革。

我把社会变革分成三种形态，第一类叫自发演变。它是个慢动作的过程，时间长，反复博弈，成本比较高。最具典型的自发博弈演变的是英国。公元 400 年罗马人占领英国时就带进了罗马法，尔后日耳曼人在进入英国的时候，把日耳曼公社残留的议会制，也就是社员大会制和职业法官相对独立审判制度带入了英国，后来又有了宪章运动，经过几百年的演变才有后来英国的光荣革命。那么中国有这种自发的演变吗？没有。中国是一个东方的专制社会，不断地重复着过去，秦砖汉瓦和明砖清瓦没有什么区别。在封闭的情况下，中国不可能演化出一个新型的社会。其实历史已经做出结论了，3 000 年的演化就是不断地轮回或打回原形。

第二类就是改革。所谓改革是指统治者或社会上层或主导者主动地进行渐进的、自上而下的变革运动。改革在中国历史上发生过很多次，但都失败了。有一句话叫改革者都没有好下场，这也衬托出改革的艰难。

第三类形态叫革命。革命是自下而上的激烈的社会变革运动，是突变。历史上能称得上革命的有这么几个国家，法国、美国和苏联。法国是最典型的革命。1789 年巴士底狱起义，接下来雅各宾专政、热月政变、拿破仑称帝、七月王朝、普法战争，经过 100 年的折腾，法国进入共和状态。因为革命是一种剧烈的社会变革运动，当社会快速变革，社会的其他结构没有跟上，它就要来回曲折。马克思谈到两代波拿巴时诙谐地说，如果历史第一次是用悲剧开头的话第二次就用喜剧收场。他讲的虽是拿破仑和其侄儿波拿巴，但却道出了法国革命的百年悲喜剧。所以，革命往往很难解决社会矛盾和结构变化的"同步"问题。

最成功的革命应当是美国革命。美国与其说是一场革命还不如说是移植。最初的美国人大部分都是从英国去的，他们把英国的社会制度移植到北美新大陆。新大陆没有传统的包袱，所以他们很快就把英国的社会制度进行改造，甚至提升。也因此有了美国的《独立宣言》以及美国宪法和三权分立的宪政制度等等。美国开国先贤能够用理想主义，搞出一个新的美利坚合众国，可以说是开辟了人类的一个新天地。

为什么说革命的概率如此之低？这可以用生物的本性来说明。法国前共产党人莫诺，诺贝尔生物奖得主，写了本书叫《偶然性与必然性》。他举例说，人类之所以存在完全是非常偶然的现象，30亿年前的细菌跟现在的细菌几乎没有任何变化，因为细菌太完美了，它没有任何缺陷，所以不可能发生突变式的革命，就一代代的复制下去了。可能人类的祖先某个类似细菌的单细胞由于结构不太完美，产生了革命，才有了生物的进化或突变，才有了今天的人类。生物的本性是保守的。作为一种突变的革命是非常偶然的。从这个角度讲，人类社会的演变很少采取革命的方式。而中国数百次的农民起义实际上是"打倒皇帝自己再做皇帝的历史"，它只是改朝换代，绝不是新制度的诞生。

那么现在的中国可不可能发生革命？我认为不可能，但有可能出现社会动乱。这是第一个判断。

第二个判断，中国不具备自发演变的条件。1840年被打开国门以后，它就被卷进了全球化，它的所作所为不能自已。既然变革是开放带来的，那就肯定是动荡的、跳跃性的。鸦片战争160多年以来的中国，其间经历了太平天国起义、洋务运动、戊戌变法、清末宪政、辛亥革命、民国初年的混战、国民党的党治、共产党建立中华人民共和国、其后的阶级斗争等等。作为落后国家，人们总想跳跃发展，总想超前发展，所以不可能去自发演变。

第三个判断，中国是具备改革条件的，最切实可行的路径就是改革。我认为一个强大的统治者，也是改革的条件之一，处在那个位置上，国家的兴亡是他不得不考虑的；第二个条件是具有强烈需要变革的大众，极度想发财的百姓也是变革的一个条件；第三，知识精英的理想主义情怀也是改革的条件，虽然有人可能觉得知识精英权贵化了，但有些还是很理想主义的。然而，具备改革的条件不一定就会改革，还必须有催化改革的催化剂。比如，没有文革就没有改革，文革就是改革的催化剂。事实上，这个催化剂随时可能发生，比如一定程度的危机可能催生改革，一定条件的恶化也能催生改革。我们国家只有改革才有未来。

关于改革战略问题

我们应该进行改革战略的研究。以下是改革战略需要考虑的问题。

第一，改革不能再摸着石头过河。要有一个鲜明的战略方向，或者战略构架。当初"摸着石头过河"从哲学角度讲可以理解，因为改革也是试错。但是30年后的今天还这样讲就比较搞笑了。

第二，中国的社会变革100多年走过了一条曲折动荡的路。各种改革、改良、革命的药方都试过，从宪政到三民主义再到共产主义的"穷过渡"都搞过，最后还是要回过头来搞经济。这是历史告诉我们的事实。改革从经济开始符合人的本性，符合社会发展的潮流，符合国家的外部变化，是各方利益博弈的结果，而不是由哪个人决定的。从经济改革走向社会改革再走向政治改革，这就是改革的逻辑。

第三，改革有这样几个阶段：第一是放开搞活，开放开发阶段；80年代拨乱反正，开始放开搞活，90年代的改革是大规模的放开搞活。这个阶段付出的代价非常大，比如环境污染、贪污腐化、道德沦丧、信用危机等等；第二是经济转型阶段，第三是社会转型阶段，第四是政治转型阶段。我们现在处于经济转型和社会转型交叉进行的阶段。改革的目标是经济市场化、社会多元化、政治民主化。

第四，改革的战略问题：一是全局性，二是长期性，三是前瞻性，四是进取性，五是务实性。社会主义也好，民主宪政也好，市场经济也好，都是一砖一瓦扎扎实实添加起来的，是建设起来的，而不是用美丽的诗篇唱出来的。我们现在是诗人太多，工匠太少。

第五，我们正处于经济与社会转型时期。经济转型主要是转变经济发展的模式，社会转型就是将社会从国家分立出来。我们原来是党政军合一的，党国同构，政权和经济合一的社会。社会转型就是国家、政府从很多领域退出来，给社会让出空间。在这个阶段要做的事很多，归纳起来有三个层面。第一个层面是经济体制的深化改革，主要是产权改革。改了30年，我们的产权制度还是不清晰。还有一个是要建立现代金融市场体系。金融市场不健全最明显的就是我们这个股市基本上是政府调控股价。我们现在要推进人民币国际化，最重要的是它的信用基础建设。货币是债权的凭证，其本质是可接受性，没有法治的基础制度，谁敢用人民币？同时人民币国际化需要有足够的经济实力。我们现在讲美元泛滥，杠杆无限拉长，要去杠杆化，但人家患的是富贵病，是吃得过饱了，我们是根本没吃饱过。所以，我们不要听到金融创新就害怕，我们的股票市场连一个对冲的工具都没有，比如，股指期指到现在都不能出来。可见经济领域的改革还有很长的路要走。

第二个层面是要加快社会领域的改革。金融危机对我们的影响之所以这么大，就是因为我们过分发展制造业，我们生产的鞋一年可能到60亿双，世界市场的鞋大部分都由我们生产。而第三产业却发展得不多不深，特别是科教文卫领域的第三产业发展得非常慢，这也是事业单位改革缓慢的一个重要原因。我们要走出危机，科教文卫的改革将会是新的增长点。中国有两个领域做不好可能遗害子孙后代，一个是环境污染，另一个是教育问题。当然，社会领域改革不止于此。

第三个层面是要加快政治体制改革。现阶段政治体制改革的目标不是宪政而是为宪政创造条件。实现宪政民主要有四个条件：经济条件，社会条件，文化条件，政治力量。例如，印度基本还属于民主政治制度，尽管比较低级，也有很多缺陷。印度为什么能够实现民主？我认为最主要的是国大党的自由民主传统。国大党秉承甘地传统，坚持了和平理念和民主自由理念。但是印度的经济条件与民主相悖，落后的经济导致印度形式上是全民民主，实质上是精英民主，是少数精英之间的选举游戏。而支撑印度的精英民主还有两个条件：一个是包括印度种姓制度的社会条件；一个是包括内省价值的文化条件。

新加坡无疑也是民主宪政国家，只不过比较原始一点。新加坡为什么能够维持民主制度？其一，新加坡的总统制可能起了很大作用。新加坡的总统不完全是虚拟的国家元首，用李光耀先生的话说，总统是代表人民来看住钱袋子的。总统随时可以弹劾政府官员，包括总理。这个条件弥补了新闻不自由的缺陷。其二，李光耀的人民行动党具有理想主义。党员都是各界精英，党工大多数是义务的，拿工资的党工可能不超过100名，多数是志愿者。其三，新加坡实行高薪养廉制度。由此，高薪养廉，理想主义，党本身的精英运作，加上总统的制约，形成权力不被滥用的制约因素。

我解释这些是想说明，实行宪政是要具备很多条件的，大家可以看看我们是否具备这些条件。如果不具备，又如何去争取，这不是唱高调可以解决的。

第六，关于政治体制改革的阶段性目标。要有渐进改革的理念，不能毕其功于一役。

其一，与经济领域相关的政治体制改革要加快进行，具体说就是要解决党政分开的问题。从广义看，政府不限于指行政，而是指国家机器，党组织是国家的决策机构，政府转型或转变职能，当然包括党组织的转型或职能转变。这一点不应回避。但是，政治体制改革要在中共领导下进行，这是不能逾越的。

其二，加快与社会领域相关的政治体制改革。政治领域本身的改革有两件事可以做：第一是基层民主自治的配套改革。这里指将乡镇直选制、公共财政和民事的独立审判制"三合一"的改革。政治体制改革要从基层做起，从村乡两级再到县，逐渐使民主选举制度、公共财政制度、独立审判制度有机地配合起来，这样改革才有希望。否则，我们的选举就难以避免假选、贿选或霸选。越南搞的基层选举比我们正规。原来社会主义国家搞的都是代议制，所以先要改法律允许直选。越南国会通过了一个特别法律，规定可以直选，进行试验。要从法律上给它一个说法，不能每次改革都破坏法治，这样改革也做不下去。我们要吸取越南的经验，在法治下进行改革，用法律规范基层民主制度。

其三，党的治理方式和组织结构要改革。党从革命党转向执政党，就要按现代执政党的要求来建设。党代表直选可以一层层来，但是党的效率和科学化应该走在前面。党的组织结构科学化就应改变领导方式，实行党政分开，党的决策权和人大的审议权、政府的行政权分离，比如，设置多个专门的常设委员会负责与政府和人大沟通协调，应该大量的吸收专业人员进入中共，要把党内的专业化、职业化和科学化搞起来，使党更有效率的领导中国的改革和发展。

如果这些事情能做好的话，我们未来 30 年是大有希望的。

美国，仅与两个实力比它弱的国家为邻，还有两大洋保护它免受其他强国的威胁。中国则与美国截然不同，它的海上和陆上邻国约 24 个，这些邻国中至少有 5 个国家的人口超过 1 亿：俄罗斯、日本、印度、印度尼西亚和巴基斯坦。如果中国想要成为世界强国的话，这些国家将会形成强大的地缘政治的制约力量。

中国崛起面临三大问题

盛利军　美国《华盛顿季刊》新加坡东南亚问题研究所国际关系研究员

中国自 20 世纪 70 年代末以来进行的经济改革取得了令人瞩目的成就，人们对中国的崛起表示了忧虑，而且有人预言，中国很快会成为一个与美国平起平坐的世界大国。但是进一步研究的结果表明，尽管中国的地位可能还在提高，但是中国缺少成为超级大国所需的三个至关重要的决定性因素：对自己有利的安全优势，军事和经济的硬实力，以及政治、社会和理论的软实力。

安全优势：国内以及周边地区的安全

一个国家要成为世界大国，它需要保证自己周边地区的稳定，以确保自己对境外事态施加和保持控制及影响的能力。地理位置是保证安全的一个重要方面，例如有着巨大安全优势的美国，仅与两个实力比它弱的国家为邻，还有两大洋保护它免受其他强国的威胁。中国则与美国截然不同，它的海上和陆上邻国约 24 个，这些邻国中至少有 5 个国家的人口超过 1 亿：俄罗斯、日本、印度、印度尼西亚和巴基斯坦。如果中国想要成为世界强国的话，这些国家将会形成强大的地缘政治的制约力量。中国的台湾问题本身也有可能在一段时间内牵制中国，破坏中国的现代化势头。

没有名列前茅的硬实力

当前中国在其所需要的军事和经济实力上远远落后于发达国家。

军事实力由于技术水平很低，中国军队在拥有一个世界强国所需要的军事能力之前还有很长的路要走。就在现在，中国甚至不能在自己的领土周围建立空中优势，沿自己的海疆掌握制海权。中国要想至少在 2020 年之前让海军力量达到适当的水平，将非常困难：首先是海军的防空、指挥和控制、情报、电子战、后勤以及反潜能力需要极大地提高。

尽管中国在导弹技术上的成就给人的印象深刻，但总的来说，航空和航天工业仍然经费不足，没有取得什么特别的进步。与发达国家相比，它在电脑科学上所作的努力以及随之而来进行战略资讯战的能力，起步晚了很多，并且远远地落在后面。

军事现代化将继续受到大量问题的干扰，其中包括供应的控制、有限的经费、吸收与利用能力低，以及管理和行政上的障碍。现代化过程将是艰巨而缓慢的。国际形势将会限制中国的武器供应，国内经济局势也将限制武器的购买。

由于大量武器已经过时，迫切需要更大规模的改革——尤其是国有企业的改革，军事科研和技术也需要大笔资金，目前的中国缺少迅速改善其武器系统的资源。中国国内的许多体制制约着经济、科学技术和国防进一步迅速发展。这些国内体制的改革需要很长的时间。

经济实力方面，尽管中国经济的发展令人瞩目，但是这些快速增长的数位不应该被用来夸大中国在世界经济中的实力和影响力。中国目前是世界上劳动生产率最低的国家之一，生产率只有美国生产率的很小一部分。

目前，中国在全球市场上的影响仍然不大。中国在经济上的重要性只是主要体现在进口市场和国内工业吸收外国投资上。它的出口增长在很大程度上依赖于外国投资和廉价劳动力。这使得人们不能肯定中国经济今后是否能平稳而生气勃勃地发展下去。中国过去的经济发展与其说靠的是通过高技术来提高生产力，不如说靠的是资源的使用。除非中国能掌握并且利用高技术，否则目前的这种经济推动力将会失去动力。

中国国家科学技术委员会的调查报告表明，1995 年，中国大约有 5 000 个这样的研究所和机构，平均每个机构有 125 名科学家和研究员，近 2 500 个研究所和机构的 31 万名科学家和研究人员甚至没有发表一篇研究报告。研究机构拿出来的科研成果只有 5%达到"国家级水平"（最高水准），还有 15%达到"部级水平"。1995 年，各研究所和机构申请的创新专利平均只有 0.09 个。中国科研领域这种糟糕的成绩是不能只用缺乏资源来解释的，而是证明了制度和体制上的制约。这些制约解释了投入大量资金通过政府直接购买和合资企业进口获取先进的设备和生产线，但在吸收和利用外国技术取得重大技术突破方面却行动缓慢；这些制约还解释了实验室内取得的科研成果越来越多，而创新的成功率却只有10%左右。

同向科技发展投入更多的资源相比，有效解决制度和体制的制约需要更长时间。如果做不到这一点，中国难以提高其科技水平，进而提高其生产率，获得名列前茅的硬体实力。

缺乏名列前茅的软实力

没有一个国家能在没有硬体实力也没有软体实力的情况下变成一个世界大国。软体实力包括政治、社会和理论上的实力，并且包括以下因素：（1）开放、稳定、持久、吸收型的国内政治、社会和经济安排；（2）强大的文化、政治、道德感染力和凝聚力；（3）理论指导；（4）战略上的深谋远虑和外交技巧；（5）国内和国际的有效管理，包括有效调动国内和国际资源（尤其是非军事资源）；（6）教育水平高、有强烈文化意识的民族；（7）高水准的生活。

中国在取得这种软实力之前还有很长的路要走。经济和军事实力替代不了完善的政治制度。鉴于中国目前的软实力还不强，过于向国外扩张只会导致灾难性后果。国内制度的脆弱性将严重破坏中国为成为世界大国所作的任何努力。

如果中国连吸引自己最有才干的年轻人回国都不能，它怎么能像美国那样吸引最出色的外国人才来这个国家效力呢？这种能力是这个国家软实力的表现形式之一。中国一般化的生活水平只是问题的一部分，中国没有建立起一套令人满意的奖励制度，或者具有吸引力的政治和社会环境。随着经济现代化的发展，生活水平将会提高。然而，即使经济繁荣了，建立这种能吸引和奖励本国和外国人才的制度也需要时间。只有到那时，中国才可能引进大量高技术。

国际理论指导上的薄弱是软体实力的另一个不足之处。在中国一心发展经济之时，它将大量注意力转向科学技术，牺牲了社会学研究，包括国际研究。政府资助出国的学生和学者中，绝大多数人学的是科学技术。出于种种原因，从实际上不鼓励到将不同的学术观点予以政治化，以及随之而来的新闻控制，几乎没有学者专门研究社会学。专门研究社会学的那些人中，又有许多人放弃了自己这种低工资的研究工作，转到了商界。中国存在着严重的"人才流失"问题，不仅是从国内向国外流失，而且是从社会学向自然科学、技术和商业研究，以及从理论研究向商业活动流失。国家最有才能的年轻人中，有许多人即使不出国而选择留在国内，也是进入合资企业和外国公司，而不是进国家的研究机构。这一切对中国的继续崛起产生了长期不利影响。社会学研究的薄弱在中国的国际研究中也非常明显，尤其是对中小国家的研究，如果这些国家距离中国很远，文化也不为中国人所熟悉，情况就更明显了。在国际关系中不老练，是中国常常不能展示其理论上的指导性、外交上的创新精神和国际事务中的主动性的原因之一，也是中国在利用国际准则、规则和组织为自己创造有利条件方面犹豫不决、缺乏灵活性的原因之一。没有这些在国际上联盟的技巧，中国就不可能巧妙地利用多边安排来达到自己的外交目的，中国可能在一些小规模的外交冲突中获胜，但难以建立长期的战略联盟。

外交策略薄弱的一种表现形式，是中国常常不能预见到问题的出现——如 1995 年李登辉访问美国搞得中国措手不及。中国的外交活动"常常像是一辆忙碌奔跑的消防车"，试图用反提案和反措施来扑灭别人放的火。中国的外交提议和决定应该更多地注重先一步看到的可能出现的问题，并且首先采取行动对付这些问题。

外交技巧对一个世界大国来说至关重要。有了这些技巧，中国就可以将地区性的地缘政治制约因素或者说不利条件转变成战略上的有利条件，大幅度增强自己的实力。许多中国官员和战略家仍然没有认识到这一点，往往将他们能力的缺乏全部归罪于经济和军事实力不足。他们看不到，软体实力是不会从硬体实力中自然产生的。结果，中国常常像自己传统的做法一样，大多是自行其是。中国越是单独行动，尤其是在经济和军事现代化上，其邻国就越会对其意图产生怀疑，中国的崛起也就越会强化地区性地缘政治的制约因素。

旧中国社会和欧洲中世纪相同，是一个两头大、中间小的哑铃型社会：它的一头是大量的贫苦农民，另一头是少数权贵，中间阶层或称中产阶级即市民的力量十分薄弱。在这样的社会里，矛盾容易激化，政治诉求也容易趋向极端。

左右极端都会给社会带来灾难

吴敬琏　国务院发展研究中心研究员

西班牙故事对中国的意义

一位朋友郑重向我推荐林达的《西班牙旅行笔记》。我急忙找来这本书，一上手，就完全被它所讲述的西班牙几个世纪寻求民富国强之路的历史所吸引，不能不一口气读完。从 19 世纪末期开始，西班牙经历了近百年的坎坷曲折。剧烈的社会冲突、民族分裂、内战、专政和杀戮，只是"在一次一次冲突之后，汲取了惨痛的教训，告别了血腥，告别了专制，走到今天"。

林达讲述的西班牙故事对中国有意义吗？我的回答是肯定的。中国几千年的历史好像一直在反复提出"娜拉出走以后怎么样"的问题。公元前 209 年各路草莽英雄怀着对秦王朝残暴统治强烈的义愤揭竿而起，推翻了暴秦的统治，然而这种革命并未带来曾允诺的公平世界，而是"打倒了皇帝做皇帝"，起义—新王朝—新的暴政—再起义，一次又一次的轮回。到了近代，"十月革命一声炮响，给我们带来了马克思列宁主义"，更确切地说，给我们带来了顾准所说的"1789—1870—1917 这股潮流"。在 1949 年人民共和国建立时，我们许多人都认为，问题已经得到彻底解决，历史的周期律将不再重复。但事实并不如此。

对于 1789~1917 年这条激进的革命道路为什么没能带来人民的福利和社会的进步，相反还转化成了雅各宾式的或斯大林式的专制主义，顾准的回答是：这一潮流的领导者设定了建立地上天国的终极目标。自认为是"人民"或"公意"的化身，因而具有充分的合法性使用一切手段，包括专制独裁、恐怖杀戮等来实现这一目标。

《西班牙旅行笔记》给我们的最重要启示是：不论是"左"的极端主义还是"右"的极端主义，都会给社会带来灾难。在重大的社会变革中，理想的模式是政治观点分歧的双方温和派的结合。如果不是这样，只要一方出现极端派，另一方也必定分裂出自己的极端派，如果两边的温和派不能掌控局面而逐渐被边缘化，社会就会被撕裂而趋向极端，而在两个极端之间的震荡，"不走到绝路不会回头"。

就拿 20 世纪 30 年代到 70 年代的这次轮回来说，正像《西班牙旅行笔记》的作者告诉我们的，在 1931 年建立第二共和国的初期，虽然西班牙存在左右两派，但是两翼的温和派之间存在着对于民主、自由、人权等最底线的基本共识。它们之间的分歧，无非是一个主张君主立宪的民主制，另一个主张共和形式的民主制。在民主和法治的轨道上，即使这种分歧不能通过和平协商来加以消除，也可以由选民用选票来决定。可是，当社会矛盾被激化，左右两边的极端派拉走了几乎所有的民众，国家分裂成了完全没有基本底线认同的两半，加上国际上德意和苏联两大集团的支持和挑动，分歧只能用全面内战的武力解决，最终以极右派将军佛朗哥的白色恐怖和 40 年独裁统治作为结束。

如果说 1936~1939 年的西班牙内战是一场旷世悲剧，1975 年佛朗哥去世，卡洛斯国王加冕后，西班牙迅速"回归欧洲"和走向民族复兴则堪称现代奇迹。奇迹之所以能够发生，首先要归因于有关各方，包括出身于佛朗哥集团的新首相苏亚雷斯，共产党的领袖、当年在内战中负责马德里秘密保安工作的卡利约和社会党的领导人冈萨雷斯，他们从过去的历史经验中汲取了教训，共同参与了民族和解、民主转型和西班牙复兴的进程。西班牙共产党的老领导人伊巴露丽和新领导人卡利约早在佛朗哥死前多年就开始反思，并在斯大林去世后率先提出了"民族和解"的口号。1974 年接任社会党领袖的冈萨雷斯大幅度修正了传统社会党的纲领，放弃了完全摧毁旧体制的革命纲领。加上开明的年轻国王卡洛斯一世以高超的政治技巧从中斡旋，占了主导地位的右翼温和派和左翼温和派都能够采取理性态度进行协商和博弈，为共同的利益达成妥协，使西班牙得以度过重重风波，在佛朗哥死后短短几年，就实现了民主转型，踏上复兴道路。

以实事求是的态度讨论中国面临的问题

其实中国人在最近一个半世纪谋求国家富强的过程中，也有过和西班牙人相似的某些经历。对于当代中国人来说，值得庆幸的是，1976 年后，中国政界、学界、企业界有识之士痛定思痛，在建设富裕、民主、文明国家这一基本共识的基础之上，开始了市场取向的改革。改革推动了中国经济的迅速增长。经过 30 年来的努力，中国经济得到了相当大的发展，贫困人口大幅度减少，人民生活得到一定程度的提高。在国际上，中国已经成为推动世界经济发展的一支不可忽视的力量。但是，中国离建成富裕、民主、文明国家的目标还有很长的路要走。特别是近年来由于一些重要经济和政治领域的改革迟滞，一些社会矛盾变得尖锐起来。人们由于社会背景和价值观上的差异，往往对于这些矛盾的由来作出了不同的解读，提出了不同的解救之策。

在这种社会矛盾突显、不同政治诉求争辩趋于激化的时刻，如何防止各种极端派的思潮撕裂社会，造成两端对立，避免"不走到绝路绝不回头"的历史陷阱，就成为关系民族命运的大问题。

防止这种悲剧的关键，在于具有不同政治倾向的人们采取一种实事求是的态度，来讨论中国面临的种种问题。在讨论中，人们可以不同意对方的观点，但是应该支持他发表自己的意见。只要不是谩骂、不是无中生有，一切言之成理、持之有故的立论都应该受到欢迎。我现在感到特别担忧的是，如果匡救时弊的措施只是停留在宣言和承诺上，而实际的改进鲜有成效，各种极端的力量就会趁势而起，动员目前显得愈来愈不耐烦的民众，导致社会的动乱。

有些人认为，在暴君与暴民之间二者择一、一治一乱，是中国历史的宿命，只能听之任之而无法逃避。我认为这个结论是不能成立的，因为中国历史上的轮回，是旧的社会结构的产物，而不是不可改变的。近代经济社会结构的变化，使中间力量主导社会发展趋向成为可能。

旧中国社会和欧洲中世纪相同，是一个两头大、中间小的哑铃型社会：它的一头是大量的贫苦农民，另一头是少数权贵，中间阶层或称中产阶级即市民的力量十分薄弱。在这样的社会里，矛盾容易激化，政治诉求也容易趋向极端。在传统中国的专制制度下，暴君的残暴统治激起农民暴动推翻旧皇朝，农民当政后又或迟或早变成新的暴君，如此循环往复，形成了"其兴也勃焉，其亡也忽焉"的周期更替。在欧洲中世纪后期，市民阶级和知识阶层开始壮大。在新的社会力量的孕育下，首先发生了文艺复兴、启蒙运动这些促进社会进步的思想解放运动；接着发生了建立全新的政治经济制度的革命变革。到了现代经济发展阶段，技术专业人员和经营专业人员的作用变得不可或缺，而且人数也越来越多。新中等阶层成为追求自由、平等和社会和谐的中坚力量。

　　目前中国也进入了这个过程。主要由专业人员组成的新中等阶层，包括各类科研人员和学校教师、工程技术人员和技工、中高层经理人员和一般公司职员、医护人员以及政府等公共机构的职员的队伍正在迅速壮大。虽然我国新中等阶层的自觉和公民意识都还有待提高，但他们是工薪阶层中更多地具有现代文化技术知识的部分，他们追求的是经济生活和政治环境的稳定改善，他们和社会弱势群体有着共同的利益，因而是建设富裕、民主、文明、和谐的中国完全可以依靠、也必须依靠的力量。

160 年来，中国前后发生过三次大规模的维新运动。此次维新相对成功且延续的时间最长。今天，将这三次维新运动做一个比较，我们不仅能发现各自的长处，以及不同的历史机缘，还能更清晰地判断，为什么 1978 年来的改革开放具有特别的社会价值。

中国的"新改良运动"

丁学良　卡内基金高级研究员

　　如何给中国改革开放的 30 年下一个恰当的评价和定义？在所有的历史事件中，越近的事情，越难评价——特别是中国的改革开放，从 1978 年一路走来，至今并未停息，而且还在继续。

　　我更愿意将这 30 年放到一个宏大的历史背景下考察。改革、改良、维新，在英文上是同一个词，都是"reform"，表达的是一个意思。因此，我们也可以将这 30 年称为"维新"或"改良"。从宏观的角度评价，1978 年以来的中国改革开放，应该是中国自西风东渐的 160 年来延续最长的一次维新运动，同时，也是对中国社会大多数领域影响最为深远的运动。

　　从宏观的立场看待这次维新，我们可以将其与中国近代以来历次的维新运动做个比较，来讨论为什么以前历次维新都以失败告终，而这一次维新却会在中国基本成功？160 年来，中国前后发生过三次大规模的维新运动。此次维新相对成功且延续的时间最长。今天，将这三次维新运动做一个比较，我们不仅能发现各自的长处，以及不同的历史机缘，还能更清晰地判断，为什么 1978 年来的改革开放具有特别的社会价值。

　　第一次维新运动发生在 19 世纪末到 20 世纪初。如果是从言论的自由度和思想的开放性来比较，那一次的维新，远远超过 1978 年后的改革。按照今天的眼光来看，第一次的维新运动真正是非常的"百家齐放、百家争鸣"。

　　在中国这样一个人口巨大、历史延续最为悠长的国家，诞生过无数的思想学术大家。然而，从百花齐放、百家争鸣的自由角度来讲，最近 30 年的改革，是远不如第一次的维新。在这 30 年中，中国无论是学术上还是思想上，都没有产生过任何一个可以与第一次维新运动中涌现的那些风流人物相比的角色。我们可以看到，19 世纪末 20 世纪初，在中国这片土地上，诞生了多少影响后世的大家，无论是对中国文化艺术的长期发展，还是对思想的推动，都殊为不凡。

这些大家，为中国后世向经济现代化和政治民主化、思想多元化发展，探索了基本架构。比如，立志改良的康有为、梁启超，倡导世界眼光和国际竞争的严复，制定中国第一部现代意义上的宪法的沈家本，以及当时尚年轻的蔡元培、胡适等，前者为中国现代教育和学术建设所做的尝试至今尚难超越，而后者的科学的理性主义到今天仍不断地被证明其长久的价值。

第二次的维新运动发生在 20 世纪 30 年代，抗日战争爆发以前。如果纯粹从经济增长的角度看，也即 GDP 的增长指标判断，中国的进步在抗日战争爆发之前的几年，非常可观。然而遗憾的是，那一次维新被日本的入侵打断了。从思想艺术的进步看，第二次维新比不上第一次。

知名学者如文学上的沈从文、曹禺、鲁迅等；艺术方面的黄宾虹、张大千等；比较史学方面的陈寅恪以及哲学方面的冯友兰等。

但是，如果从三次维新对中国社会造成的全方位影响来评价，1978 年以后的 30 年来则是最大最深远的。对此我们必须尊重历史，有个远距离的客观评价。

这 30 年的维新运动，之所以对中国社会造成了全方位的影响，在实际影响上超过了第一、二次维新运动，就因为它具备延续性。在所有的因素中，延续性实在是太重要了。一个最伟大的观念，一个最好的政策，一个最好的对策，如果延续不下去，那只具备思想史的意义，不具有政治史和经济史的意义，当然也不具有社会史的意义。

所以，这 30 年的改革，之所以有这样深刻的影响，我认为罗列一大堆原因是可能的，但不用说那样多的细节。比较现代化研究的就是要比较好几波的现代化浪潮中间，每波与前一波的异同。

即使是在中国这样网络控制较严的地方，你仍能在网上看到很多对这 30 年非常情绪化的评价。像这种非常情绪化的东西，往往是从微观角度出发的，通常具有微观的合理性，但不一定具备宏观的合理性。要想比较准确地评价这 30 年的改革进程，我们就得先把这 30 年在中国历史上的地位搞清楚。这就必须将其放到最近 160 年的历史背景中来考察。看不到这 160 年，就不知道这最近 30 年对中国的重要性，以及对中华民族复兴的意义。

中华民族的"复兴"概念，在160年以前是没有的，因为中国人那时自认为是天下第一。只有当你知道自己落后了，才会有"复兴"的观念。所以我最近一本书的名字是《中国经济再崛起》，用了一个"再"字。老老实实承认自己落后了，下面的事情相对来说就好办了。

上不起学，看不起病，这是最直接的民生问题，都和我们事业单位改革不到位，或者某些方面的权力有很大关系。而法人治理结构就包括有效地对事业单位运行的监督，包括对它权力运行的监督。

事业单位改革要避免各自为政

汪玉凯　国家行政学院公共管理教研部教授

事业单位改革，是一个很沉重的话题。之所以沉重，不仅仅说事业单位改革涉及面非常广，更在于改革虽然从未停止过，但都是零敲碎打，各自为政，各地为政，缺乏一个整体规划。

过去 20 多年来零零星星不断推进的事业单位改革，也取得了一些成效。第一，整体上改变了事业单位完全由国家来办这种大一统的局面，让民间力量开始进入到这个领域了，这是非常大的一个进步。第二，国家根据市场化改革的进程，鼓励事业单位走向社会，改变了完全由国家上下对口地条块管、部门管的现象。第三，在财政的投入体制上，对事业单位也做了比较大的调整。把事业单位分成几种类型：全额拨款、差额拨款、自收自支。不同类型的事业单位，收入分配上也不完全一样。第四，事业单位普遍实行了聘任制，尽管还不很彻底。

但显然，改革还远没有到位。

改革首先要有整体思维

现在的事业单位改革，一定要避免各自为政，各吹各的号。

事业单位改革，不能多头设置改革方案。比如，人力资源和社会保障部是管事业单位人事制度改革和社会保障制度改革的，中央机构编制委员会办公室对整个行政体制改革整体提供方案，发改委的体制改革司也是负责体制改革方案设计的，财政部是负责事业单位国有资产管理改革的。另外其它一些重要部门如教育部、科技部、广电总局、新闻出版署、体育总局、文化部、卫生部等都是管理事业单位的主要部委，都在推进属下事业单位的改革。这使得事业单位改革缺乏一种整体、宏观的框架。如果没有整体框架，单项出台改革，不可避免会产生某些混乱。如果制定出一个各方面都比较认同的整体方案，再由相关部门分头实施，情况就会大不一样。

与此相联系，不能就事业单位孤立地看事业单位改革。大部分事业单位是提供公共服务的，整个行政体制改革的方案就是要构建服务型政府，服务型的政府能不能建设好，老百姓对政府提供公共服务能不能认可，这很大程度上与100多万家事业单位本身的服务能力、指导思想、管理运作息息相关。所以，要把事业单位改革放在整个建设服务型政府和国家行政体制改革下一步整体推进的框架中来思考。

要对事业单位过去的改革进行全面清理。过去的改革哪些是有成效的，我们要继续推进，哪些是需要统一协调的，要做相应调整。这样，事业单位改革才有基础。

人员分流要以分类为基础

事业单位人员分流，要慎重对待。要以对事业单位的分类为基础。

根据社会各方的意见，将事业单位整体分为三类是比较合适的：行政性事业单位，公益性事业单位和经营性事业单位，其中公益性事业单位又可分为纯公益和准公益类。对上述同类型的事业单位进行分类改革。在财政投入上，行政性和纯公益的事业单位是全额拨款，准公益则为差额拨款。

事业单位分类还要有一个前提，就是必须全国统一明确分类，不能各个省自己搞自己的分类。这样的话会变的很乱。在分类基础上，哪些应该剥离出去，有些行政性事业单位就回到行政机关去了，有些经营性的事业单位变成企业了，重点将来发展中间这一部分的公益性事业单位。通过科学分类进行界定，在这个基础上，才能涉及人员分流问题。

事业单位人员分流，主要是在公益性事业单位这一部分。有的纯公益，有的准公益，有的全额拨款，有的差额拨款。对这一部分事业单位，整体上来讲还是一个发展的趋势。认为事业单位改革就会大量裁减公益性事业单位人员，这是有误解的。

在西方发达国家，经济社会越发达，社会分工越细以后，公益性事业单位人员还会更多。比如现在农村要搞基本公共服务，要设置提供公共服务的机构，人员还是要大量增加的。我们现在的问题是结构不合理，而不是我们从事公益性服务的事业单位太多了。

应出台《事业单位管理法》

改革的方向，我认为首先要改革事业单位内部的人事制度，这是毫无疑问的。就是要走向聘任制，甚至实行绩效工资。但是要强调的是，事业单位实行真正意义上的全员聘任制和绩效工资制，要以事业单位的法人治理结构改革为前提。要首先把事业单位的领导体制搞好，要建起一个有效的、全国大体一致的法人治理结构，避免出现像国有企业改革后出现的企业高管人员的天价薪酬，引发新的社会分配不公。

上不起学，看不起病，这是最直接的民生问题，都和我们事业单位改革不到位，或者某些方面的权力有很大关系。而法人治理结构就包括有效地对事业单位运行的监督，包括对它权力运行的监督。绝大多数事业单位还是花纳税人的钱，还是要公益性拨款。既然花纳税人的钱，花财政的钱，就要接受社会公众的监督。从这个意义上来讲，我认为把事业单位改革整体来考虑，既包括人事制度改革、养老制度的建立，也包括对公权力的制约。

事业单位最终必然走向立法的轨道。就要通过法律来对事业单位进行有效管理，而不是靠行政权的管理。要通过立法，规定包括事业单位法人治理结构，其管理体制、人事管理制度、领导体制、养老保险制度，都应该纳入到立法的程序解决，就像公务员法一样。将来需要建立一部《事业单位管理法》，来严格规范事业单位的管理运行。

从长远来讲，只有建立有效的法律框架以后，我们事业单位改革才能在一个大的框架下推进。

为避免各自为政，建议设立国家权威的改革整体方案机构

事业单位改革需要从整体考虑，所以我建议，国家应该成立一个跨部门的设计事业单位改革整体方案的机构，哪怕是临时的。由这个机构对事业单位的养老保障、人事制度、法人治理结构、事业单位的国有资产管理改革，和事业单位内部的运行机制的改革整体进行设计。既有官方的官员，也要吸收专家学者的建议，还要利用网络，征求老百姓的意见。形成一个相对比较有共识的事业单位改革方案，然后把它加以法制化，在这个基础上推进事业单位改革。从这个角度上来讲，建立法制国家、依法管理，也应该包括事业单位管理运行。

像现在这样一刀切地把刊物或项目、奖励的级别与工资以及职称晋升直接地、死板地挂钩的做法，无异于变相的"学术血统论"，根本不利于健康正常的学术规范、学术竞争机制的建立，实际上已经成为权力介入、控制学术的最有力的中介。其直接的结果就是大家围绕权力的指挥棒转。

中国大学病象

陶东风　首都师范大学中文系教授

大学，以人为本还是以楼为本

近日，我在自己的博客上发现了一个网友的帖子，说：中国青年报社会调查中心与某网站合作实施的一项调查显示，83.9%的人认为，现在不少大学的建设存在"面子工程"和"过度消费"问题。该网友同时引用前任复旦大学校长、现任英国诺丁汉大学校长杨福家教授的话说："我国高校在经历了合并、调整后，现在又进入了另一个高潮——兴建新校区、兴建大学城……中国高等院校盖大楼的速度是高校发展史上的'世界第一'。"帖子最后的结论是"中国高校水平不够楼房凑"。

我对此同样具有深切的感受。

例子之一，我经常到外地的大学开会或调研，它们给我的最大印象就是大兴土木，疯狂扩张，校园巨大无比（一般在 3 000 亩以上，有些大学的新校区就是三四千亩，加上旧校区就更大了），硬件设施可谓一流。我可以和我去过的外国大学进行一个对比。在我去过的美国、澳大利亚一些大学，校园超过 3 000 亩的好像不多（当然，由于美国大学没有围墙，所以有些大学的面积不好准确计算，只能估计），其中麻省理工学院占地面积只有 168 英亩，大约相当于中国的 1 500 亩。如果我们考虑到美国、澳大利亚等国家的人均土地占有面积和中国的差距，你会产生更加强烈的震惊体验。

另外一个让我感到对比强烈的事情是：中国大学上至校级机关的每个办公室，下至每个院系的办公室，每个行政人员，备有非常高级的电脑，一律的液晶显示器。相比之下，美国大学不但行政办公室数量（以及行政人员数量）比中国少得多，而且电脑的级别也低很多。我在布法罗大学的时候，看到所有教授办公室的电脑都是比较陈旧的，更不要说液晶显示器了。

总起来看，中国大学的确是在搞"面子工程"。浪费大量土地和财力不说，还给教师学生的学习、研究、生活带来极大的不便，完全不是以人为本，以学术为本；而是以上级领导为本，以面子为本，以所谓"政绩"为本。这样的政绩越大，恐怕离高等教育的宗旨越远。问题出在哪里？首先出在我们的上级部门对于教育资源的分配不合理，在大量农村学生还在危房中上课的情况下，却有这么多的大学花费国家的巨额资金，购买这么多多半会闲置的先进设备，这不是十足的讽刺么！其次是评估的非科学化。我们把大学水平的评估看做是大楼和设备的比拼，而不是教学和研究成果质量的比较。

没有人能够否定大学应该盖新楼、购买新设备，即使其"门面"也应该装潢得漂亮一些。问题是国家投入教学的资源是有限的，每个学校所使用的资源更是有限，这就涉及如何使用的问题，何者优先的问题，指导思想的问题，以什么为中心的问题。是以面子为中心还是以教学科研质量为中心，以所谓"政绩"为中心还是以学生和教师为中心，以盖高楼为目的还是以培养大师为目的，以楼为本还是以人为本。在此，我想我们应该温习原清华校长梅贻琦先生的一句话："大学者，大师之谓也，非大楼之谓也。"

高校改革与填表教授

我 2003 年 6 月 14 日从美国回到中国内地，立即被各种各样的表格所淹没。美国的朋友发 e-mail 或打电话问："你回国以后在干什么？"我的回答一律是："在填表。"其实，近 5 年左右的时间中，我一直把相当一部分精力花费在填表上，什么博士点申报表、一级学科申报表、研究基地申报表、重点学科申报表、社会科学基金申报表，如此等等，当然还有每学年年度一次的本单位考核聘任表。我有时戏称自己为"填表教授"，虽有些夸张，但却是绝对真实的感受。

目前高校正在进行以考核聘任制为核心的教师人事制度改革，这个改革的核心是希望打破铁饭碗、促进人才流动、提高学术生产力。其必要性自不待言。但是进行高校改革、提高学术生产力是否非得把大家都变成"表格教授"？说句实在话，填表不是没有好处的，填表的奖赏是金钱。但是我实在怀疑金钱数量的增加是否必然伴随学术水平的提高。科研经费多了，学问下降了。这是我的真切感受。

　　问题到底出在哪里呢？出在学术质量的评估方式与评估标准上。到目前为止，全国各高校聘任制的标准大同小异，基本上是一系列量化的科研与教学指标（主要是科研指标，因为教学质量存在相当的弹性，不好量化）。这个堪称精细繁复的标准详细地规定了每年或若干年中特定职称的教师必须在什么级别的刊物发表多少文章、获得多少政府（注意是政府的而不是民间的，也不是国外的）奖励及获奖等级、得到多少政府资助的（又是政府的）科研项目以及项目的级别，等等。达不到规定标准者解聘（至少理论上是这样），超出这个标准者奖励。这个标准也适用于对教师而言、性命攸关的职称晋升。

　　然而让人感到纳闷的是：这些量化的指标几乎完全依据行政机构的级别来衡量学术成果。也就是说，它把对于对教师学术水平的评定等同于对于学术刊物、学术奖励以及学术项目的级别的评定，同时更把对于学术刊物、学术项目、学术奖励的评定等同于对于刊物/奖励/项目的主办单位的行政级别的评定。具体而言：它把直属中央的刊物看作是国家级刊物或所谓"威权核心刊物"，在这样的刊物发表文章，不仅可以获得几千至几万元不等的经济奖励，还可以用作评定职称的最有力依据。那些在地方性的所谓"一般刊物"发表的文章则意义甚微或几乎没有任何意义。各种学术项目同样分为国家级（又分为"重大"与"一般"）、省部级，分别依据不同的级别给予数额不同的配套奖励，同样这也是职称评定的重要依据。如果你的项目既不是国家级的又不是省部级的（比如国外的或民间的），那么对不起，没有配套奖励，也不能用做评职称的依据（哪怕这个项目的钱数远远超过国家级的项目）。最后，学术奖励也依据颁奖者的行政级别，分为国家级、省部级等，并依次给予不同的再奖励。民间的（比如各种学术协会的）奖是不算数的。这样的考核奖励制度赋予政府直接控制的学术刊物/奖励/项目以绝对权威，它可以转化为我们这个社会的强势资本——政治资本与经济资本，占有了这种权力的人，不仅可以获得单位赋予的经济补助，而且在考核评聘、职称晋升中占据了绝对的优先性。所以，这些学术资源的获取对于一个教师的生存与发展就变得性命攸关，也就获得了其他民间性质的学术资源所无法比拟的附加权力。

　　这就是目前各个高校教师人事制度改革的基本操作方式。不难看出，这个原则的最大特点是行政化与官本位。它依据学术人、学术行为以及学术成果与政治权力中心的距离远近来评价学术的价值与重要性，其所产生的结果不仅仅是学术独立性的丧失，更是知识分子批判精神的萎缩。

那么，为什么各个高等院校的改革方案都大同小异甚至如出一辙？根源在于：大学的上级主管部门对于高校的地位以及高校领导的政绩具有一套模式化的考核标准。众所周知，国家对于高校的评估，最主要的是以该校的学位点的层次与数量为标准。一个学校拥有的学位点层次越高（博士学位点高于硕士学位点，一级学科学位点高于二级学科学位点），数量越多，那么该校的在政府与民间享有的文化资本就越雄厚，地位就越高，能够从政府与民间获得的资助以及其他收入也就越多。这就决定了几乎所有高校的领导都把增加或创立学位点作为自己工作的重中之重。问题是学位的争夺同样是在政府的控制下进行的，政府制订"竞争"规则。这个规则与我们上面说到的各个高校的教师考核聘任的那一套标准几乎如出一辙：同样是关于各种级别的论文、项目、奖励数量的统计，只是量化程度更高、更烦琐而已。各种级别的论文、项目与奖励都有具体的打分标准，而所谓"评审专家"所做的工作差不多就是按照标准记分、加分而已。

这样，为了增加学位点，各个高校一方面投入大量的人力、物力与时间进行烦琐的填表工作，更重要的是，为了刺激本校教师在高级别的刊物上发表文章、拿高级别的奖与项目，各高校领导制订各种制度把所有与教师切身利益相关的一切，特别是工资与职称晋升，与这套以行政权力的大小为核心建立的"学术"评估标准紧密结合起来，下发各种各样的表格统计"成果"（实际上就是高级别的论文、项目与奖励的数量）。这就是为什么现在的高校教师都忙于填表的根本原因。现在的学术精英们大多在忙于填表，忙于把自己的学术资本转化为金钱与权力，而最为根本的是忙于拉近和增进自己与各种掌握官方权力的学术机构的关系，因为这是其他一切的前提条件。

像现在这样一刀切地把刊物或项目、奖励的级别与工资以及职称晋升直接地、死板地挂钩的做法，无异于变相的"学术血统论"，根本不利于健康正常的学术规范、学术竞争机制的建立，实际上已经成为权力介入、控制学术的最有力的中介。其直接的结果就是大家围绕权力的指挥棒转。所以，根本的问题是行政权力机构是否有诚意真正尊重学术的自身规律、退出学术场域。权力退出学术场域，把学术的评估权真正交给专家群体，不但不会导致学术的衰退，相反只会促进学术的健康、自主的发展。一个健全的学术环境的建立，首要的条件就是学术的自主性。

这样的本科教学评估怎么得了？

这几年教育部实行的四年一度的本科教学评估，目的在于借评估促进、提高本科教学质量，其出发点当然是好的。但是任何好的设想都必须要有相应的制度保证和文化土壤，否则就会适得其反。

除了几个极少数全国名牌大学以外，绝大多数内地高校都把"迎评"看得高于一切，成为全校工作的重中之重。每当评估临近，整个校园立即进入特级警备状态，所有教职工必须全天值班，各级领导必须 24 小时待命。学校的排名和等级是应该实事求是地、真实地评选出来的，而不是通过包括弄虚作假在内的突击方法临时"抓"出来的。各地盛行弄虚作假的根本原因是在评估的方式。

教育部应该改变评估的方式和内容。

首先，必须放弃那种运动性的、高度组织化的评估，改为平时经常性地通过各种灵活方式对学校的本科课教学质量进行调查摸底，深入到学生和教师中获得确切的信息，而不是几年来一次大的评估"运动"。

其次，评估的内容和指标体系应该突出软件方面，而不是片面强调硬件（诸如大楼、占地面积等等）。

最后，评估主体应该多元化，评估权力应该分散，打破评估主体的一元化和评估权力的垄断性。

总之，我们希望教学评估能够真正体现高校的实际水平，真正促进和提高高校的教学质量，不要让评估演变成为一种形式，一种变相的形象工程。

首先是中国与世界的循环，在过去的 30 年、特别是加入 WTO 后的 8 年，中国在全球化过程中是"投入的爱一次，却忘了自己"。回首思考，中国已完全成了欧美市场的"打工仔"。成为世界工厂的同时，如考虑到付出的资源、环境和劳动力成本，中国得不偿失。

中国面临四个循环的改变

陈兴动　法国巴黎证券（亚洲）有限公司董事总经理兼首席经济师

经济危机发生后，我所在的法国巴黎证券促成了全球 60 多个国家的经济家学每季度的聚会，对全球经济形势进行预测和判断。其中，我观察到，从 4 月份开始，各国基本不再对经济增长的预测做向下调整，对全球经济形势开始形成共识。经济学家背后是各国政府，各国政策也基本从恐慌演变为寻找对策，G20 最后能达成共识就是体现，尽管各国之后的执行可能已经走样。

全球经济增长在第三季度应会见底经济学家的基本预测是：2009 年全球经济增长在 1.3%，发达国家在-3% 左右；到 2010 年，发达国家可能回升到 0.5%~1%，亚洲国家是 4%~5% 的增长。

最近我们连续访问了日本中央银行、美联储、欧洲银行、英格兰银行、澳大利亚银行和亚洲几家银行，基本看法是全球经济增长在第三季度应会见底。对于触底的衡量，我更倾向于总体经济增长，也就是以 GDP 为指标。

具体分析，美国去年第四季度的经济增长是-6.3%，今年一季度的数字是-6.1%。这个数字代表的不是好转，说明一季度 GDP 在去年四季度的基础上又减少了 1.3%。也许美国 GDP 下行的幅度转小，但依然没有见底。对于可能面临"W"型趋势的判断，美国看得很清楚。日本的情况较可预期，在经历了长达 13、14 年的"黄金衰退"后，日本对目前的衰退并不陌生和恐慌；亚洲其他国家的经济形势也比预期要稍好。情况仍不明朗的是欧盟。客观上讲，欧盟国家间的差别太大，各自为政。欧盟有中央银行没有中央财政部，欧盟的货币政策不能与财政政策协调一致。同时，欧盟扩张的东欧五国问题还很严重。在主观上，欧洲各国都不愿为其他国家背债。虽然欧盟没有积极参与过去十年美国主导的金融创新，在此次危机中损失相对较少，但不代表欧盟各国能快速渡过。

论断复苏还远没有依据

见底并不是全球经济的目标，何时复苏才是关键。

美国的首要问题是维护社会稳定，在美国40%的家庭，基本上没有良好的社会保障，25%的人口如果失去工作就没有任何生活来源。今年3月份，英格兰银行和美联储先后做出了增发纸币的决定。美国2009年预算赤字是17 500亿美元，加上到期国债和还需发行的国债，总量应该在25 000亿美元左右。将国债发往国际市场，目标就是中国、日本和沙特阿拉伯。中国现在是美国国债的第一大持有国。

美国增发美元的用途，首先是购买有毒资产，但将资金投入到金融衍生品或是衍生品基础上的再衍生品，无异于将钱填进无底洞。其次，进行三项基础设施投资，一是改造电网，在我看来这是美国为救经济做的最有意义的事情，但是投入总量太小；二是改造公路网、铁路网，这个市场基本已饱和；三是建校舍，但政治口号对经济的意义不大。

最近，美国派了几批代表团到日本研究其衰退的经验教训，日本中央银行表示，发行钞票起不了作用。转而寻找其他解困途径的美国，对银行进行压力测试，希望借此给市场以信心。虽然测试结果比经济学家预期得要好，但市场反应却相反。

从这些方面看，针对复苏，各国唯一能达成的共识是：恢复力度将很弱，复苏所需时间会很长，失业将严重继续下去。

可以看到去全球化的影子

经济危机后，各国都被动地提高了国内储蓄率，在这个过程中已经可以看到去全球化的影子。各国政府或明或暗地实行贸易保护主义，因此中国要认清一个事实：即使出口退税再高，补贴再大，也无法帮助企业实现出口。

从中国政府的角度来看，应该把工业生产的增长视为关键。主要是把前低后高的趋势做出来，使市场恢复信心。从市场的角度看，我觉得中国现在面临着四个循环的改变问题。

首先是中国与世界的循环，在过去的 30 年、特别是加入 WTO 后的 8 年，中国在全球化过程中是"投入的爱一次，却忘了自己"。回首思考，中国已完全成了欧美市场的"打工仔"。成为世界工厂的同时，如考虑到付出的资源、环境和劳动力成本，中国得不偿失。这样的全球化，中国不应该再过多的介入。但等到快醒悟时，留给中国自我调整的时间已经不够了。

其次是出口带动工业化，工业化带动城市化的循环。中国的城市化发展一直比较被动，如今，当作为主要推动力的出口失灵，拉动工业化的需求应如何培养？其实，只要在政策上做出调整，让农民工变成城市的消费者，需求和城市化都会应运而生。中国本身并不缺少需求，主要是政府在这个问题上认识不够。将资源和政策向中小城市倾斜，吸引农民进入城市化，那么更多的深圳将会不断产生。

再次是沿海与内地的循环，目前很多内陆城市已看到了发展的时机。在沿海拉动作用下降的情况下，能不能靠自身的城市化带动工业化发展。

最后是用小循环带动大循环，即区域循环带动整个国家经济循环。北部湾经济区、福建海西区、滨海新区、浦东新区，按照沿海等区域发展的小循环带动大循环，按照中国 13 亿的人口、远没有完成的工业化和城市化，扩大内需是完全能够实现的。

在社会大转型期中出现了"两头冒尖"的情况并不奇怪，问题是我们要认真地去对待它，去解决它。不能不承认，这个挑战是很严峻的，所以还存在着另外一种可能，就是向"天堂"的反方向发展。

中国经济转型的困难与出路

吴敬琏　国务院发展研究中心研究员

中国经济的高速增长能不能够持续，怎样才能持续？近来已经成为一个全世界议论的热点。为什么会出现这种现象呢？这是因为，中国经济经过30年的发展已经成为世界经济中一个举足轻重的力量。于是，中国经济能不能够持续发展和怎么样才能持续发展的问题，就成为一个不但关系中国自身的兴衰，而且在相当大的程度上影响世界经济和政治今后走向的世界性问题。

中国经济"两头冒尖"

虽然前一个时期国内有极少数人鼓吹"今不如昔"，但是从国际社会上对中国的议论看，所有尊重事实的人，不管是对于中国采取一种友好的态度或者是采取一种怀疑、敌视的态度，都一致肯定，中国的经济在30年来来取得了巨大的进步。

但是，我们在看到中国经济的巨大成就的同时，还要清醒地认识到我们面临着严峻的挑战。我曾经一再引用《双城记》开头一段狄更斯描述18世纪后期19世纪初期西欧国家"两头冒尖"状况的话，指出中国现在情况的类似之处。在社会大转型期中出现了"两头冒尖"的情况并不奇怪，问题是我们要认真地去对待它，去解决它。不能不承认，这个挑战是很严峻的，所以还存在着另外一种可能，就是向"天堂"的反方向发展。

从经济社会生活的现象层面上看，现在最突出的是两个问题，一个是资源短缺和环境恶化的问题日益突出。尤其是一些基本的自然资源短缺的程度越来越严重。最近几年，一些可贸易资源因为中国需求量的急剧增长，把全世界的价格都买上去了，至于一些不可贸易的资源或准不可贸易的资源，比如石油这样的资源，就出现了供应短缺甚至造成了整个社会的困难。环境的恶化更不用说了。水的污染、空气的污染以及其他的污染，使得有些地方不能维持正常的生活。这种爆发性的环境危机在全国各地不断发生。另外一个突出问题，是社会环境的恶化。其中最严重的问题，一个是腐败的蔓延，另外一个是贫富差距的扩大。以上这些，是目前社会经济生活中我们天天都能接触到的现象。

从宏观经济的深层结构看，可以归结为内外两个方面的失衡。内部失衡的主要表现是投资和消费的失衡，过度投资而消费不足。这里说的消费不足不是说绝对量增长不足，而是相对于投资的增长不足。根据世界上许多研究机构的研究，30 年来中国人消费绝对水平的提高速度在世界上是居于前列的，但是因为投资以更高的速度增长，消费在 GDP 中的相对的份额不断下降。目前，投资和消费的比例已经大大偏离正常状态。从国际上来说，消费和投资的比例大致上 75 比 25，有的国家稍微高一点，有的国家稍微低一点。在有些阶段，例如在工业化初期，在一些发展中国家，投资有可能高一些。比如，中国在"大跃进"期间投资率就达到 30% 以上。又比如日本在高速增长时期，投资的比重也是偏高，但它的最高水平也没有超过 35%。中国现在投资率越来越高，特别是 21 世纪以来，基本上处于 45%~50% 的水平，而消费比重就严重的偏低。这种类似于马克思分析过的"有机构成不断提高"的偏差，造成了一系列例如产能过剩、最终需求不足等经济问题，以及群众的生活水平提高过慢，收入水平的差距拉大等社会问题。

外部失衡的主要表现，是国际贸易和国际收支的双顺差，外汇存底的大量增加。它会造成我们跟贸易伙伴国之间的摩擦加剧，同时使自己的贸易条件变差，出口产品贱卖，还搭上了我们的资源和环境。

内部失衡和外部失衡在宏观经济上的集中表现，是货币的过量供应，而货币的过量供应又必然导致房地产、股票、收藏品等资产泡沫的形成，通货膨胀即消费物价指数（CPI）的快速上升，或二者兼而有之。这个问题在 2007 年下半年浮出水面，变成一个人人都能感觉到的危险。

从中长期的观点看，这一问题的危险性还在于，它还会使我们的金融体系变得非常脆弱，当遇到外部或者内部冲击的时候，就会出现严重的系统性风险。东亚许多国家和地区都曾经经历过高成长的时期，成就了所谓"东亚奇迹"。但是，它们大多数都因为内外失衡的处理不当而没有逃脱金融系统的危机，以致损失了几年、十几年的时间，造成了很大的危害。所以我们必须尽力地防止出现这样的问题，防止我们大好的经济成长形势出现逆转。

严峻挑战来自何处

为了要解决上面讲的这些问题，首先要研究它们的根源何在。中国经济学界最近几年进行了两次大的讨论，大多数经济学家对于这些问题的根源有了比较明确的判断：就是内外失衡以至于它的宏观经济表现——货币过量供应、流动性过剩、资产泡沫和通货膨胀的威胁等等，最深层的根源在于由投资和出口拉动经济的增长模式（或称经济发展模式）。为了解决宏观经济中的这些问题，从根本上说，就必须转变经济发展模式。

问题在于，转变经济发展的模式，并不是一个新提出来的口号。这个正确的发展思路虽早已提出，却长期没有做到。且不说苏联早在 60 年代后期就提出要转变增长方式，我们自己 1995 年制定"九五"计划的时候，也要求实现增长方式的根本转变。10 年以后，到了 2005 年制定"十一五"规划的时候，又再次提出要把转变增长方式作为今后五年的经济工作的重心内容。"十一五"第一年的执行的情况不是太理想，所以到了 2007 年的十七大再次重申必须实现经济发展模式的三个转变（由主要依靠投资、出口拉动向依靠消费、投资、出口协调拉动转变，由主要依靠第二产业带动向依靠第一、第二、第三产业协调带动转变，由主要依靠增加物质资源消耗向主要依靠技术进步、劳动者素质提高、管理创新转变）。

为什么早就提出了正确地解决办法，问题却一直没有得到解决呢？在 2003 年到 2007 年的讨论中，许多学者通过深入的观察，提出了很深刻的意见：主要原因在于旧体制的遗产没有得到消除，它已经成为实现经济发展模式转变的主要障碍。我认为最重要的体制障碍是四点。

第一点，各级政府依然掌握着一些重要资源的配置权力。比如说信贷资源，因为我们银行体系、金融体系改革没有到位，所以各级政府依然对于信贷的发放有着很大的影响力。再比如土地资源，因为土地的产权不明确，依然是由各级政府自由裁量运用。1992 年的十四次代表大会在确定市场经济的改革目标时就已经明确，所谓市场经济，就是在资源配置中由市场起基础性作用的经济，就是由市场供求决定的价格起作用，因为这种价格是能够反映资源稀缺程度的。但是现在一些重要资源却不是由市场，而是由党政领导机关按自己的意图配置的。

第二点，把 GDP 的增长作为各级政府政绩的主要标志，不光在党政机关考核干部时如此，社会舆论也是如此。整个社会形成了这样一种观念。

　　第三点，是各级政府的财政状况和物质生产增长紧密相联。从收支两方面看都是这样。从财政收入看，各级预算的主要收入是生产型的增值税，生产型的增值税跟物质生产部门的速度是直接挂钩的，所以使得各级政府不能不把主要注意力放在物质生产部门的扩张上。从财政支出看，在前年财政部召开的"财政体制与和谐社会建设"国际讨论会上，一些学者提出了非常深刻的见解，他们说中国的政府支出结构现在存在一个很大的问题，就是政府对于提供公共产品的支出责任过度下移。社会保障和义务教育的支出责任大约有 70%落在县或县以下财政的肩上。这不但使这些公共服务提供的情况很差，而且使得各级地方政府不能不提高物质生产部门的增长速度以便取得更多的收入，否则日子就过不下去。比如我记得上上届政府卸任以前讨论农村工作的一次座谈会上议论的一个问题：九年义务教育在我们的内地农村基本没有实现。为什么会这样呢？经济学家们指出，很重要的一个原因，就是九年义务教育的支出责任在县以下，而我国内地大部分县以下单位并没有正规的财政收入。后来党中央、国务院采取了措施，把义务教育的支出责任提到县一级，这就使情况有了一些改善。但是现在看来，这仍然不够。所以现在有许多人主张把义务教育的支出责任进一步上提。这里附带说一句，支出责任在中国通用的说法叫做事权，财政部门早就提出来了，事权过度分散，要更加集中。但是它给人的直接感觉是他们要收权，所以"支出责任往上收、由更高级的政府部门来承担"这一主张没有得到很多人的支持。

　　最后一点正好是前面三点的反面，就是资源配置上市场的力量受到很大的压制。这表现在土地、资本、劳动力等生产要素的价格没有市场化，而是由行政机关定价的或者受行政机关的影响，而行政定价是按照计划经济的惯例压低价格，因为要素价格压低有利于国有企业降低成本和增加盈利，而价格的扭曲促使了以浪费资源的方式进行生产。

建立法治的市场经济

　　如果上面这个结论是正确的话，出路在哪里也就很清楚了。出路在于消除旧体制遗留给我们的遗产，建立起一个规范的市场体系。也就是像十七大所要求的那样，坚定不移地推进改革开放，让市场充分发挥它在资源配置中的基础性作用。

　　关于这个问题，在 2003 年年末开始的"第三次改革大辩论"中，有些人提出了一种完全相反的解决办法。他们认为，中国目前遇到的各种问题都是由市场化改革和对外开放造成的，应当摒弃十一届三中全会以来的路线，回到 1976 年以前的旧路线和旧体制去。党中央驳斥了这种主张。我觉得胡总书记有三段话讲得非常好，值得我们仔细地品味。

第一段话："事实雄辩地证明，改革开放是决定当代中国命运的关键抉择，是发展中国特色社会主义、实现中华民族伟大复兴的必由之路。"

第二段话："改革开放符合党心民心，顺应时代潮流，方向和道路是完全正确的，成效和功绩不容否定，停顿和倒退没有出路。"

第三段话："要毫不动摇地坚持改革方向，进一步坚定改革的决心和信心，不断完善社会主义市场经济体制，充分发挥市场在资源配置中的基础性作用。"

现在有一种舆论认为改革过头了，甚至改革的方向完全错误。以致编出了种种把问题归罪于改革的顺口溜，广为流传。我们应当具体分析一下，看看我们碰到的问题，到底是因为市场取向的改革造成的，还是由于改革没有到位造成的。其实事情是很清楚的。第一，比如说前面讲到的收入差距过大，低收入阶层的基本生活和福利得不到保障，问题是社会保障体系迟迟没有建立。这应不应当归罪于改革呢？只要举一个简单的事实就可以说明这个问题。中国原来的社会保障体系本来就很不完善。像公费医疗费体系，支出主要用在城市居民，特别是党政机关干部身上了，农民却缺医少药。不是有一个"最高指示"吗？卫生部应当改名叫做"城市老爷卫生部"。改革开放以后这一套体系不能运转了。1993 年中共中央的十四届三中全会在《关于建立社会主义市场经济体制若干问题》的决定里面，关于社会保障作出了一个很好的原则设计。可是 14 年过去了，由于某些行政机关从中作梗和对中共中央决定执行得不够坚决，国企老职工"空账户"的补偿问题解决不了，这套体系到现在还没有建立。你说这个责任是在改革还是在没有执行改革决定呢？

现在就留了好多这样的问题，有的改革决定得到了推行，也起了很好的作用，但是没有贯彻到底。比如国企改革。在 1997 年的十五次代表大会和 1999 年的十五届四中全会对于国有经济的布局调整和国有企业股份化改革作出的决定以后，有了很大的进展，但是到了最大的一些国有企业，这个改革似乎就停顿下来了。特别是最近几年甚至有媒体所说的"二次国有化"或者"再国有化"的趋势。这种行政垄断的做法是跟十五次代表大会、十五届四中全会以及十六次代表大会指出的方向反着来的。还有其他一些改革，譬如说农地产权改革的问题，在 2002 年就开始进行过了讨论，因为有不同的意见，没有进行。但是现在看来这样的改革不进行，有很多问题解决不了，譬如我们的房地产问题。如果说农民的地权问题不落实，我想解决起来非常的困难。面对这样的许多问题，如果我们仍是头疼医头，扬汤止沸，而不是依靠改革建立有效的制度，恐怕很难解决得好。

第二，如今在一些很重要的部门存在着行政垄断的情况，这是跟建立社会主义市场经济的要求不符的。与此同时，在"宏观调控"的名义下对企业的微观经济活动进行行政干预的情况近年来也十分盛行。但是，打破垄断、消除微观干预，都牵涉到有关部门的权力和利益，所以推行起来就非常的困难。当前，不打破垄断，不消除行政部门的微观干预，充分发挥市场在资源配置中的基础性作用就无从谈起。

第三，从市场化改革来说，很重要的一个内容就是要把我们的市场建立在规则的基础之上，也就是建立在法治的基础之上。虽然十五次代表大会就提出来要建设法治国家，十六次代表大会又重申了这样的主张，而且还提出建设民主政治和提升政治文明的问题，都提到日程上来了，但是10年来政治改革的进度缓慢。就建设法治国家来说，它包含两个主要方面，一是立法，二是执法。从立法的方面来说，数量是不少的，但是从一些基本的立法看来，还存在着不少的问题。党中央一再强调《物权法》是社会主义市场经济的一个基本的法律，但是这个法搞了多少年？13年！如果没有党中央的干预和坚持，很可能就在2006年就给搅黄了。还有一个市场经济的基本法律——《反垄断法》，也花了13年，而且现在仍有一些不清楚的地方。目前有一种说法，说是反垄断应该只反那些不好的垄断，对于好的垄断（"有利于国家的垄断"）则不能反。这样一来，一个企业的垄断应不应当反就变成公说公有理、婆说婆有理，无法确定的事情了。例如，中国的电信资费高得惊人，这是与行政垄断直接有关的。难道应该以电信企业是国有企业为理由把这些企业置于《反垄断法》的调节范围之外吗？

怎么能够做到公正执法？独立司法，难度可能比立法还要大一些。对于一个现代市场经济，所谓"非人格化交易"占主要地位的市场经济，没有独立的公正的司法，合同的执行是不能得到保障的。那么经济活动的参与人为了保障自己财产的安全，它的办法就只有去结交官府。为什么这些年来买官卖官越来越盛行呢？恐怕主要原因就是因为公权不彰，行政官员的个人权力具有非常大的作用，能够决定企业的成败祸福。不受约束的权力会导致腐败，这确实是一个颠扑不破的真理。那怎么来约束权力呢？唯一的办法是靠法治。

总之，我们要靠改革开放建立一个好的体制，在这样的体制基础上实现经济发展模式的转变。能不能实现发展模式的转型，取决于各方面的努力，而这里面政府机构端正自己的行为起着关键性的作用。党政领导机关最重要的职能应当是要努力推进经济改革和政治改革。当然，它还有一些其他的职能，这些职能都需要完善。我不赞成政府越小越好、无所作为更好的观点；我也不赞成认为强有力的政府、能够处理一切社会经济事务的政府才是好政府的观点。我还是赞成有些经济学家说的，对好政府有两个要求：一是有限，二是有效。所谓有限，是说它是提供公共产品的，而不是"全能"的，应当给市场提供秩序，提供条件，而不应当去处理微观经济事务，更不应当在市场上有自己的利益。所谓有效，是说它是廉洁奉公，办事有效率，低成本地提供公共产品。

任何国家应对突发事件，政府总是主要的组织力量，但却不是唯一的力量，政府不可能靠单打独斗就能战胜一场影响巨大的突发事件。

建立多元信息系统，有效应对突发事件

丁学良　卡内基金高级研究员

突发事件的基本特点即是具有不确定性，所以中国要发展出应对比较大的伤害性突发事件的机制，首要的是政府和社会的信息系统或信息过程是否有效，这是应对机制的核心部分。

信息扭曲的严重后果

在应对和处理突发事件方面，中国过去的计划体制有它的长处，也有短处。计划体制是高度权力集中的、动员型的体制，它平时就处于"准动员"的状态。这种体制有两点非常适合于应付突发事件，一是它对社会的组织能力很强，对社会角落的渗透力很强；二是这个组织本身有点类似于军事组织，自上而下传递命令，只要指挥中心得到了正确的信息，作出正确的决策，就能马上使整个社会运作起来，把力量集中到要害点上，对付突发的难题。

但问题在于，计划体制的指挥中心，往往很难及时地得到正确的信息，这样就难以及时作出正确的决策，当然也就难以把整个组织系统直至社会的资源动员起来对付突发事件。

信息经济学的基本内容是"信息不对称"，信息不对称不仅存在于经济领域，也是人类社会的普遍状况。

从社会学角度细分起来，信息不对称至少有三种情形。一种是 A 与 B 因为所处的位置不同，A 给 B 的信息是不完整的。第二种是 A 给 B 的信息是完全虚假的。第三种是在一个大的系统里，下层的人对于上层的人，或者一个部门对于其他部门的人而言，一方发出的信息基本正确，但接受方对信息缺乏很好的分析和判断能力，不能理解信息的含义。

在一个大的系统里，这三种情况都会有，而且经常发生，任何人或任何部门都可能以这三种方式来对待信息。中国有 13 亿人口，是个超级系统。从横断面看，有那么多不同的区域、部门，从纵断面看，又有那么多的层次。每一个区域、部门或层次又都有自己的系统，不同系统里又有不同的层次。在这样一个超巨型的复杂系统内，发生信息扭曲的机会实在是太频繁了。

信息扭曲对于上层或其他部门来讲，后果至少有两种。第一种是他得到信息太晚了或根本就得不到信息；第二种是他得到信息不晚，但得到的这个信息不准确，不足以使他适时地作出正确的决策。不到的信息、迟到的信息和不准确的信息都会使上层或其他部门无法正确地决策。这正是应付突发事件的机制中最薄弱的部分。

为了说明这种情况的普遍性，我们来看三个例子，它们发生在不同的社会里，体系不一样，但在"信息"这一点上有共通的启迪。

1986 年 4 月 26 日苏联发生切尔诺贝利核电站爆炸事件，这种规模的核事故在历史上是没有的，属突发事件。但早在 1982 年，就有一个事故，释放出相当能量的放射性毒素，不过这个报告没有被上层重视。4 年后大爆炸灾难发生了，信息系统一开始时报告说问题不大，不用担心。这就使得莫斯科最高层以为这不过是一场中小型的事故，结果严重影响了中央政府的决策。

再说这次伊拉克战争，伊方指挥连连出现严重失误，资料说主要原因之一是伊拉克的信息系统习惯于只向上层报告那些他愿意听的话，严重扭曲伊美双方的军事状况。在战争进程中，伊拉克高层"根据完全不可靠的信息和一个以讹传讹的过程"作出决定，以至于给那些已经不存在的部队下达作战命令。

第三个例子，1998 年诺贝尔经济学奖获得者 Amartya Sen 对印度经济和 1959~1962 年间中国经济作比较，他发现中国那 3 年灾荒造成的后果超过了印度 40 年里灾荒的后果，主要原因就在于印度的信息过程是多元的，因此当印度某地发生歉收的时候，及时的、真实的信息促成了纠错机制的形成，避免了造成更大范围的歉收，但那时的中国说真话不容易。

中国多年来取得巨大成就的同时，地方分权化的趋势也很突出。地方分权有一系列根本的长处，但也造成局部利益与国家整体利益间的矛盾更复杂。这使得在上述三种情形导致的信息扭曲过程中，局部利益动机的强化。在以前计划体制下，地方的经济利益在官员的考虑中不是那么重要，但现在则要强得多，信息扭曲的动因也相应强得多。

确保多元信息系统的常规运作

我国整体上要发展应对突发事件的机制，首先就要建立多元的信息系统，确保多元信息过程的常规运作。因为突发事件本身带有基本的不确定性，很多迹象人们从未见过，至少大部分没有见过。由于突发事件的不确定性、崭新性，以及它的急速性，所以不会给人留下很多时间慢慢找出应对的办法。如果某地发生突发事件的信息很透明的话，其他地方就会警觉、能更好地应对。所以，社会的信息系统应该是多元的，只有多元的信息过程，才能把信息扭曲的情形大大减少。

因为只有多元的信息系统，才能使得事件发生的地方还没有被人加工过的原始资料以更真实和完整的形式，不断地呈现给社会的不同层面。如果是一个单元的信息系统，只要原始信息被人加工过以后，所有上层或其他部门和地区的人们，接触的便只能是那个被扭曲的信息。原始资料最珍贵，所包含的信息量也最多。原始信息被加工得越多，不管动机如何，导致其他方和上层决策的错误前提就可能越多。反之的话，不仅中央政府可以作出迅速反应，而且整个社会都处于警觉和及时应对的状态。

多元的信息过程可以把一个国家里发生的忽略有价值的信息、作出重大错误判断的情况大大减少。因为一个信息部门误判了，还有其他信息部门；政府误判了，还有社会。只有多元的信息系统，才有良性互补的素质，好机制的优越性就在这里。

所以，多元的信息系统有助于信息本身尽量不被扭曲，有助于最多的信息量能够被社会各方面吸收和利用，有助于弥补某一个部门、地方因为误判信息而导致错误的决策。多元的信息系统还有助于保持组织机构的上层所面对的高的信息素质。因为当信息过程是多元的，信息传播的过程就伴随着多元的辨识和检验，公开的讨论就把那些有价值的部分呈示出来，有助于信息素质的提升。这样越接近上层，他们所面对的越是优质的信息，假冒伪劣信息在此过程中得到多方面的辨别、排除。

政府不要单独应对突发事件

任何国家应对突发事件，政府总是主要的组织力量，但却不是唯一的力量，政府不可能靠单打独斗就能战胜一场影响巨大的突发事件。

应对任何一种大的突发事件，政府当然要依赖已建立起来的常规部门。常规的对口部门处理类似的事情经验多一些，有某些现成的资源，这些是优势。但它也有严重的弊病。一个是认识问题，就是"思维定势"；一个是部门利益问题。认识问题就是，长期在一个部门或系统做事，慢慢形成思维、认识上的定势，使其对新的突发事件或者认识不清楚，或者无法在智慧上有新的反应。

发展应对突发事件的体制，要有新的观念源，激活决策层的思维。美国每一次应对大的突发事件，国会、行政班子都会请来外部的专家顾问，他们来自不同的思想库、大学、研究机构，这样新观念、新思路、新视野、新对策就会跟着涌来。想当年，基辛格如果是来自对口的官僚系统的话，就不可能鼓动尼克松冒着那么大的政治风险，打开与中国交往的大门。

中国有 13 亿人，整个社会里潜在的智慧源、观念源多得很。政府如果重视这些资源的话，新应急机制就能很快发展。智慧、观念要激活，得要有观念市场，也就是观念的竞争。

中国内地首个"法治指数"

- 某些计生部门靠罚款发工资,公安部门凭罚款发奖金,工商部门靠收费发补贴,行政执法跟利益扯在一起,如何能保证执法的公正性?

- 如果不确立决策权、执行权、监督权制约和协调机制,大部制改革将会造成权力更加集中,引发更大的寻租与腐败。深圳倡导的行政权力三分,是否也适于大部制改革?

- 中国至今没有一套完整的法治评估体系,浙江余杭借鉴香港经验推出首个"法治指数",这种尝试能走多远? 要不要普及?

在各种指数热的背景下，我们要特别防止"法治指数"的政绩化，防止"法治指数"虚高，防止出现华而不实的官僚式指数或景观式指数。"法治指数"是以科学发展观为指导的科学评估体系，切忌蜕变成地方官员炫耀政绩的形象工程。

"法治指数"一小步，法治建设一大步

刘武俊　《中国司法》杂志副总编

据《新京报》4月7日报道，浙江余杭将借鉴香港经验推出内地首个法治指数。据悉，余杭法治指数预计5月至6月出炉。目前许多发展中国家都没有一套完整的法治评估体系，余杭制订出台这个体系，不仅对浙江乃至对全国都可能有参考价值。余杭即将推出的法治指数，对于法治建设的科学发展导向，无疑具有现实意义。

法治指数的尝试者

法治是社会文明进步的重要力量，在全面推进依法治国的时代背景下，法治指数也无疑让人充满期待。据笔者所知，在法治指数方面，深圳是先于余杭的尝试者。深圳曾于2007年出台《深圳市建设法治政府总指标体系（建议稿）》，用来评价和推动深圳市法治政府建设。该指标体系主要从制度建设、机构职责与编制、行政决策、行政审批、行政处罚、行政服务及信息公开、行政监督、行政救济、行政责任、财政管理等10个方面的法制化情况入手，设置评判指标体系。遗憾的是，深圳版的法治指数主要局限于建设法治政府的依法行政层面，没有科学地涵盖法治的主要方面。

应该承认，香港在法治指数研究和建设方面远远先进于内地，值得内地学习和借鉴。香港的法治指数是在2005年得以开展和实施。该项目以体制性的进路，以质化和量化相混合的方法来确定特定地区的法治指数。调查结果显示，在及格分为50、满分为100的情况下，香港的法治指数为75分。该分数表明，一方面，香港人的法治状况总体上较为理想；另一方面，香港法治的某些方面还不尽如人意。即便如此，有一项国际性调查显示，近5年来，香港人在财产罪案受害率或个人罪案受害率方面的数字极低，可以说是世界上最安全的地方之一。香港社会服务联会制定的七项法治分类指数如下：现有法律符合健全法律的基本要求、政府依法行事、防止政府任意行使公权力的规则存在、法律面前人人平等、执法公正、司法公义人人可及以及法律程序公平。我们可以看到法治指数是一个相对完整的指标体系。

赋予"法治指数"公信力

余杭把法治建设的目标具体化为一个指标体系，其实质就是要将科学发展观的理念引入法治建设。

法治建设无疑是一个复杂的系统工程，这个系统工程同样存在量化和细化的问题。法治建设从来就不是一个抽象的事物，法治建设也是可以量化分析和细化评估的。"法治指数"要力求客观、科学。要完善"法治指数"的多元化标准（不是仅仅局限于依法行政的政府维度），要保持评价组织的相对中立，由相对超脱的民间调查组织具体负责"法治指数"的数据采集和统计，而不是由政府机构大包大揽，既当运动员又当裁判员。要完善"法治指数"的评估程序，充分吸纳民意。总之，要建立科学的"法治指数"评估体系，赋予"法治指数"实实在在的公信力。

"法治指数"将成为评价法治建设成效的标尺，同时也是提升法治建设水平的引擎，它既具有客观的评价功能，同时还有鲜明的引导功能、反思功能、预测功能等建设性的功能。

防止"法治指数"政绩化

在各种指数热的背景下，我们要特别防止"法治指数"的政绩化，防止"法治指数"虚高，防止出现华而不实的官僚式指数或景观式指数。"法治指数"是以科学发展观为指导的科学评估体系，切忌蜕变成地方官员炫耀政绩的形象工程。

> 警察权，无疑是行政权中的典型，是一柄最为锋利的双刃剑，最应置于监督之下。警察列队接受首席法官的检阅，正是蕴含了这样一种理念：行政权自愿服膺于司法权的约束。

司法的尊荣和使命

胡健　《华东法律评论》编辑

　　一年一度的法律年度开启典礼是香港法律界的一件大事。律政司的刊物记载了开启典礼的意义："举行法律年度开启典礼，目的是强化司法机构的形象，使社会各界明白司法机构独立自主的重要，让市民大众更加了解我们的使命是维护法治、保障个人权利和自由，及取得港人和国际人士对香港司法制度的信任。"在典礼上，终审法院首席法官将检阅纪律部队，此后社会各界人士聚首一堂，听取法律界四位核心人物（终审法院首席法官、律政司司长、大律师公会主席、律师协会会长）的精彩演讲。在律政司的协助下，我有幸受到终审法院的邀请，前往爱丁堡广场观礼，并参加香港 2009 法律年度的开启典礼。

司法：社会的减压阀和稳定器

　　下午四点半左右，我和剑锋兄从金钟道政府合署一路小跑，赶往香港大会堂。一开始走了偏门，被保安拦住去路，问清我们的来意后，也没查验我们的身份证和邀请函，就带着我们往里走。

　　后来才知道，这门是给香港终审法院的常任法官们留的——尽管小小虚荣一把，但足见香港安保工作之不严格。不过换个角度看，也说明一个社会运行的有序和稳定：一是司法是社会的良心，基本不介入政治纷争和利益划分，一般不会成为恐怖分子袭击的对象；二是民众诉求有充分的表达渠道，不用担心庆典成为上访的聚点。即使特区政府三司十二局的办公楼，也鲜见森严的警卫。这与国内不少城市一有大型活动就封锁道路、四处警戒、严密安保，形成鲜明对比。想到转型期的中国，各种矛盾纠结，诸如厦门的 PX 风波、瓮安与孟连的骚乱，更加感到，和谐需要依靠法治提供稳定的预期和行为的指引，要靠法治梳理社会情绪、引导矛盾；而权威、公正、无私的司法，更是社会的减压阀和稳定器。

曾经的"华""洋"之争

五点左右，庆典即将开始，香港警察风笛队开始伴奏，除了鼓点声外，音乐并不激昂，是转折、抒情的苏格兰风格。演奏者的衣着特别鲜艳，蓝色贝雷帽、白色上衣、大红色的格子纹裤，最绝的是帽子上竖立着一根小旗杆，旗杆上蓝色的绣有徽标的小旗不时随海风飞舞。我们再一次站在法官通道边上的"禁区"中，得以近距离观察——香港现任的所有法官从我们身旁鱼贯而入，走进爱丁堡广场。

香港法官以华人为主，也有不少外国人士。他（她）们个个身披法袍，半数以上头戴假发。不论是法官还是大律师，假发的颜色、款式基本相同，但袍子的颜色分为红、黑二色，其中黑袍又有不镶边、镶黄边和镶紫边三种区别。穿黄边黑袍的是香港高等法院上诉庭的法官，着红袍的是高等法院原讼庭的法官，穿紫边黑袍的是区域法院的法官，他们都戴长假发；而香港最高审级——终审法院和最基层的裁判法院的法官都是穿净色黑袍但不戴假发。至于资深大律师，也是中外皆有，他们身穿净色黑袍，平时开庭戴普通假发，在典礼上会戴长假发；尽管脸庞基本都藏于假发中，但还是可以发现立法会议员梁家杰、香港大学法律学院院长陈文敏等也都在其中。

香港回归以后，根据基本法的规定，保留原有的普通法制度和司法体制，更允许邀请其他普通法司法辖区的法官（如英国上诉法官首席法官沃尔夫勋爵以及澳大利亚和新西兰退休的最高法院法官）充任香港终审法院的非常任法官。尽管终审法院法官的选任曾一度出现"华""洋"之争，但现在香港民众都以开放的心态接受了这种特殊的制度安排：普通法源于英伦，但却在全世界具有广泛的影响力，邀请其他法域的资深法官担任香港终审法官的非常任法官，有助于香港判例法的发展与成熟，同时展现香港作为全球最自由经济体的形象。以前（1868 年），上海的英美租界出现了"会审公廨"，成为中国司法主权受损乃至丧失，中国社会进一步半封建半殖民化的象征；而在 130 年后（1997 年），香港回归祖国，成为一个独立的司法辖区，不仅延任了绝大多数殖民地时期的外籍法官，而且还在终审法院中设立非常任法官的席位延请外国法官担任；中国更是变成了史无前例的"一国两制三法域四地"。百年回眸，白驹过隙，对待"洋法官"的态度，也从"丧权辱国"转变成"展示自信"，这既是普通法制度的特性使然，也是解决香港问题的政治智慧，又何尝不是给中国人提供了一个比较、借鉴、融合的平台？

司法的尊荣和权威

典礼正式开始，李国能首席法官检阅香港警察仪仗队。仪仗队长手举佩剑开道，典礼官肩扛权杖，一路跟随，陪同检阅。百余位法官和资深大律师站在警察仪仗队的对面，注目旁观。伯尔曼曾说，仪式、传统、权威和普遍性，是法律与宗教都共同具有的四种要素；这四种要素的存在决定了法律与宗教的共通性。旁观李国能检阅，就可以读出仪式之中的诸多内涵。

警察权，无疑是行政权中的典型，是一柄最为锋利的双刃剑，最应置于监督之下。警察列队接受首席法官的检阅，正是蕴含了这样一种理念：行政权自愿服膺于司法权的约束。典礼官肩扛银色的司法权杖，紧跟首席法官，司法权似乎在向行政权中最为强大的警察权宣示司法的独立和权威。而法袍、假发与权杖所营造出的仪式感，正是为了彰显司法的尊荣、权威和独立。在西方国家，立法、行政、司法这三权之中，司法是最为弱小的，既不掌握钱袋子、也不能指挥"枪杆子"，更无权行使管理权，因此也是"最小危险的部门"。司法权有能动的一面，但本质上还是一种被动的、定纷止争的"判断权"，其尊荣和权威并非与生俱来，只会源于法官对法治精神的坚守以及对人权自由的捍卫。正因如此，普通法系国家的民众才放心地让并非民选的法官行使"创设先例"的造法权力、制衡行政和立法的司法审查权力。时常听说国会议员、政府官员的腐败弊案，但没有任何行为比起法官的徇私枉法对一个社会更为有害。司法的腐败，就算是局部腐败，也是对正义的源头活水的玷污。司法是一个社会的良心，是一个国家的公信，司法之腐，必将自毁长城。

香港的法官，遴选标准极其严格，享有很高的社会身望，同时坚持操守，勤勉敬业，为各界广泛尊重。典礼中有两个细节可以证明香港司法界的独立和权威。在演讲开始前，代表特区政府出席典礼的政务司长唐英年（仅次于特首的二号人物）就已早早坐到第一排，与前任律政司长、现任基本法委员会副主任委员梁爱诗等政府官员、各界人士一道，静候法官入场；演讲结束后，也没有谁组织和号令，所有来宾都自觉起立，目送法官们离席退场。一百多位司法人员的退场足足用了十分钟，这十分钟，没有一个来宾抢先离场，也没有人大声喧哗，就这样安静地站在原地，回味四篇演讲中各自蕴含的法治精神，直到最后一位司法人员的身影消失在礼堂门口。

年年岁岁人相似，岁岁年年话不同

检阅之后就是法律界四位核心人物的演讲。演讲的主旨在于强调法治对加强人权保障、实现社会正义的重要意义，并对过去一年的争议作出回应，对新的一年的改革进行展望，因此不同年度会都有不同的侧重点。在我看来，今年的重点应该是司法的公信力。

2008年，高等法院主审法官彭键基、彭庭键法官"一案三判"的"乌龙"判决，引起舆论哗然，更伤及民众对司法的信心。终审法院首席法官李国能和高等法院首席法官马道立批评彭键基法官于口头裁决七个半月后才颁布书面判决的理由并不合理，在判词上犯错更影响公众对司法的信心。由于香港为确保司法独立不受任何压力影响，法官采取终身制，且彭键基法官已向终审法院作出保证，因此尽管社会反响强烈，彭键基法官最终并没有请辞，只是细心的媒体人士发现，彭键基法官没有出席本法律年度的开启典礼。

但"乌龙"判决事件并没有因此而平息，反而牵扯出法官兼任司法机构以外职务是否合理正当的争论。由于彭键基法官是司法界有名的"公职王"，除了选举管理委员会主席之外，还担任了"前任行政长官及政治委任官员离职后工作咨询委员会"主席等多个职务。法律界立法会议员吴霭仪就公开直批彭键基法官担任了太多公职："我觉得法官便是法官，法官应该专心审案，这些委员会那些委员会的工作，对司法界的形象，对司法界的工作没有帮助。"

这一批评得到了香港法律界不少人士的呼应，因此，在本法律年度的开启典礼上，终审法院首席法官李国能代表司法界进行了回应。李国能首先指出，法官履行由政府当局委任其担任司法机构以外的职务，本身是其工作的一部分。当中一些职务，法例明文规定只有现任法官才符合出任的资格；也有不少职务，法例订定可由现任或退休法官担任，而某些职务则可由资深的法律执业者担任。接着，李国能回应了社会各界对委任法官担任司法机构以外的职务可能影响司法工作的担心，他强调"司法机构通常会获增拨资源，以加设司法职位或聘请暂委法官来应付额外的工作。凡有法官要履行司法机构以外的职务，其司法工作便会相应减轻，以便两方面的工作都能兼顾。"最为核心的内容是，李国能代表司法界表明了态度：司法机构并没有主动要求由法官担当此等工作；然而，如果政府当局基于社会共识而建议立法订明委任现任法官担任某一职务，只要司法机构认为在原则上并无不妥之处，便会在立法机关制定有关法例后安排法官出任。若社会的共识是有关职务不必再由现任法官担任，司法机构亦不会有异议。

从普通法系的传统看，法官受委任兼任部分行政职务，并没有违背权力制衡的理念，反而是为了更好地确保行政权力地正当行使，避免行政权一权独大、失去控制；尤其是涉及选举程序、高官离职的问题，由行政机构自我审查审批显然不合适，司法机构的适当介入是必要的。但过犹不及，当过多的介入引发民众的质疑时，不卑不亢地表明司法机构的态度也是极其必要的——既要尊重民意机关的制度安排，同时谨慎谦抑，绝不主动包揽权力。

一些计生部门靠罚款发工资；一些公安部门凭罚款发奖金；一些工商部门靠收费发补贴。其后果是，原本"六亲不认"的法律，成了部门牟利的"家丁"。而在执法的幌子下，滥罚款、乱罚款现象，更加肆无忌惮，更加明目张胆。

"严格执法"成了敛财之道

陈文祥　瑞士联合银行经济学家

安徽某县 2003 年成立市场整顿办公室，专门负责市场物价检查。这个办公室被定为自收自支机构，人员工资全部依赖于罚款。

执法，贵在公平、公正、公开，物价执法同样如此，其目的在于依法规范市场秩序，教育引导公民遵守相关法律法规。可一旦执法的目的变为罚款手段，以"法"谋私以罚代法、以罚代管、违法执"罚"就不足为奇了。

遗憾的是，人们时常看到这种靠山吃山、靠水吃水式的"执法"影子——一些计生部门靠罚款发工资；一些公安部门凭罚款发奖金；一些工商部门靠收费发补贴。其后果是，原本"六亲不认"的法律，成了部门牟利的"家丁"。而在执法的幌子下，滥罚款、乱罚款现象，更加肆无忌惮，更加明目张胆。

这并不是说，行政处罚不能罚款。有时，为了社会形成一个良好的风气和秩序，不得不采取行政处罚在内的强制手段，但前提必须是"收支两条线"。这是因为，任何执法效果的好坏，是不能以罚款多少来评判的。

《2005 年中国经济普查年鉴》显示，2004 年，我国的工商、质监、城管、消防、交通等政府部门年收费达 9 367.67 亿，加上检察院和法院所收的 356 亿，共计高达 9 723.67 亿。这些收入绝大部分都没有进入财政预算，50% 左右没有进入预算外资金的管理。据推测，2005 年全国行政执法和司法部门收费达到 12 500 亿左右。不仅收费规模庞大，收费机构也越来越多。这当中，究竟有多少收费与罚款假了执法之名？

与此形成鲜明对比的是，《中国私营企业发展报告》显示，1999 年到 2004 年，我国个体工商户减少了 810 万户，平均年减少 128 万户。这其中固然有各种原因，但有多少是不堪罚款之重呢？

行政处罚只是一种执法手段，不是执法的目的。法律，既不是执法者手中的玩物，也不是执法者的敛财工具，更不是执法者随心所欲的橡皮筋。整顿办，变成"罚款办"，不只让法制社会蒙羞，更是和谐社会之耻。我们决不能听之任之，要依法清理门户。不知，还有多少这种"罚款办"在堂而皇之地"执法"？

> 我国传统的政府权力配置，实际上是以执行为核心的结构，因为在计划经济体制下，执行命令就行了。相对来说，决策与监督运行得非常不到位，积累少，欠账多。当市场经济带来了利益多元化后，决策必须回应多元化利益，而多元利益下的决策与一元利益下的决策是不一样的。

不用法律推进大部制改革有风险

薛刚凌　中国政法大学教授

大部制改革，是新型行政管理体制建立的标志。但改革一定要落实到相关制度的精细与配套上，建立在法治基础上，否则可能引发权力寻租。

以法治为基础，制止权力寻租和腐败

人们普遍认为，2003 年商务部的组建，将内外贸易统一于一个部门管理，开了大部制改革的先河。此轮机构调整建立了工业和信息化部、交通运输部、人力资源和社会保障部、住房和城乡建设部以及卫生部等五个大部。可以设想，经过今后 5 年或者更长时间，改革后的大部框定在 20 个以内，包括大农业、大交通、大金融、大能源、大工贸、大建设、大环保、大文化、大卫生、大民政等。

这项工作绝不是简单的部门相加。随着决策权、执行权、监督权相互制约和协调的机制逐渐在每一级政府内部和每一个大部门内部形成，大部制不仅能告别政府职能交叉、政出多门、多头管理带来的扯皮多、效率低、成本高等问题，而且也是政府管理向科学、民主、法治的重大迈进。

我国传统的政府权力配置，实际上是以执行为核心的结构，因为在计划经济体制下，执行命令就行了。相对来说，决策与监督运行得非常不到位，积累少，欠账多。当市场经济带来了利益多元化后，决策必须回应多元化利益，而多元利益下的决策与一元利益下的决策是不一样的。如何兼顾各方利益？如何保证有效参与？这些再也不是一个人拍脑袋能说了算的事。大家要参与，要博弈，要论证，要平衡，这就要求决策要上档次，要有一套"游戏规则"来保证科学民主。同样，如何有效监督最终也要落脚到法律制度上，即需要明确权力的边界与底线，需要确保监督的开放性、完备性等。

探索有机统一的大部制必须建立在法治基础之上。否则，更加集中的权力将引发更大的寻租与腐败，决策权、执行权和监督权的相互制约和协调也就无从谈起。

决策执行监督强调互动，以法律手段兼顾各方利益

面对多元社会的复杂性，需主要运用法律手段而非单一的行政命令促进改革，没有制度保障改革就会无序。拿地方来讲，地方政府很活跃，创新动力强，活动空间大，但需要明确地方政府哪些可以做哪些不能做，哪些基本准则是必须遵守的，哪些是大家可以尝试突破的。这要划出底线，超出底线就要承担责任。

基于现实中各级政府的权力配置、权力与权力之间的关系以及权力运行状况，一个大部之下需要设置三类大部门。

一个是以决策为中心的部门。应下设政策法规、计划规划、经济分析、调查信息、决策咨询委员会等部门。其中，决策咨询委员会一定要是相对超脱的，由内外专家组成，强调决策的宏观思维，要解决决策的科学性问题，而不是站在部门利益或某一方面利益上决策。如果决策者不接受咨询委员会的意见，需要明确阐述理由。要用制度保证决策的集思广益。

决策权应该相对集中，不能再延续各管一块，让跑项目者跑了十几个部门还拿不下一个项目。将管事、管财、管项目的权力相对集中到一个部门，避免决策多头，但同时也存在更大的滥用风险，所以，制度设计一定要把决策者的个人利益剥离出来，保证国家、社会、公共利益最大化。

一个是以执行为主的部门。像这次公务员管理局的成立，尽管现在还不知道其内部职能怎么定，但其更主要的目的应该是专注执行。执行部门应该没有宏观"拍板权"。考虑到执行的专业性强，执行可以相对分散。执行强调专业化、执行层级的规范和执行手段，这种系统性是很重要的，过去往往有决策没手段，没钱、没人，无法操作，欠科学。

一个是监督部门。这种监督更多地侧重于决策要不要调整、协调性怎样、执行评估等绩效监督，当然也要对决策、执行中的合法与否进行监督。

这种职责划分和运行机制是有弹性的，强调互动。比如，执行可制约决策，一是反馈执行中发现的决策问题，促使决策部门适时对决策进行调整；二是如果决策不科学，决策目标定得太高，没手段落实，执行者在与决策者签署决策—执行合同时就可以讨价还价 (执行者与决策者就执行政策方面签署合同在英国、新西兰等国比较多见)，甚至执行者可选择不签合同。这就是执行对决策的制约，推动决策的科学、有效、可行。

配套制度须精细，避免出现反复

鉴于机构改革分分合合反复过，这次改革一定要落实在制度的精细与配套上。具体到行政法学界，不能总把时间与精力花在研究行政复议、行政诉讼、行政赔偿上，那毕竟是下游，是出了问题求解的办法。为什么不能在出问题之前，关注一下前面的秩序是不是根本就没有建好或存在其他问题，做好上游的功课，下游的压力也许就不会那么大了。出了问题才管，就像人已经生病了。生了病再治疗就有些晚，关键要保健。

公共行政秩序的重构，靠的是大量行政法律制度的支撑。就大部制，就决策权、执行权与监督权的制约与协调，在法治视野下，横向的，涉及重大决策调查制度、专家咨询制度、经济分析制度、信息公开制度、行政听证制度、行政执行委托制度、行政合同制度、跟踪评估制度等；纵向的，涉及地方利益诉求表达制度、中央对地方的领导制度、政府间的合作制度、中央对地方的监督制度、政府间的纠纷解决制度以及政府责任制度等等，都急需建构。

要有法治的硬约束才行，如果还是习惯于运用行政手段而不是法律手段推进改革，改革将面临很大风险。

即使在美国这样一个高诉讼率社会里，实际生活中的大多数利益纠纷仍主要通过当事方的自我调节（即俗话所谓"私了"）来解决，以为靠法律可以解决所有的经济纠纷是不切实际的，这是一种法治集权主义的空想。

保护劳动者：除了"法"还需要什么

韩朝华　中国社会科学院经济研究所

《劳动合同法》的颁布至今已有半年多。可以说，新中国历史上还没有哪一部法律的颁布引起过如此激烈的社会争论。现在需要的是总结经验，看看我们到底是在哪里失足的。

劳资和谐的根本之道是提高劳动者议价权

首先需要指出的是，我国目前的劳资关系中，劳动者处于弱势，他们的权益远未得到足够的保护，因而强化对劳动者权益的保护在当下中国尤为必要。从这个角度来讲，旨在强化劳动者权益保护的《劳动合同法》正当其时，目前的问题不是出在这部法律的主旨，而是我们解决这个问题的方法。

劳资关系本质上属于市场交易关系，工资、福利、工作条件等其实是劳动供求价格的反映。由于具体的企业用工环境千差万别，很难标准化，实际生活中的劳资关系和劳动合同也必然是千变万化，难以统一。因此，最恰当的劳动合同关系只能通过劳资双方的自由选择和平等协商来获得，任何外部干预和管制难免因信息不足而处置失当。但问题是，劳资双方间的自由交易和平等协商很难自然形成，因为在多数情况下，企业用人方在劳动关系中处于强势地位，劳动者则处于相对弱势地位。因此，劳资关系难免向企业用人方倾斜。

我国劳动供求关系中的主要问题也正在于此。在我国已高度市场化的产业领域中，如竞争性制造业、一般服务业、矿业等领域中，劳资双方在议价能力上的失衡尤为明显。这些领域中的劳动者以农村外出打工者为主，他们的突出特点是背井离乡，没有组织，既缺乏专业技能，更缺乏社会支持系统。与此相对，企业用人方则较有组织，且往往拥有更充足的资源、更强的政策影响力。在就业机会较充裕的场合，劳动者的议价劣势还不明显，而当就业机会减少、就业竞争趋于激烈的时候，劳动者的弱势地位往往变得触目惊心。改变这种状况的根本途径应该是设法增强劳动者的议价能力。提高劳动者议价能力的有效手段，就是提高劳动者的组织程度，使其拥有能与企业用人方相抗衡的议价权势。这其实也是国外发达市场经济国家维护劳工权益的通例。

但改革开放以来，恰恰是在这一方面，中国社会几无进步。在计划经济体制下，国有企业制度在工资福利待遇、社会保障等方面为劳动者提供了基本保障，因而劳动者自己有无组织显得无关紧要。可是，改革开放以来，政府权力逐步退出企业经营决策，企业的用工自主权得以不断扩大。但与此同时，提高劳动者组织能力的问题却被完全忽略。结果，随着中国企业的日益自由化，中国劳动者面对企业的交易地位每况愈下，单个劳动者之间围绕着就业机会展开的个体竞争愈演愈烈。这说明，30 年来，我们的改革思维在强调使企业成为独立的"市场经济主体"时，却没有想到独立、自由、有组织的劳动者也是现代市场经济中一类重要的利益主体，提高劳动者面对企业用人方时的议价能力是建立和谐、平衡的市场经济所必需的一个重要方面。由于以往的改革过程忽略了劳动者的议价权势问题，导致我国劳动者在面对企业用人方时因缺乏足够的议价能力而处于被动地位。因此，对于中国当前的劳动者保护问题来讲，当务之急应该是设法尽快消除劳资双方之间在议价能力上的明显失衡，在劳动供求领域中造就一种有利于形成和谐劳资关系的产业组织结构。

关键是增强劳动者组织程度

靠增强劳动者组织程度以保护劳动者权益的思路，与靠统一立法来维护劳动者权益的思路有根本区别。前者的着眼点在于发展自由的市场交易，而后者的着眼点在于对劳动供求关系进行超经济性的人为管制。根据世界各国的经验，这两种方法的实际效果有很大区别。一般来讲，前一种思路要有效得多，而后一种思路则难免伴随着资源配置扭曲和社会福利损失。这主要是因为世上不存在网罗所有可能性的完备法律，再详尽的法律条文在实际生活的丰富性和多变性面前都会显得简单、僵化、挂一漏万。应该看到，现代市场经济在中国存在时间不长，中国的劳资关系还远未成熟，因而难免会出现这样那样的问题，而解决这类问题的过程本质上应该是一种劳资双方共同参与的学习、适应和发展过程。要推动这样一种学习性和成长性的发展过程，主要手段不应是由法律来做一厢情愿的裁决，而要靠劳资双方之间的平等博弈和充分互动。对中国尚处于成长和完善过程中的劳资关系来讲，以为靠一纸法律就能管出和谐的劳资关系来，实在是对中央立法机构的能力期望过高。

也许有人会反驳说，此次《劳动合同法》的制定其实基本上借鉴了国外相关法律的做法，为什么在国外能有效发挥作用的规则设计到中国就不行了呢？这就涉及中国与发达市场经济国家的一个重要区别，即在发达市场经济国家中，劳动者的组织程度明显高于中国的劳动者。如果企业用人方有意规避法定义务、损害劳动者权益，劳动者能凭借自己的组织力量与之进行有效的博弈，包括诉诸法律。而且，劳动者组织能在相当程度上约束劳动者之间为获取就业机会而发生的过度竞争，从整体上为劳动者群体争取到较为有利的劳动关系。中国缺乏这个条件，劳动者之间围绕就业机会的过度竞争难以避免，使劳动者整体陷入了"共输"的囚徒困境。

实际上，现代经济学对法律在调节具体经济利益关系上的局限性早有认识。当代著名经济学家威廉姆森在20世纪80年代就曾批评过所谓"法治集权主义"的倾向。他指出，即使在美国这样一个高诉讼率社会里，实际生活中的大多数利益纠纷仍主要通过当事方的自我调节（即俗话所谓"私了"）来解决，以为靠法律可以解决所有的经济纠纷是不切实际的，这是一种法治集权主义的空想。因此，在制度设计上真正应取的努力方向是尽可能地排除经济交易当事方之间实现充分博弈的各种障碍，以鼓励各类交易主体通过自由的平等博弈来实现合作共赢。威廉姆森是交易成本经济学的主要代表人物，他批判法治集权主义的主要依据是交易成本理论。在他看来，一个社会如能尽量排除阻碍交易主体间实现平等博弈的各种障碍（即降低交易成本），则各类交易当事方就能自行找到最适合他们自己需要的合作方式，而无须借助外力的干预。

从这样的观点来看中国的劳资关系，就可以发现，导致当前中国劳动者弱势地位的主要因素不是我们缺乏相关的法律，而是我们的劳动者缺乏能与资方平等对垒的组织手段，从而无法与企业用人方展开有效的博弈（用交易成本理论的术语来讲就是劳资之间的交易成本太大）。在这种情况下，不去增强劳动者的组织程度，却指望靠一纸法律来维护劳动者的权益，显然不得要领。《劳动合同法》颁布以来半年多的现实证明，在劳动者相对于资方的弱势地位没有根本改变的情况下，面对资方规避法律义务的种种举措，劳动者毫无反制手段，以致动机良好的新法于劳动者权益无补。

要想推动更加平衡的劳资关系在中国尽快形成，最有效的方法是鼓励劳资双方间的充分博弈。当劳资双方能够充分地就各自利益进行平等协商和博弈时，恰当的合同形式、责任界定以及权益分配格局就会不断涌现。这样形成的劳资关系必然是高度多样化和极富灵活性的。而且，如此形成并成熟起来的劳资关系还将为今后我国的劳动立法提供经验基础。

总之，在劳资关系领域中，自上而下的集中干预同样难免失灵，真要想保护劳动者，就让劳动者自己组织起来。

公务员的特殊保障使政府机关冗员充斥，缺乏竞争性和活力，严重制约了执政党和政府机关执政能力的提高。因为有特权，大家都想进来，进来就不想出去。

改革公务员特殊保障制度

蔡永飞　中国国民党革命委员会中央办公厅副主任

2008 年年初，劳动和社会保障部与全国总工会等 10 多个国家部委联合组建立法小组，紧锣密鼓地起草《工资条例》。改革和完善工资制度固然重要，但笔者认为，更迫切、更重要的是加快建立覆盖城乡居民的社会保障体系。建立覆盖全社会的社会保障制度，则需要从改革公务员保障制度着手。

解决保障问题更重要

改革和完善工资制度，其着眼点应当是十七大报告提出的："逐步提高居民收入在国民收入分配中的比重，提高劳动报酬在初次分配中的比重。着力提高低收入者的收入，逐步提高扶贫标准和最低工资标准，建立企业职工工资正常增长机制和支付保障机制。"这一点的确非常重要，近年来已有众多学者专家进行了充分论证。但以笔者之见，现阶段在我国国民收入分配问题上，解决好国民收入再分配特别是社会保障方面的再分配，比解决好初次分配问题更加重要。

第一，从经济建设角度看，在缺乏社会保障的条件下，涨工资作为宏观调节的手段，很难通过调节供需关系达到促进宏观经济健康、协调发展的目的。据专家研究，我国居民消费从 1990 年到 2006 年年均递增 7.6%，低于同期 10.2% 的 GDP 增速，居民消费率从 1990 年的 48.8% 下降到 2006 年的 36.3%。日本、德国、英国的消费率都在 75% 以上，美国则达到 89%。即使同是发展中国家的巴西、印度、印尼也在 75% 左右，埃及甚至达到90%。这些国家之所以消费率高，很大程度上是由其较高的社会保障水平决定的。我们的消费率低则主要是由低社会保障水平决定的。既然要以涨工资增加居民消费，使消费成为拉动经济增长的重要因素，就需要配套地加快社会保障制度建设。

现阶段还有一个实际问题是，通货膨胀的压力使得工资的上涨难敌物价的上涨，消费品价格和工资轮番上涨，很容易就抵消了工资的增加。在经济处于通货膨胀加大的阶段，虽然工资需要增加，但对于作为人口大多数的中低收入居民来说，更需要的是社会保障。

第二，从社会建设来看，缺乏社会保障，人们很难对未来生活形成必要的安全感和信心，不利于构建和谐社会。我国居民储蓄率始终居高不下，原因并不完全在于中国人天性节俭，而是因为未来的生活缺乏保障。

事实上，我国已从初步小康转向建设全面小康，社会建设已成为现代化建设的重要方面。按照科学发展观的要求，建立覆盖城乡居民的社会保障体系，让人民能够过上对未来有安全感的幸福生活，必须成为我们的现实目标。然而近些年来，我们不但没有努力建设社会保障制度，各方面的改革反而多是以增加居民支出为显著特征。

如果说社会正处于转型期，那么我们所要转到的"新"社会至少应该包含一个覆盖全社会的社会保障体系，而且它应当是这个新社会最重要的制度之一。尤其是在对国民收入分享中出现政府财政收入增长相对过快、企业利润增速相对过快、少数人财富增长速度相对过快的情况下，政府更应该把较高的财政收入用于全社会，特别是低收入居民的社会保障制度建设方面。2007年全国财政收入超过了5.1万亿元，同比增长了31%，而且从2002年到2006年，我国财政收入比重从17.9%上升到21.4%，上升了3.5个百分点，增长势头一直十分强劲。在这样的财政条件下，政府再不大幅度增加社会保障体系建设的财政支出似乎已经说不过去了。

从改革公务员"特殊保障"着手

毫无疑问，建立覆盖城乡居民社会保障体系的基本含义，应当是建立全社会统一的、同等水平的社会保障制度。尊重和保护人权的宪法条款要求，我国公民每一个人的生命权是同等的，每一个人的人格是同等的，享受社会保障的权利是同等的。我们不应当也不能允许有一个特殊的阶层或者群体享受着与他人不同的、优于他人的社会保障制度。自2006年1月1日起施行的公务员法第七十七条规定："国家建立公务员保险制度，保障公务员在退休、患病、工伤、生育、失业等情况下获得帮助和补偿。"这里五方面保障和其他行业的保障从内容上看是一样的，从理论上说不应当也不能允许优于其他社会阶层和群体保障水平。但事实上，公务员多方面的保障水平确实明显优于其他行业。

一些高级干部退休了还享受着司机、专车、住房以及特殊的医疗待遇等，违背了责、权、利相统一的分配原则。然而，这些保障似乎并不违法，公务员法第八十九条规定："公务员退休后，享受国家规定的退休金和其他待遇，国家为其生活和健康提供必要的服务和帮助，鼓励发挥个人专长，参与社会发展。"

在各省级、市级、县级国家机关中各有各的"高级干部"，各级都有相应的特殊待遇。2006年，卫生部前副部长殷大奎引用中科院一份调查报告的数字称，在中国政府投入的医疗费用中，80%是为以党政干部为主群体的大约850万人服务的。全国党政部门有200万名各级干部长期请病假，其中有40万名干部长期占据干部病房、干部招待所、度假村等，一年开支数百亿元。

在住房保障方面，自国家取消福利分房政策之后，集资建房之风盛行于各地，名为集资，实际上仍主要是财政补贴。而且，公务员特别是领导干部的住房越来越大、越来越豪华，补贴标准也就越来越高。尽管一些特大城市和大城市在1998年最后一次福利分房后存在着新公务员住房补贴标准不适应房价上涨的新情况，但即使这样，公务员的住房补贴标准总体还是高的。

不仅如此，公务员在工作上的特殊保障，也使公务员享受到了其他社会成员无法比拟的保障。

一是出行保障。2004年，中国至少有公车400万辆，公车消费财政资源4 085亿元，大约占全国财政收入的13%以上。而公车所保障的并不都是公务。有调查显示，多数公车公用仅1/3，官员与司机私用达到2/3。并且，公车的工作效率只有出租车的1/5，但运输成本却要比使用出租车高出约10倍。

二是吃喝保障。全国一年的公款吃喝在2 000亿元（一说3 700亿元）以上，名义上是公务接待，但基本上是免费吃到了公务员的肚子里。

三是"出差"和"培训"保障。2000年《中国统计年鉴》显示，1999年的国家财政支出中，仅干部公费出国一项消耗的财政费用就达3 000亿元。2000年以后，出国学习、培训、考察之风愈演愈烈，公务员的"出差"和"培训"也常常被人们"推定"为公费旅游、公费休养。这些"工作保障"不仅仅是制度化的，而且是有增无减的。

按照公务员法第七十九条规定，"公务员工资、福利、保险、退休金以及录用、培训、奖励、辞退等所需经费，应当列入财政预算，予以保障"。虽然公务员保障支出应该由国家财政承担，但给公务员提供的特殊保障过多地占用公共财政资金，客观上减少了其他社会成员的社会保障支出，影响了其他社会成员的社会保障制度建设。因此，迫切需要国家推进改革公务员保障制度，使之与其他社会成员的保障制度平等起来，从而为全社会统一的社会保障制度建设提供应有的财政资金支持。

公务员特殊保障制度损害国家机关建设

建立公务员保障制度的目的，本来是让公务员更好工作，让国家机关更有效率，但事实上，现行公务员的特殊保障制度反而严重损害国家机关的运行质量，损害国家机关的形象，不改革已经不行了。

第一，公务员的特殊保障大大增加了国家行政成本，不仅不利于社会保障体系建设，长此以往也必然使国家机关的运行难以为继。

第二，公务员的特殊保障是以政府机关支出财政资金的权力不受约束和监督为前提的。掌握了行政资源就给自己建立如此优厚的特殊保障，使公务员成为社会的特权阶层、特殊利益集团，实质上是将公共权力私有化，严重损害国家机关的公共性、公信力和合法性，也必然是不可持续的。

第三，公务员的特殊保障使政府机关冗员充斥，缺乏竞争性和活力，严重制约了执政党和政府机关执政能力的提高。因为有特权，大家都想进来，进来就不想出去。这就必然使这些公共机关从用人机构变成养人机构，形成论资排辈的体制机制，严重扭曲公共机关的职能和功能。同时，这样的体制机制必然导致人对权力的依附、下级公务员对上级公务员的人身依附，导致"劣币驱逐良币"，使政府机关在某种程度上变成淘汰精英的官场。有个性、有能力、敢说真话的公务员往往棱角被磨平、创造性被消泯，公务员整体上趋于平庸化，从而严重影响公共机关职能和功能的发挥。

改革公务员保障制度的治本之策，是把用于公务员保障的财政支出公开化，建立起严格的制约和监督制度；必须尽快把公务员保障制度和其他社会成员的保障制度统一起来。公共财政资金的支出必须受到制度约束，用于公务员公务活动和保障的财政支出尤其必须透明化、可监督。这是纳税人起码的权利，是社会主义政治文明的课题中应有之义。

现行公务员法有一个很奇怪的规定，即第八十六条规定公务员可以在什么条件下辞职，但是，没有提到辞职的公务员应当享有什么保障，倒是被辞退的公务员是有保障的。公务员法第八十五条规定："被辞退的公务员，可以领取辞退费或者根据国家有关规定享受失业保险。"虽然只是给了一笔一次性的"辞退费"和失业保险，但毕竟比辞职的公务员强。我可以辞退你，而你不能"辞退"我，或许在立法者看来，敢于"炒"政府机关鱿鱼的人，不是傻子就是大胆狂悖之徒，你敢于藐视政府机关，就什么也不给你。这样的规定，不仅突显了公务员保障制度和其他社会成员保障制度之间是断裂的、不接轨的、有高低贵贱之分的，事实上也体现了立法者的傲慢和对公务员就业选择权的漠视、对社会其他成员的轻蔑。

试想，如果使公务员的保障制度与全社会各方面的保障制度基本相同，在政府机关和不在政府机关一个样，那么，有个性的公务员"不得志"，可以选择离开，不称职的公务员可以很方便地加以辞退，公共机关工作人员可以自由流动。这样做不仅可以使公务员得到"解放"，也可以为建立良性循环的公务员管理体制创造条件。

将国企改革进行到底

- 上市公司的所有者是全体股东,重大信息要向股民和股东披露,国有企业也属全民所有,其重大信息要不要强制性披露?

- 挽救国有企业的关键是组建大型企业集团,还是引进多元资本改变"一股独大"的产权结构?

- 国资委是国有资产的监督者,还是央企利益的代言人?

然而，国有企业的党委会、监事会、纪委、工会与董事会、经理层之间的制约关系已经足够有余，如果再加上人事关系上的制约，这种带着枷锁的舞蹈表演往往会在一片嘘声中笑场谢幕。在这种体制环境下，国企的改革者若能"大难不死"已是不幸中的万幸。

"包办婚姻"的国企大家庭

老 人

有形无神的国企改革

为什么多数国企管理层的配合不默契？为什么多数国企的"土特产"——匿名信盛行？为什么多数国企的执行力不强、凝聚力不够？为什么多数国企的副职不向正职负责、正职又不向董事会负责？为什么国企与民企在市场竞争中败多胜少，动辄成为民企的蹂躏对象？笔者认为，国企领导的选聘方式不能不说是其中的重要原因之一。

从历史沿革看，建国以来，上级部门任命下级企业领导就成了国有企业干部管理的重要方式。十六大以后，各级上级主管部门相继成立，代表国家履行出资人职能，改变了以前"五龙治水"的状况。国有企业纷纷建立起董事会、监事会等职能机构，开始步入现代企业制度的建设之路。

然而，有了新部门并不代表有了新方法，建立了董事会并不意味着真正建立了现代企业制度。目前，上级主管部门对企业主要领导的管理仍然沿袭计划经济时期的党政干部管理思维和模式，即通过对企业领导班子成员的直接任命来实现政府对企业内部的实际控制。

这种"包办婚姻"的模式在许多方面与现代企业制度相悖。管理中的越位和错位引发的种种不和谐现象使人们坚定地认为，上级主管部门是判断能力差而领导能力强的国企"老大"。

聘任越位权责不对称

按照公司法，现代企业制度的公司治理结构，应该由全体股东选举出董事会作为出资人的代表，由董事会聘任或解聘负责企业日常经营管理事务的公司经理，并根据经理的提名聘任或解聘副经理、财务负责人。通俗地说就是：出资人（对于国企就是上级主管部门）管董事会、监事会，董事会管经理，经理管行政班子。董事会属于决策层，经理办公会属于执行层，监事会负责制约监督，各负其责共同为股东大会负责。

然而，当前国企的实际状况是：聘任董事会、监事会的是上级主管部门，聘任经理的是上级主管部门，聘任副经理、财务负责人的还是上级主管部门。

表面上看，上级主管部门的"包办"是为了加强对企业领导干部的管理，并期望亲手撮合的这段"婚姻"能够演绎他们充满激情的事业和生活。然而常常事与愿违，露水姻缘只能昙花一现。在国企由计划经济向市场经济转型的漫长的日子里，这些"国企家庭"非但没有变成上级主管部门想要的那种"加强版"，反而像一部低配置的落后电脑，拼命想跑起华丽的 3D 游戏，结果却被卡个半死，甚至各种配件之间根本不兼容，经常死机。究其原因，"包办婚姻"弊端非常明显。

弊端之一：难以建立真正的现代企业制度。现代企业制度不仅意味着在形式上建立公司治理结构，关键还在于企业能否按照公司治理结构运行。上级主管部门代行董事会的选聘权和经理的提名权，从根本上违背了现代企业制度中的公司治理原则。作为政府部门的上级主管部门，这样的越权行为必然导致实质上的政企不分，必然导致政府通过"管人"实现对企业内部的直接控制。特别是在当前官僚腐败的形势下，这样的越权无异于给政府提供了一条权力寻租的地下通道。

弊端之二：削弱了董事会对经理的监督权。董事会对经理的选聘不仅意味着董事会可以选择自己认为能够为公司带来最大收益的人，而且可以对经理进行有力的监督，当认为经理不称职时可以将其解聘。

然而，现在这项权利由上级主管部门代为行使，不但可能造成聘任的经理不是董事会所信赖和需要的人选，而且直接导致经理并不对董事会负责，只对上级主管部门负责，董事会监督经理的权利被空置。

弊端之三：削弱了经理对副经理和财务负责人的监督权。经理对副经理和财务负责人的提名权，不仅意味着经理可以选择同自己目标一致、执行力强的人担当自己的左膀右臂，而且可以对他们进行制衡。当副经理与财务总监和经理目标有分歧或是因其执行不力造成降低公司运行效率的时候，经理可以向董事会提出解聘。

现在，这项权利也由上级主管部门代行，不但有可能由于聘用的副经理和财务负责人与经理目标不一致，或关系不和谐造成企业主要管理者之间相互掣肘，而且会造成副经理和财务负责人直接向上级主管部门负责而不必向经理负责，从而使得经理对他们的监督权落空。

弊端之四：制约关系过于繁杂，企业执行力大打折扣。现代企业制度中的董事会、经理、副经理和财务负责人，应该是上一级领导和监督下一级的关系，同时下级向上级层层负责，只有确立这种关系的企业才有执行力。反之，就必然形成相互的限制。

然而，国有企业的党委会、监事会、纪委、工会与董事会、经理层之间的制约关系已经足够有余，如果再加上人事关系上的制约，这种带着枷锁的舞蹈表演往往会在一片嘘声中笑场谢幕。在这种体制环境下，国企的改革者若能"大难不死"已是不幸中的万幸。

弊端之五：董事会权责不落实，经理权责不对称。上级主管部门越权聘任经理层，无形中剥夺了董事会独立决定聘用与解聘经理层的权力，董事会也无须因为企业经营不善或是经理层失职、渎职承担责任，因为只要将"用人不当"的大帽子往上级主管部门头上一扣，便可以将自己的责任推个"一干二净"。同理，上级主管部门越权直接聘任副经理、财务负责人，使得经理有责任完成企业经营目标，却没有权力提请董事会聘任或是解聘副经理和财务负责人，再加上副经理和财务负责人既不用对经理负责也不用对董事会负责，而是和经理一样直接对上级主管部门负责，经理对他们没有话语权和影响力，也就不必对他们的经营业绩和工作水平负责。

选任不到位，能位不匹配

对于步入市场经济时间不长的国有企业来说，决策层的领导素质对企业发展来说非常重要。国有企业由于竞争能力、管理水平、体制机制等原因，往往表现出明显的能人政治色彩——主要领导的文化底蕴和价值观决定着企业文化；主要领导的人脉关系决定着企业的社会资源；主要领导的市场意识和经营能力决定着企业命运。就是说，主要领导的能力往往决定着企业经营的好与坏，甚至是企业的生死存亡。因此，对于一家企业来说，企业主要领导人的选择，其实就成了决定企业命运的关键。

遗憾的是，目前上级主管部门在干部选聘上往往缺乏科学的选用评价标准，造成干部能力与企业需求之间的诸多不契合。国企主要领导的来源渠道狭窄，极少通过公开招聘、企业内部竞聘、经理人市场猎取等方式产生，更多的是来自上级领导的赏识和推荐，或是组织上的交流和安排，甚至是从政府领导岗位退出人员的补偿安置。总而言之，其主要方式是在政府主导下的组织配置。这样的配置方式造成的结果依然是政企不分，能位不匹配。

选聘标准行政化，职业经理人难现身。政府在对企业领导候选人的选聘上多沿用组织部门对政府官员的评价标准，考察内容主要是定性化的"德、能、勤、绩、廉"、级别、资历和"群众认可度"等等，几乎没有对经营能力、市场业绩和管理水平的市场化评估，考察方式仍是组织部门推荐、个别谈话征询意见、以民主测评为主的考核和公示，最后党委研究决策。这种行政而非业务的选聘方式，最后很可能是选了一个缺乏创造力、变革力和执行力的"好好先生"，而不是一个有能力、有魄力、有创新的职业经理人。

由于国企领导半官方的色彩比较浓厚，领导层的职位升迁由上级领导机关决定，上级机关对他们的看法就尤为重要。所以，为了成为政府眼中的"合格人选"，企业负责人会更倾向于处理好周围关系、讨好上级；为了不打破旧有的利益平衡而因循守旧、惰于变革；为了"不出事儿"而甘于"碌碌无为"、不愿冒险创新。最终，必然导致国有企业产业陈旧、产品过时、体制落后、机制僵化、管理不佳、效率低下。

国企领导职位成党政机关干部交流安置站，企业经营风险加大。政府将国有企业的职业经理人当成党政机关的干部交流，当成培训、安排干部的"培训站"、"试验田"，甚至是退休补偿安置的"回收站"，无疑加大了国有企业的经营风险。

政府公务员和职业经理人是两种截然不同的职业性质，现实生活中很少有相互兼容的复合型人才，无论是公务员还是企业家都需要岁月的磨砺，"风雨"的洗礼，千锤百炼经验的积累以后，才能打造出经验丰富的公务员或市场意识超前的企业家。多数职业经理人不经过一定的时间成本，很难适应和胜任政府机关的工作。同时，也少有政府官员能在一夜之间变身为优秀的企业家。

其实，企业主要领导干部是企业的决策人同时也是执行人，必须具有完备的管理能力和高超的经营能力。政府公务员的宗旨是为人民服务，企业的宗旨是为股东利益、职工利益最大化服务；公务员的评价标准是群众满意度，而企业的评价标准则应该是发展生产力。公务员与企业职业经理人本身从属于不同的行业体系，正所谓隔行如隔山，两者不应该混为一谈。

据了解，世界上只有我国的国企领导和寺庙的和尚有行政级别。用计划经济的管理手段去对应现代企业制度，用计划经济的干部管理办法去管理国企职业经理人，又怎么能够真正建立起现代企业制度？真是难为人大法工委那些公司法的起草人，更是难为那些中国经济转型期的国企职业经理人。

当年云南红塔被迫换师时，并无任何企业工作经验的昆明市副市长字国瑞接替了褚时健，后来的红塔悲剧证明了这次接替并不成功——红塔需要的不是一个官员领导而是一位职业经理人，于是就任红塔总裁的姚庆艳受命于危难之际，3年内完成了"止跌回升"的使命。这一案例充分说明，期望政府官员一夜之间变为企业家的良好愿望与严酷的市场现实相差甚远。

至于退休补偿式的干部安置更是弊大于利。他们的退休往往是为后任者"腾位置"，政府出于"补偿"将其调任到国有企业。这些干部在政府机关工作了大半辈子，深谙为人处事之道和各项程序方面的诀窍，调任企业之后确实能把其深厚的人脉资源"嫁接"到企业，往往能带来意想不到的效果。然而，"利之所至，弊亦随之"。其在政府机关的那一套行政式思维方式、机关工作风格，必定如贴身丫环一般"随嫁"而来，从而大大弱化企业的商业属性和生产力的评价标准。

更有甚者，如果个别官员抱着"此时不捞更待何时"、"过了这村没这店"的想法，打算到企业"挣把钱就走"，在退休前尽可能的"多捞银子"是他们的"终极目标"，企业的死活对于他们并没有多大关系，而且由于仕途无望，根本不在乎别人的"眼光"和"看法"。这样的价值观可直接诱发职务犯罪，贪污受贿等违法违纪实在难以避免。

贪官中的"一代枭雄"毕玉玺，从北京通县一个农民的儿子，一直混到北京市交通局的副局长，却始终没能坐上"一把手"的位置，这让他非常窝火。升迁无望的毕玉玺于是开始从其他方面找回"补偿"。自从他58岁调入首发公司担任董事长兼党委书记以后，便肆无忌惮地大捞特捞，贪污受贿达上千万元，最后锒铛入狱，落了个身败名裂。

国企负责人同政府公务员虽说是两个不同行当，但是外貌却长得很像"孪生兄弟"，同属行政级别终身制。大多都是能上不易下，由于对他们没有市场竞争的择优选择，没有经理人市场的声誉评价，没有企业效益与职级升降的奖惩激励，一旦"混"上个一官半职，除非极少数因违法违纪被查处，大多数人不论干得好坏，一般都能熬到光荣退休。即便能力确实满足不了工作需要，要么换个企业，要么任个虚职，反正要享受"同等级别待遇"。就连企业改制重组，这些领导也要按照"同级职位"妥善安排。这种现象如果用纯粹的市场眼光来审视，绝对令人匪夷所思，但这在号称已经建立起现代法人治理结构的国企里却不足为奇。

根本出路：转变控制国企的旧观念

上述这种看似"扁平化"的管理，实际是上级主管部门在领导选聘上的越权，这种"一把抓"式的干部管理体制的实质，是政治体制改革尚未成功实现角色转换的外在表现，是上级主管部门不甘心放弃手中的企业控制权的"最后挣扎"。国企改革使政府失去了对企业经营权的控制，在没有更好控制企业的管理手段之前，为避免管理失控，不得不牢牢把握住"最后的稻草"——企业人事权，以此得以延续其对企业内部的控制力。

如果上级能成为价值认定的权威，那么你本身的价值就不可估量。但事实恰好相反，上级主管部门这个"认定权威"，到底认定的是什么价值？曾有一家企业长年亏损，上级主管政府部门在社会上招聘经理人，签订合同以实现企业3年内扭亏为盈的目标。一位"海归"经理人成功应聘后将自己在国外积累的知识和经验运用到这家企业，大刀阔斧地进行了一系列改革，开发出新产品、新渠道，实行了更具激励效果的分配机制。在他的努力下，仅一年多时间就实现了企业扭亏为盈的目标。然而，此时上级主管政府部门的官员开始要求企业为自己报销餐费、车费、会议费等费用，还要求企业为官员安排出国考察并支付相关费用。这位经理以合同上没有这些额外条件为由拒绝了这些不正当要求。这令官员们大为光火。于是在该经理出差在外期间，上级部门在没有事先通知、没有离任审计的情况下将该经理解聘，并将政府部门某副局长调来顶替了该经理的职位。这位经理以政府违反合同为由四处讨说法却没有任何结果，最后只有不了了之。

虽然说，消除国有企业领导人选聘与更迭的根本手段在于完善法人治理结构，真正按照公司法的要求落实出资人、董事会和经理的人事聘用权，不失职、不越位。但是，不难发现这里存在一段无法绕过的弯路：即便是我们按照公司治理结构，由上级主管部门任命董事会，董事会聘任和解聘经理以及根据经理的提名聘任和解聘副经理及财务负责人，但在国有资产绝对控股的情况下，上级主管部门依然可以通过任命董事会成员，甚至是通过对董事会的控制，实现对经理层的控制，进而实现政府对国有企业的内部控制。

所以，实现真正的法人治理结构是消除国有企业领导者选聘与更迭中所生弊端的根本手段，其根本出路在于改变国有资本一股独大的现状，引入外部资金，让外来股东参与推选能够实现投资者利益的董事会成员，从而产生制衡政府权力的声音和力量，真正实现政企分开。

国有企业是公共企业，而且是比上市公司公共性质更强的企业，有义务向公众披露财务和其他重大信息，而且这种义务是强制性的，不披露不行。

国企利润应如何分配

盛洪　山东大学经济研究中心教授

2007 年 12 月 11 日，财政部印发了《中央企业国有资本收益收取管理暂行办法》，规定对国有独资企业上缴年度净利润的比例，区别于不同的行业分以下三类执行：第一类是 10%，第二类是 5%，第三类暂缓三年上交或免交；国有控股、参股企业应付国有投资者股利股息按照股东大会决议通过的利润分配。这一办法引起我们的关注。

国企利润分配的性质

国有企业已经有 13 年没有交过利润了。这 13 年未交的利润累计起来将近 6 万亿，相当于 2007 年 GDP 的四分之一。2007 年，国企实现利润 1.62 万亿元。但是，这些利润还不是真正的利润，其中有很大一部分是垄断利润和自然资源的租金。比如原油的世界平均价格，1994 年 1 月是 12.37 美元一桶，到 2007 年 12 月达到了约 86 美元一桶。按照世界通行的规则，任何一个石油开采公司都要交石油资源租金或者矿区使用费。一般是原油产量的一个百分比，从 50% 到 10% 不等。我国的石油企业每吨只交 24~30 元的所谓资源费。差额是多少？按 10% 来计算，每吨至少少交了 400 元，2007 年仅中石油就至少少交了 400 亿。这部分资金变成了企业的利润。还有垄断企业，通过垄断定价，获得垄断利润。自然资源租金挤占国家财政收入，垄断利润侵害消费者的利益。

改革以来国企利润分配的基本趋势，可以概括为：第一，1993 年以后，留在国有企业内部的利润越来越多；第二，从规定企业留利上限到规定国家收缴利润上限；第三，从以激励为目的到成为既得利益；第四，对国有企业内部成本支出的管理和控制越来越弱，到后来看不到这样的管理和控制了；第五，从强调约束、缺少激励，到只讲对管理层的激励而不讲或少讲约束；第六，管理部门越来越倾向于收取固定的税而不是变动的利润。

分配国企利润的具体构想

第一，明确和强化国有产权制度的宪政原则。宪法规定我们是社会主义市场经济，其含义是说要以市场机制为基础配置资源，要有现代的产权制度，还要维护和执行合同秩序。宪法还规定，国有经济就是社会主义全民所有制经济。其含义是说国有企业归全民所有，是一种特定的产权制度。国有产权也是产权，要遵循企业、公司和产权制度的一般原则。包括产权收益归产权所有者所有，企业上缴利润是一种绝对义务，没有讨价还价的余地。

国有企业不应为获取利润和提供就业的目的而设立，它应该是为公共目的而设立。假如国有企业就是为了提供利润和就业，这个目的完全可以由民营企业替代。

严格区分租、税、利。在国有企业利润中包括了自然资源的租，如地租和矿产资源的租。同时利税不分的问题也一直存在，应该严格区分。租是要素的报酬，尤其是自然资源要素的报酬，税是公共物品对应的费用，利是产权的权益。

第二，明确国企利润分配的合法程序。有两种方案：一种是修法。修改《公司法》中关于国有独资公司的治理结构部分，明确国有企业利润分配的合法程序。关键要避免相关部门的失职和企业管理层的操纵，对可能出现的问题应该有一种补救的法律程序。现在《公司法》规定我们的代理人是国资委，却没有规定如果它出了问题怎么办。在我们看来，它不符合委托人的利益，可能存在巨大的问题。

第二个方案是释法。由最高法院对《公司法》关于国有独资公司的部分进行解释。对国资委代表的是具体的国有企业的国家出资人，还是把国有企业作为一个整体来代表，作出明确的解释。

第三，建议国资委直接隶属人大。国企产权属全体人民，资产和利润数额巨大，国务院相当于管理层，在数额巨大的资产分配问题上它的权限可能已经不够了，需要更高层的权力机构决定；全国人民委托人大，人大委托国务院，国务院委托国资委，层次或环节过多。国资委直接隶属人大，减少了委托层次，可以提高行使产权的效率。

第四，实行强制性信息披露。国有企业是公共企业，而且是比上市公司公共性质更强的企业，有义务向公众披露财务和其他重大信息，而且这种义务是强制性的，不披露不行。

第五，对未上缴利润的使用情况必须进行审计。国企利润是怎么花的，公众有知情权，必须进行审计。

第六，改进国企的治理结构。核心是避免内部人控制。为此，国资委在进行重建国有独资企业的董事会，增加独立董事或外部董事的试点。关键要使外部董事名额达到多数，不能让管理层操控董事会。

在国有独资公司，改进了的董事会可以决定利润分配方案。如果所有者的代表，全国人大和国资委对国有利润分配方案有疑义可以进行复审，这是补救的制度安排，也是非常重要的。

第七，建立专家委员会。企业的投资、管理经营业绩评价涉及相当专门的知识，一般百姓想监督也没有条件。可以由全国人大、国资委或者是国企的董事会设立专家委员会或外聘专家，对国企经营业绩、投资项目、管理水平进行评价。

《公司法》规定："董事、高级管理人员违反法律、行政法规或者公司章程的规定，损害股东利益的，股东可以向人民法院提起诉讼。"可依据这一规定对非法侵占国有产权权益的人进行诉讼。

第八，控制国企内部的工资奖金分配。回顾国企改革的历程，可以发现相关部门在逐渐放松国企内部工资奖金分配的控制力度。作为国有产权所有者，应该对工资奖金分配进行控制。要重新检讨薪酬与利润挂钩制度和对管理层的股权激励制度。因为现在国企的利润很大程度上不是真正的利润，而来自资源租金的上升，和管理层的贡献完全没有关系。剔除资源稀缺性价值上升因素和垄断因素，剩下的才是管理层努力的结果。

对超额利润的奖金要明确设置上限。过去一直有上限，到后来没有上限，现在更变成了对国家收取国企的利润设置上限，这是有问题的。

国企工资、奖金和物质福利总额，收入总额和平均水平，要向人大和公众报告，要透明。

一些地方国资监管机构片面理解做大做强国企，将精力过多放在组建大型企业集团上，甚至人为捏合，盲目扩张企业规模。这不仅不能达到优化结构的目的，还可能强化行政控制。最好依托优势企业，在国家产业政策指导下，依靠市场机制，通过资本市场，实现国资的优化重组，把企业做大做强，以此带动行业结构和企业结构的调整。

地方国企改制还须过大关

李鲁阳　石宝峰　全国人民代表大会财经委员会

2007 年第 4 季度，我们先后赴江西和湖北，贵州、重庆和新疆，上海、广东和福建，参与国企改制的调研。

地方国企改革有哪些改进

在政府机构改革中，政府工业经济管理部门撤销后多数原封不动或稍加组合转变为企业集团。这些集团有些就是"翻牌"公司。随着改革推进，集团内的很多法人企业逐步实现产权多元化，企业数量和职工人数明显减少，企业集团的行政色彩逐步减弱甚至消失。

依法规范产权交易操作，维护国资权益和维护企业职工权益得到地方的重视。据对武汉市近几年国资进场交易情况的初步统计，转让前国资标的金额为 18.1 亿元，市场转让实际成交金额为 45.7 亿元，国资在转让中增值 27.6 亿元，增值率达到 152.49%。

武汉等地对于一些准备破产的特困企业，破产所需的处置资金，由财政预先垫付，"先走人、后关门"，用企业破产后的资产处置资金偿还财政，提高了工作效率，减少了企业破产后涉及职工切身利益的遗留问题。

国企改革尚须攻克"硬骨头"

尽管国企改革走过了一个较长历程，国家通过安排一部分银行呆坏账准备金用于国有企业兼并破产的政策实施也止于 2008 年底，但国企改革任务远没有完成，需将国企改革进行到底。

国有和国有控股企业的比重仍然过大。国有和国有控股企业从中央到地方应当逐步减少，到地市这一级应当主要存在于公共服务领域。但从目前情况看，在竞争性领域，在并非关系到国计民生和国家安全的领域，地方的国有和国有控股企业比重还是过大。广州市国资委直接监管 30 个企业集团，包括各类法人企业 1 500 多户，经营性国资 2 300 多亿元，主要是在一般竞争性产业。为此需要加快国企的公司制改革步伐，使更多国企成为多元股东控股的公司。

一些地方国资监管机构片面理解做大做强国企，将精力过多放在组建大型企业集团上，甚至人为捏合，盲目扩张企业规模。这不仅不能达到优化结构的目的，还可能强化行政控制。最好依托优势企业，在国家产业政策指导下，依靠市场机制，通过资本市场，实现国资的优化重组，把企业做大做强，以此带动行业结构和企业结构的调整。

相当数量的国企尚未开展进一步的改革改制工作。这些企业很多属于改不动的特困企业。武汉市现有 176 家资不抵债的特困企业，初步估算，全部改制成本需要 58 亿元，而企业所有资产变现只有 26 亿元，仅靠自身力量很难实现改制。即使将这些企业关闭破产，也由于无力支付涉及退休职工社会保障和其他有关费用的支出，以及存在众多的历史遗留问题，企业不能注销，有的甚至在政策层面存在关闭注销的障碍，所以想改也改不了。

还有一些企业通过一些行政垄断优势可以过上"好日子"，根本没有改革改制的愿望和动力。

企业改制后的困境无人问津。有些企业由于改制形式选择不当，改制后重陷困境。股份合作制曾被大力提倡，但从一些地方的实施情况看，很多股份合作制企业不但没有发展起来，反而再次陷入困境。主要问题是，企业全员持股导致难以科学决策；股权变化大部分都需要征得全体股东同意，而股东去世和难以找到是寻常事，还要到工商部门申请变更，并支付高额的变更费用；特别是股东数量过多、持股过于分散，不符合公司上市发行股票的要求，从而影响公司公开上市募集资金。上海实行股份合作制的企业数量最多时超过 1.5 万家，现仍有 8 600 多家。这些企业反映，现在既无法倒退回去，比照国企重新进行改制，也无法进行征得所有股东同意的新的改制，感到上天无路，入地无门。

国企改制是一项创新性工作，相当复杂，类似不成功的股份合作制改革有时是难以避免的。政府不能仅为了甩包袱而将国企一改了之，要有宽容和补救改制失败的具体政策，积极帮助企业解决改制后的问题。

解决职工身份转变的遗留问题不能再拖

国家有关部门文件规定，改制企业如果由国有转换为非国有，职工需要转换国有身份，否则可不转换身份。在实施中，存在需要转换的没有转换、可不转换的反而转换的现象。从实施效果看，不管企业改制后的性质如何，凡是职工国有身份得到转换的企业，有效解决了长期困扰企业的"大锅饭"、"铁饭碗"问题，而且越早转换越主动。一些没有及时抓紧开展这项工作的企业，许多企业日后工作都陷入被动。主要是职工身份转换成本越来越高，企业难堪重负。

在转换职工身份过程中，遗留问题和民生问题较多，亟待解决。主要如下。

职工转换身份的经济补偿标准偏低，有时偏低的补偿标准都得不到严格执行。一些地方的年补偿标准为500元到1 000元，武汉市相当一部分企业仅为591元/年。近些年社会平均工资显著提高，早期转换身份的国企职工得到的补偿金实在太少。

部分国企老职工因企业改制生活陷入困境。很多企业的离退休职工和下岗老职工，由于离退休时间早和企业效益不好等原因，本来工资水平就低，在转换国有身份后，不仅没得到多少经济补偿，原有的一些养老、医疗方面的福利也都被取消了。一些内退职工，因还没有办理退休手续，不能在社保基金领取养老保险金，只能在企业领取两三百元的生活费，在物价不断上涨的冲击下，基本生活都难以维持。企业在职工养老和医疗方面普遍欠账，这也是国企老职工生活困难的重要原因。重庆市共有270万职工，其中离退休职工100万，在改制时按每个职工每年600元计提医疗费10年，退休人员年医疗费用是未退休人员的6倍，计提的费用连青壮年职工都不够用，远远不能负担老职工的医疗支出。

房改政策不完善。有许多职工是在没有进行住房制度改革时离开企业的，目前有关政策有了很大变化，很多人认为没有享受到当年福利分房的好处，现在又没有钱改善住房条件，因此要求进行货币补偿，等等。

应当看到，国企职工在国企改革中承担了巨大的改制成本，应在国家财力能够承受的范围内，尽可能给予一定补偿。中央国企 2007 年利润 1 万多亿元，本着"取自企业，用于企业"的原则，可以将这些资金的一部分，回报改制企业职工的付出和贡献。随着国家经济实力的增强，这方面的力度还可加大。

政企不分的盲点需要高度重视

国企改革与政府机构改革、转变政府职能紧密相连。2003 年，新一轮政府机构改革中，按行业设立的工业管理机构基本撤销。但是，有些被撤销的机构稍加归并，换个名称后继续存在。有的地方转变为若干行业管理办公室，有的地方转变为若干行业投资促进中心。这些机构及其工作人员的性质都未加以明确。这一局面应当尽快改变。

在一些地方的工业企业以外的国企，由于有关政府机构仍然存在，这些政府机构如水利厅、林业厅、农业厅、商务厅、粮食局、旅游局等还在直接管理隶属企业，政企不分的问题没有明显改观。新疆国资委直接监管 26 家企业，厅局监管 36 家企业，国资委委托厅局监管 74 家企业，国资委委托厅局监管似乎可以等同于厅局监管。

按照规定，出资人机构不能直接干预授权企业的日常经营活动，但是，一些企业反映，有的国资监管机构是个新"婆婆"。多数企业认为，国资监管机构行使国资出资人职能，最主要是做好两件事：一是通过法定程序挑选好国企主要负责人；二是搞好监督，监督的重点是财务。至于扩大规模、做大做强，更多是企业自己的事情，国资监管机构必须给予企业充分的自主经营权，以便企业更好地参与市场竞争。

在调研过程中，许多地方反映，与国企相比，集体企业的困难更大、问题更多，集体企业和职工要求改革、摆脱困境的愿望非常强烈，但国家缺少对集体企业改革改制的明确政策。

国资委是国有资产的监督者，还是央企利益的代言人？谁来监督国资委？国有经济布局和战略调整的方案由谁来制定，国资委能否有一个全面、客观、权威的立场？

国资管理谨防"一言堂"

臧跃茹　刘泉红　郭春丽　国家发展改革委员会经济研究所

国资的监督、管理和运营集于一体是否造成更大的"内部人控制"

全民所有的资产如何构建委托—代理链条，改革30年了，仍然存在争议。一个流行的建议是，将国资委变为类似于新加坡淡马锡那样的控股公司，主要负责管理红利、私有化收入，再投资，也许也可以借款。尽管淡马锡本身相当成功且非常具有经验，但是我国情况有很大不同。试图建立一个由国家控制的"超级持股"公司，其结果往往是以巨大的财务灾难而告终。上海电气案件引发的一系列问题，使国资委定位及监督缺位问题更是成了多方关注的焦点。国资委不能搞"一言堂"，上海国资委强调政府主导型而缺乏监督的模式，已经提供了反面的案例。地方国资委角色错位，在国有股权转让过程中发生利益结盟的情况也存在，造成国有资产流失或资本市场小股东利益受损，必须引以为戒。

银行在产权明晰、权责分明的商业化改革中，确立了汇金公司是国家出资人的代表，汇金公司是法人，通过股权渠道来行使所有者权利，且受银监会的监督。与国有银行改革不同，国资委是国务院特设机构，成立时的责任是管人管事管资产，准公务员，属垂直的行政体系的一部分，其性质决定了国资委的权责与公司有差别。主要质疑之一是国资委的定位，出资人和监督人集于一身，运动员及裁判员角色混淆不清。国资委是国有资产的监督者，还是央企利益的代言人？谁来监督国资委？国有经济布局和战略调整的方案由谁来制定，国资委能否有一个全面、客观、权威的立场？因此，理清政府、国有股东、企业的关系还需要一个过程，国资委在一定时期可能有其历史过渡性，但从长期看，国有资本的监督、管理和运营功能恐怕不能集于一身。否则，缺少监督制衡机制，国资委与国企结合成利益同盟，造成更高层次的"内部人控制"问题将难于解决。

必须强化国资和国企的监督约束机制

必须从制度层面、法律层面强化国有资产和国有企业的监督约束机制。

在法律方面，国资立法从 1993 年酝酿，2003 年国资委成立后进一步深入，历经 15 年讨论，2007 年 12 月《国有资产法》草案首次提交全国人大常委会审议。据专家介绍，草案最大的亮点，即是确立国资委的定位，即剥离监管职能，只作"干净的出资人"，解决长久以来监管者与出资人角色冲突的问题。人大或财政部可能拥有国资收益权，充当"婆婆"即监督的角色，而国资委行使国资经营管理权，充当"老板"即管理的角色。国有资产监管机构和出资人机构应该分开，这也是许多专家学者的基本共识，出资人、监督人应有不同的法律定位和权责范围，运动员、裁判员的边界要厘清。当然，国资委仍然希望同时作为出资人和监管者，认为角色并不冲突。人大或财政部、国资委、国企，只有对各自功能定位取得一致认识，才能规范各自的职责，构建相应的管理框架。

在制度方面，国有资产管理体制改革还需深入，构建独立的监督机构，相应政府管理体制也要进行调整。总的原则是使政府部门分工有序，政府决策制定层、执行层、监督层必须要分开。

构建独立的监督机构很重要。以垄断行业价格监管为例，几乎全世界的电信价格监管都是防止电信企业滥用市场权力，规制最高限价，但我国的电信价格监管却是限制降价。这种奇怪景象，是在监管部门既是被监管对象的所有者，同时又是行业发展的倡导者、推动者时才会发生的。周其仁认为，政府作为国有电信的股东，本应要求企业不断改善管理、降低成本，提高市场竞争力，但是当政府同时又担当市场监管者时，两相对照，显然加强管理、提高市场竞争力不如直接限制市场竞争更加方便，因此，就出现了监管者非但不鼓励竞争，反而出台各种办法抑制运营商之间竞争，背离监管初衷的行为。

构建国资决策、执行和监督三权分立制衡体制

未来国资管理体制和监管体系包括三个层次。

一是国有资产的委托人。这是代表全民行使所有者权利的最高决策权力机构，可在人大层面设立。是全部国有资产包括经营性国有资产、金融类国有资产、行政事业性国有资产和资源性国有资产的代表，负责国有资产立法以及国有经济战略布局总体设计、重大改革部署等重大决策，方案提请全国人大审议。在国有经济整体一盘棋的思路下，避免各种利益集团干扰，负责国有经济退而有序，进而有为。国有经济战略性布局的战略决策只能由这一最高层次的权威机构通过民主化、科学化的决策程序作出整体战略布置，而非目前仅由作为执行机构的国资委作出考虑，这样能够避免借助行政手段巩固其垄断地位。

依据国有企业分类改革的思路，对于第一类国有独资企业，属特殊企业法人，由这一高层权力机构依照特殊法律法规或公司章程实行严格监督和管理。

二是国有资产经营管理的受托人。兼顾目前的国资监管模式，受托人由现在的国资委按照淡马锡模式，以经济手段管理和经营下属竞争性国有混合所有制企业（国家参与企业），行使出资人职能，对下属企业按照《公司法》的要求，行使大股东的职能。将来不排除按专业方向产生数个国有资产经营机构（完全是公司性质）负责国资的管理经营。这些资产经营机构或资产经营公司是国有资产经营管理的执行层。

三是国资的监督机构。与"老板"行使内部监督不同，该机构应更多代表公众利益，属外部监管，防止不公平交易、公共福利受损、国资流失等。可赋予现在的政府机构以明确的监督职能，也可在人大设立国资监督专业委员会，对国资实行监督。财政部主要负责国有资产的经营预算，行使资金财务方面的监督，还有来自行业主管部门（主要是垄断行业）的行政监管，除了专司上述资产监督、财务监督、行政监督外，还应包括审计监督和社会监督，当然还包括更高层面的人大监督。如此形成了包括人大监督、行政监督、审计监督和社会监督在内的全方位的、统一的监督体系。

这样，国资的委托人所有者代表、国资的托管方出资人代表、国资的监督机构实现了决策、执行与监督三权分立，各司其职，三权制衡，才能提高整个国资与公共管理的运行质量。

结合我国社会主义市场经济体制改革进程，重构国有资产管理体制和监督体系可

以分两步走。第一步，初步搭建起最高权利机构的管理框架，细分国资委的国有资产监督职能和国有资产运营职能。第二步，待时机成熟时，按照上述目标模式形成统一的国有资产管理体制和监督体系。

中国会出现"非典型次贷"危机吗?

- 美国次贷危机爆发之前,中国人民银行计划于 2008 年推出"房地产投资信托基金",简称 REITs。这个产品有明显的房地产开发贷款证券化倾向,这跟美国的次级贷款有何差别?

- 全球化背景下,国家之间争夺国际货币流通域的竞争愈演愈烈,这是不是我们所说的"货币战争"?

"缺钱"已成为当前房地产开发商的"头号难题"。在可预见的将来银根持续收紧的前景下，REITs 或者更严格说是打着 REITs 名号的银行房地产贷款证券化产品，就成为房地产业界和银行业界唯一可以期待的缓解银根紧缩和资金链紧绷的困难局面的救命稻草。

中国会出现"非典型次贷"危机吗？

陆一　上海政券交易所研究中心

美国"次贷危机"是什么

美国的"次贷危机"的实质，是针对房地产次级抵押贷款所作的资产证券化产品创新过程中的机制缺陷所引发的风险。

房地产次级抵押贷款是由贷款公司针对资信和还款能力低下的人群设计的，和房地产优质抵押贷款相比，风险较大、坏账率较高，但贷款利息较高，在房地产业的上升期内不会显现它的狰狞。为了分散风险，美国以房地产次级抵押贷款为标的、设计了房地产次级抵押贷款证券化产品（也称为房地产次级抵押贷款债券）。尽管因为采用了私募发行和在银行间市场交易，使得房地产次级抵押贷款债券透明度较低、流动性较差，但由于它的较高回报，从而吸引了主要是银行等机构投资者将它作为投资组合的配置品种。近些年来，随着美国房地产市场一路走高，这些房地产次级抵押贷款债券被世界各国各类机构投资者作为投资资产组合而购买。由此，美国的房地产次级抵押贷款的风险被分散到全球各地，并在美国房地产市场出现持续下跌之后，给全球金融市场带来广泛的系统性风险危机。

化解风险呼唤金融创新

我国的房地产贷款中，银行个人住房抵押贷款坏账率极低。但是，在房地产开发环节所产生的银行贷款却不尽如此。据上海银监局发布的 2008 年第一季度上海房地产信贷运行分析报告，住房开发贷款的不良贷款率为 2.16%。而上海各大商业银行的抵押贷款质量在全国还算是最好的。而据上海银监局发布的《2007 年度上海市房地产信贷运行报告》，至 2007 年 12 月末，中资商业银行房地产贷款占各项贷款的比重高达 32.2%。该报告明确指出，因房价波动而带来的各种压力与风险已然突显，而房价波动或将影响到银行一半左右的信贷资产安全。

防范和应对美国引发的全球次贷危机，需要主动地在我们的市场体系中增加更多的创新品种，以增强市场本身的容量、增加市场的多种投资选择机会、增强抵御分散风险的能力。

此 REITs 类似于次级债

中国人民银行在日前发布的《2007 年金融发展报告》中提出：在 2008 年择机推出房地产投资信托基金（REITs）产品。

据路透社 4 月 22 日报道，目前中国国内 REITs 产品闯关仅停留在打政策和法律制度擦边球的"准 REITs 产品"上，主要是信托公司推出的信托集合理财计划。业内人士透露，银监会已指定联华信托等公司研究设计 REITs 方案，而中国人民银行也已组织机构进行 REITs 产品研究，以择机推出。

问题是，我国的金融监管体系现状是有分业类别的，银监会主要面对的是银行和投资信托公司，针对的是银行间市场产品，诸如银行抵押贷款的资产证券化产品（银行抵押贷款债券）、信托计划投资产品等等，采用的发行形式是私募为主、交易形式主要采用以机构投资者为主的大宗低频次间断交易方式，依托的主要法律是《信托法》。证监会面对的是证券公司、基金公司和上市公司，针对的是交易所市场产品，诸如股票、基金和债券等等，采用的发行方式是公募为主、交易形式主要采用机构和个人投资者共同参与的小宗高频次连续交易的方式，依托的法律是《证券法》、《证券投资基金法》等等。

如果 REITs 采用银监会系统的试点方式，采用的是信托的模式，在现行法律框架下就必然成为一种银行间市场的产品，必然采用私募的发行形式和大宗低频次间断交易方式。那就和现已存在的资产证券化产品没有很大区别。

此 REITs 和已经很广泛的 REITs 究竟是不是同一件事？

REITs 尽管在最宽泛的定义上也属于资产证券化的衍生产品，但主要投资于已经和正在产生稳定现金流（租金）回报的商业、工业房地产的实物资产，并利用长期持有来管理这些实物资产权益所产生的租金和增值收益，作为对股东和持有者的汇报。占美国 REITs 产业比重 95% 以上的是权益型 REITs，纯粹投资于银行抵押贷款证券化产品的 REITs 只占 4% 左右，更何况，在抵押型 REITs 中绝大多数投资的是优质抵押贷款债券，并没有将次级债券作为自己主要的投资组合成分。

在美国，REITs 和银行抵押贷款证券化债券根本不同之处在于，它主要是一种在交易所市场公开上市的、面向公众投资者的公开交易的证券品种，信息披露高度透明，和上市公司相比受到更严格的监管，由于对它采用了避免多重纳税的特殊税收制度安排，因此产生了长期稳定的高收益，使它成为公众投资者参与并分享房地产及经济发展收益的良好市场创新品种。

可能出现"非典型次贷"危机

在多种因素的作用下，中国房地产业的绝大多数中小型开发商和一部分中大型开发商正面临着严重的资金链紧张。国际评级机构标准普尔前不久公布的最新研究报告指出，流动性紧缩将给几乎所有中国的开发商带来挑战，如果市场状况未能及时改善，房地产业的流动性可能面临枯竭，进而使得一些开发商难以继续维持增长。不久前召开的博鳌亚洲论坛 2008 年会上，一些房地产企业负责人有些忧虑。"缺钱"已成为当前房地产开发商的"头号难题"。在可预见的将来银根持续收紧的前景下，此 REITs 或者更严格说是打着 REITs 名号的银行房地产贷款证券化产品，就成为房地产业界和银行业界唯一可以期待的缓解银根紧缩和资金链紧绷的困难局面的救命稻草。

按照目前房地产开发贷款不良率 2.16% 和 2007 年末全国房地产开发贷款余额 1.8万亿元的数据测算，我国银行系统将由此产生将近 400 亿元的银行坏账。如果我国房地产业出现流动性枯竭和资金链断裂的现象，房地产开发贷款不良率每上升一个百分点就会产生将近 200 亿元的银行坏账，那么那些并不实际握有房地产实物资产股权的、挂着信托型私募 REITs 招牌的房地产开发贷款资产证券化产品，就将成为美国次级贷款债券一样的东西，会随着所依附的房地产项目开发商的倒闭和银行房地产开发抵押贷款的坏死而变成一堆废纸。到那时，房地产开发商会因为此类 REITs 产品的私募发行而套现，银行会凭借此类 REITs 产品而转移房地产开发贷款的坏账风险，只有买进此类"创新"产品的投资者（无论是机构还是个人）将变得一无所有。

如果那样，极有可能在中国演变出类似于美国次贷危机的、"非典型"的银行房地产开发贷款证券化危机。

　　REITs 在中国，究竟是房地产开发商套现的一个手段，还是一个提供给个人和机构投资者的分享房地产业（特别是商业和工业地产）快速发展收益的投资工具？它究竟是一个没有流动性、没有参与度、没有充分披露信息和实时监管的私募或资产证券化品种，还是一个像证券市场上高度流动、广泛参与、充分披露信息和实时监管的公募或有较高稳定收益的基金投资品种？……这一系列问题，其实是 REITS 开始试点和制度设计之初，就必须要理清的根本性问题。

从过去几年欧洲债权市场的迅猛扩张，到伦敦温室气体排放权交易市场的创立，这些都是欧元侵蚀美元流通域的最好例子。我隐隐约约觉得，真正的货币战争，与其说是《货币战争》作者宋鸿兵先生眼中的那种战争，不如说是国家间争夺国际货币流通域的战争。

中国如何在美元贬值中保全自己

张宇燕　中国社会科学院世界经济与政治研究所所长

如何看待美元的贬值以及它与欧元、黄金之间的关系？中国是否应该抛弃持续贬值的美元，或者如前段时间引起社会热烈反响的《货币战争》一书所倡导的那样复归"金本位"？

美元贬值的原因

首当其冲的，就是人们反复阐明的美元超量发行。美元贬值的另一种表述是以美元计价的商品价格的普遍上涨，也就是通货膨胀。

在讨论通货膨胀问题时，我总体上接受弗里德曼在《美国货币史》中得出的结论，即通货膨胀仅是一种货币现象，根源在于无节制地滥发钞票。

当然，美国超量发行美元也是有理由的：既然可以通过让全球持有美元来获取铸币收入，那为什么不做？外国人持有的美元如果永远在美国经济体外流通，那么这部分美元便成为美国的铸币收入。如果它们有朝一日还可能被用来购买美国产品与服务，那么这部分美元便是一种对美国的债权。如此一来，作为获取铸币收入结果的美元贬值，同时也意味着美国对外债务的缩水。换言之，只要美国铸币收入的绝对量没有减少，美国对外债务可以大幅缩水，并能够给自己的主要国际竞争对手造成损害，那么美元贬值对美国而言，不啻为一笔一石三鸟的好买卖。

恐怖主义对美国的袭击，是美元贬值的一个直接的、带有突发性质的原因。

"9·11"事件之后的10天，我在接受记者采访时说到，此次事件将会对美元未来国际地位产生严重的消极影响。人们一直把美国看作投资天堂，把持有美元资产视为保值的最佳途径，因为美国实力强大，市场开放。然而，这一切转瞬间被"9·11"的爆炸所摧毁。随之而来的反恐战争很快变成了一场持久战，更令人担忧的是恐怖主义分子的数量似乎不降反增，攻击方式和对象日趋多样化，美国和其盟国因反恐政策不和而关系紧张，美国自建国以来头一次被一张巨大且无形的恐怖主义之网所笼罩，而且还望不到网破云开的那一天。所有这一切都让美元持有者心存疑虑、忐忑不安，接下来的投资结构调整也就顺理成章了。

美元贬值的第三个原因，在于欧元的创立。在欧元创立之前，欧洲各国的货币虽然也都做到了完全可兑换，甚至德国马克也在一定程度上扮演了储备货币的角色，但就整体而言，欧洲各国的货币影响力过于分散，不足以对美元构成挑战。在全球范围内分享更大份额的铸币税，应该是欧元产生的一个关键因素。欧元的创立对美元的冲击是巨大的。在这之前，对美元的霸道和毛病大家是可以或不得不容忍的，比如美元因超量发行而引起的币值不稳等等，因为舍此之外别无选择。一旦有了欧元这一美元的竞争者或替代品，美元的脆弱性就不再为人们所能完全容忍和迁就了。许多国家的中央银行纷纷在外汇储备中减持美元而代之以欧元，还有一些国家在大宗商品交易中拒绝继续使用美元计价和结算，都可以被看作是欧元对美元霸权造成冲击的表现。伊朗总统内贾德已经宣布，伊朗未来的石油交易将以欧元结算，俄罗斯的普京总统也要建立用卢布计价和结算的石油市场。这些举措无疑都将在全球范围内减少对美元的需求，并损害美元的霸权地位。

不可忽视的"货币流通域"

在讨论美元与欧元的关系和国际地位问题时，有必要引入一个重要概念，那就是所谓的"货币的流通域"。据我所知，这个概念最早是由哈耶克于1937年在《货币民族主义与国际稳定》一书中提到的，其基本含义是指某一特定货币的流通广度或被接受和被使用的范围。显而易见的是，如果某一货币流通范围越广，对它的需求就越大，该货币的发行者获得的铸币税也就越丰厚。

美元和欧元之间的关系就是这样一种类似"零和"的博弈。大家暗中较劲的对象就是货币流通域。从过去几年欧洲债权市场的迅猛扩张，到伦敦温室气体排放权交易市场的创立，这些都是欧元侵蚀美元流通域的最好例子。我隐隐约约觉得，真正的货币战争，与其说是《货币战争》作者宋鸿兵先生眼中的那种战争，不如说是国家间争夺国际货币流通域的战争。

　　过去几百年间，中国经济步履蹒跚、起伏跌宕，基本原因之一就在于我们对货币金融问题理解不深不透不全面，以致吃了大亏。现在我们需要在认识方面急起直追。至于金融全球化，特别是推动它的背后力量，我们也不必把它们都看成是洪水猛兽。看到风险和挑战，就拒绝参与全球分工，拒斥金融自由主义，走极端民族主义和排外主义的老路，是完全行不通的。金融全球化是一个大的游戏。对于中国来说，被迫也好，自愿也罢，我们都要参与其中。中国现在面临的问题不是如何回避，而是如何运用智慧把这个游戏玩好，并且要成为这个全球大游戏的主要博弈者之一。中国人完全有能力做到这一点。如果再有足够的运气，做到这一点的把握就会更大一些。

证券市场宽幅震荡下行给经济金融运行带来的影响，一是社会财富进一步向少数人集中，低收入人群受影响更大。二是由于本轮股市涨跌速度过快，居民财产性收入的形成和缩减，没有来得及转化为居民消费，因此未对消费构成显著影响。三是证券市场供大于求矛盾突出，行政管制和市场自身调节共同使得资本市场直接融资能力大大下降。四是股市蓄水池作用逐步弱化，资金可能向房地产等其他资产市场流动形成新的泡沫。

化解和防范金融风险政策建议

张岸元　国家发展改革委员会经济研究所

现代意义的国际金融出现以来，跨国金融活动一直伴随着国际纷争、贵金属的输出入、国际货币体系的确定与维护、金融危机的国际援助、金融市场开放等，从来就不单纯是经济问题。如果我国发生金融危机，很难指望外界向我提供政治上可接受的救助。因此，有必要将金融风险防范意识贯穿于宏观调控、金融运行监测及监管的各个环节，加强金融风险预警，准备各类化解预案。

金融风险状况分析与评估

中长期存在的制度和结构性风险。政府主导的集中金融制度基础长期存在，金融资源配置市场化程度低，缺乏风险分散机制。金融剩余通过有限的信贷政策和准入政策，分配到特定部门、特定地区。地方中小金融尤其是农村金融发展滞后。银行资产质量与宏观经济及调控政策相关性过强，不良债权很容易在较短时期内形成并膨胀。直接、间接融资比例不合理。政府控制上市资源，供需矛盾突出，市盈率畸高。债券市场发展严重滞后。

监管法律不完善，监管部门间缺乏信息和政策协调，不同监管层级间存在监管偏差。混业经营背景的外资机构进入后，分业监管体制面临挑战。内外资金融机构竞争力差距悬殊，内资机构面临高端客户流失、高端人才跳槽、高端产品开发能力不足等方面挑战。

KLR 评价体系的评估。采用 KLR 模型对短期金融风险状况进行评估发现，总的来看，当前我国金融稳定体状况良好。主要风险因素包括：汇率持续快速升值，趋势逆转的可能性加大；外贸依存度过大；CPI 上升过猛，存在失控危险；短期外债占比过大；M2 和外汇占款增速仍然过猛；国内信贷扩张速度过快；直接融资能力大大下降；实际利率为负，境内外名义利率差异上升吸引热钱流入等。

金融稳定评估。外部金融风险传导方面，升值、热钱、美元贬值等因素依然存在。信用风险方面，经济减速、房价下跌等因素使得信用风险上升。市场风险方面，股指大幅回调，风险有所下降。风险偏好方面，投资者趋于理性，风险厌恶情绪上升。货币金融方面，基础货币投放速度不减，全面通胀的压力积累。宏观经济方面，增长有所放缓，过热的危险有所降低。

近期存在的主要风险因素分析

一是通胀的货币根源并未消失。如果通胀水平达到 8%、且持续时间超过 6 个月，将很难抑制。虽然不能完全从货币数量论角度分析问题，但过分强调通胀的结构性特征，可能导致对通胀严重性估计不足，采取更多微观领域措施抑制价格上涨。近年来，货币供应量持续以远超过 GDP 的速度增长。考虑到货币供应到通胀的时滞，预计年内反通胀压力下降的可能性不大。

二是价格管制无法长期持续。行政性管制对于短时期内控制物价具有重要作用，但"管制—补贴"体制无法长期持续。一旦管制放松，价格将报复性上涨。

三是输入性通胀因素依然存在。升值对于降低进口商品境内价格的作用有限。食品类商品涨价因素直接进入 CPI；铁矿石等涨价因素构成企业的原材料、燃料、动力购进指数；油气等涨价因素加大价格管制的难度。

四是中下游企业消化上游涨价因素能力近于枯竭。人民币升值及要素价格调整因素压缩下游产业利润空间，上游涨价因素向消费者传递的渠道逐步打通。近期，工业品出厂价格指数上涨正逐步接近原材料、燃料、动力购进价格指数。

内外均衡冲突严重，干预外汇市场的机制存在隐患。外汇占款居高不下。本币快速升值导致的资产负债重估损失巨大。随着美联储降息、人行持续加息，冲销成本与外储收益间负缺口上升。中国人民银行自有资本比率仅为 0.12%，继续放任潜在亏损在金融部门自我消化，将损害货币政策自主性及央行信誉。

经验表明，快速升值、热钱大量流入后，往往伴随汇率贬值、热钱流出。表面上，人行对汇率市场变动仍保持较强控制力，高额外汇储备足以应付资本流出。但动用外储美元资产变现应对贬值和热钱流出，存在极大风险，集中抛出美元资产，将导致相关产品价格大幅下跌，金融市场动荡，全球经济在失衡状况下得以运转的循环将难以为继。

证券市场大幅波动，可能引发多方面后果。2005年6月开始的本轮周期呈现出大幅波动、普涨普跌的特点。短期资本跨境流动增加了沪深股市的波动性，境内外市场波动的因果关系开始逐步形成。

证券市场宽幅震荡下行给经济金融运行带来的影响。一是社会财富进一步向少数人集中，低收入人群受影响更大。二是由于本轮股市涨跌速度过快，居民财产性收入的形成和缩减，没有来得及转化为居民消费，因此未对消费构成显著影响。三是证券市场供大于求矛盾突出，行政管制和市场自身调节共同使得资本市场直接融资能力大大下降。四是股市蓄水池作用逐步弱化，资金可能向房地产等其他资产市场流动形成新的泡沫。五是市场对调控当局提出不切实际的"救市"要求，政府很难置身事外，调控政策投鼠忌器。六是股市进一步大幅下跌可能产生难以预料的非经济后果。

国际货币体系发生危机影响我对外经济交往。国际货币体系将进一步呈现出多种货币竞争的格局。我适应新的国际货币环境尚存在困难：一是我对外经济活动多用美元结算，汇率决定、清算体系依赖于美元的中间地位；二是政府和民间累计了大量美元资产，头寸调整困难，潜在汇率损失巨大；三是本币区域化处于起步阶段，未必能够填补美元退出本区域后的货币真空；四是若香港联系汇率制变动，内地恐要承担调整责任。

房地产市场崩溃可能引发房贷危机。房地产贷款质量与市场状况及货币政策有着密切联系。一是从紧货币政策下，一些严重依赖银行信用的房地产企业存在资金链断裂风险；二是贷款购房者支付能力不足可能导致违约风险上升，与美国的抵押经纪公司相比，我国的信用体系更加不健全，对贷款者偿还能力的审核更加粗放；三是房地产市场崩溃导致出现大量负资产，新近贷款购买的房产价格下跌大约30%，部分购房者可能放弃抵押房产。

微观金融主体经营风险引发连锁反应。银行业改革以来，不良资产比例大大下降，资本充足率提升，但抵抗风险能力并没有显著提高，一旦经济增长放缓，呆坏账比例上升，银行利润可能大幅下降。一是仍依赖传统业务以及非市场化的利率差获取利润；二是资产负债的期限错配严重，资产负债和流动性管理面临调整；三是信贷追逐热门行业，房地产贷款存量和新增均都高于平均水平；四是外汇风险头寸加大，境外业务损失浮出水面。

不仅如此，我国金融机构相互持有债权规模巨大，政策性银行改革之后，原有债券评级可能发生变化，对银行资产负债造成影响。

防范化解风险的基本思路及近期政策措施

任何经济体运行都不可能完全排除金融风险干扰，管理当局的责任是尽量避免全局性风险的发生，降低系统性风险发生的概率，监管、督促、提示微观主体及时规避风险。基本思路如下。

强化金融立法，调整宏观调控部门权限，赋予公众更大监督、质询权；建立金融风险监督机构，调整监管重点；内外并重加快金融开放，审慎推进金融自由化；完善系统性金融风险的预警体系和危机处理机制；促进货币市场和资本市场均衡发展，加快直接融资体制建设，解决货币市场的结构性问题；积极参与国际金融体系的重建。

在重视金融风险的同时，提高经济运行、乃至整个社会对金融风险的耐受能力，不能因噎废食，以牺牲金融发展为代价追求杜绝风险。综合考虑诸方面因素，应从以下七个方面着手开展工作。

第一，探索建立内外均衡决策新体制，提高货币政策独立性。开放经济大国倾向于由财政部门持有外汇储备、并承担外汇市场的干预职能。我国完全照搬国外体制的条件不成熟，但方向必须明确。应沿着发行特别国债的思路，继续组织财政资金干预外汇市场，逐步降低外汇占款比重，缓解冲销压力，提高货币政策独立性。

第二，减少相机决策，制定新的货币政策规则，根据明确的货币政策框架指导落实反通胀目标。货币供应量和固定汇率制两个"名义锚"已经失效。应考虑将通货膨胀率作为货币政策的中介目标，根据明确的通胀上限、下限、持续时间，设置数量型工具、价格型工具触发点，引导市场预期。充分估计通胀风险，敢于采取价格型工具，缓解实际利率为负的状况。如果月通胀水平持续超过8%，考虑对一年期以上存款保值贴补。鉴于本轮通胀的成本驱动特征，也应加强货币政策的针对性，更多采取区域性、行业性政策，实施精确调控。

第三，切实参考一揽子货币调节汇率，准备在市场预期较为平稳的时间点扩大资本项目开放，防止三元冲突引发货币危机。切实参考一揽子货币进行汇率调节，不追随美元对其他主要货币进一步贬值。若美元反弹、人民币汇率出现相对平稳的局面，应显著降低干预外汇市场力度，扩大汇率浮动幅度，考虑推出扩大资本项目开放的非对称、结构性措施，形成"较强货币政策独立性、较高资本自由流动程度、较大汇率弹性"三者的结合，从制度上降低三元冲突引发全局性风险的可能性。此项改革可能导致短期内金融风险上升，但此关口迟早要过。

第四，管理当局进一步超脱于市场之外，采取中性政策应对国内证券市场波动。货币政策不针对资产价格，不迁就证券市场的要求，不因市场波动而变动；印花税政策回调后，不再出台新的财政政策打压或刺激市场。放松证券市场管制，不能以牺牲融资功能为代价，支撑大盘指数。

第五，坚持和稳定现有房地产金融调控政策，避免政策松动引发房价报复性反弹。严格限制境外主体直接用外汇购买房地产，规范外资房地产开发企业市场准入，控制房地产开发经营用汇总量。加强房地产企业资本金比例、居民第二套房贷款以及贷款申请者收入的核实。注意利率调整的结构性，避免贷款者还款压力过快增长。

第六，主动参与国际协调，防止国际货币体系出现大的问题。当前国际货币体系持续发生和缓、低调、但实质性的变化，市场和各国货币当局对此变动心照不宣，在是否持有美元问题上"多做少说"，或者"只做不说"。

按照目前增加股权的进度，我无法在IMF谋求与经济总量相称的地位。应稳步推进人民币区域化，加紧与周边经济体的货币合作，谋求在"10+3"集体外汇储备体制中发挥主导作用。优先考虑两岸三地、四地的集体外汇储备体制或货币互换安排，建立周边货币合作小环境。在与主要经济体战略对话中，主动涉及国际货币体系稳定问题。

第七，高度关注境外人民币相关业务的发展，支持香港成为境外最重要的离岸人民币中心。人民币在境外的沉淀及境外人民币业务的发展，对传统意义的金融稳定有负面影响，但本币区域化长远利益极大，必须推进。

一是建立和完善与周边经济体的货币清算体系；二是在继续引导人民币回流的同时，通过规范途径促进人民币流出；三是鼓励香港发展内地不具备条件但境外其他金融中心已开展的、与内地有关的衍生业务，支持香港成为境外最重要的离岸人民币中心；四是加快建设一个我方具有较强影响力、控制力的世界级国际金融中心。

尽量避免对汇率目标水平作出明确承诺。在没有足够把握稳定汇率的情况，贸然抛出外汇储备入市干预，无异于是给热钱加速外逃提供了"救生筏"。因此，为避免高额储备实质上成为"诱饵"而招致国际投机资本的主动攻击，应当避免对目标汇率水平作出明确承诺，这样可以大大加大国际投机资本进行投机攻击的风险。

货币危机：应对预案

鲁政委　兴业银行资金营运中心

货币危机发生国的历史经验

没有任何两次危机是完全相同的，我们在预测金融危机上的知识依然相当有限。尽管如此，观察总结过去金融危机的经验教训，并识别可能的预警指标，可能仍有裨益。

兰姆弗赖斯曾对拉美（1982~1983 年）、墨西哥（1994~1995 年）、东亚（1997~1998 年）、俄罗斯（1988 年）四次金融危机前的共性进行总结，发现危机发生前资金大量流入和钉住汇率同时存在；但是否存在资金大量流出、经常项目是否出现逆差，则并不足以在危机前作为时间缓冲足够的预警指标；在国内宏观经济政策取向和国内信贷扩张方面，似乎并未达成共识，但如果包括外部资金来源的信贷扩张，似乎信贷扩张过快也是四次危机前的共同特征。

然而，上述经验总结显然忽略对国际环境的关注，特别是货币中心国政策变化的关注。笔者观察发现，四次危机出现前，几乎都出现了美国联邦基金利率的提高和美元汇率反弹的情况。

2008 年 Rogoff 对 1800~2006 年包含亚、非、拉、北美、大洋洲等 66 个国家的金融危机进行了经验研究，有着更长的时间跨度。他发现在经济阶段转折点时期，几乎所有即将跨越新兴市场这个阶段的国家，都会发生大量违约事件；而高通胀、货币崩溃、经济倒退则常常与违约事件如影随形，资本流动的显著增强也常常与一连串银行危机相伴。

与此同时，商品价格与中心国利率拐点出现。商品价格、中心国利率都在主权债务的集中爆发中起着主要作用。商品真实价格的波动往往是资本流动性强弱的波动的领先指标，而后者反复诱发国际银行危机出现。

除此之外，外资的流入高峰常常伴随着外债危机的出现；商品价格的大幅下跌总是不可避免地伴随着新的主权违约问题的出现；内外债与通胀和外部违约率关系密切。

当前新兴市场金融危机发生可能性

国际大宗商品价格快速、急剧、超预期上涨，整个上涨过程充满诡异。

美元贬值应该不是油价大幅上涨的根本原因，可能只是起到了推波助澜的作用。因为已强势货币欧元标价的原油价格同样出现了大幅上涨，虽然上涨幅度逊于美元标价的水平。

规避通胀不能完全解释原油价格的上涨。因为理论上黄金是更好的保值手段，但在本轮大宗商品价格上涨的过程中，黄金涨幅远逊于原油涨幅。

新兴经济体的强劲增长不能完全解释原油的大幅上涨原因。因为假定新兴经济体经济结构相对稳定，那么，原油需求的大幅增长必然对应着其他工业金属需求的大幅增长，但其他工业金属的涨幅也低于油价涨幅。

谨防大宗商品价格特别是原油暴跌成为诱发国际金融危机的导火索之一。首先，市场心理愈加脆弱。整个上涨过程的诡异，使得油价愈发冲高，市场心理在未来愈易于受细小事件干扰而发生心神动荡，由此加大了大宗商品投资领域和大宗商品主要输出国经济和资产的风险。其次，美元汇率初步具备中期反弹条件。一旦 2008 年岁末 2009 年初美元反弹，新兴经济体回调趋势更加明显，大宗商品价格的风险将急剧上升，相关风险不得不防！第三，美国政府正在打压原油上采取连珠炮攻势，试图遏制石油的疯涨。

美联储降息近尾声，美元初步具备中期反弹条件。我们观察发现，美元汇率更多与国际资本对美元资产的兴趣和美国相对其他国家经济增长情况密切相关。这两个方面的情况都显示，美元初步具备中期反弹条件。当时的美国总统布什、财长保尔森和联储主席伯南克在汇率问题上的一系列表态，进一步加强了这种判断。过度看空美元已非常危险。

个别国家的货币贬值可能诱发"原罪"思维下其他新兴经济体的信心危机，使得原本稳健的经济也可能受到冲击，"归类"逻辑则使危机进一步扩散。

我国货币危机管理应急预案

我国拥有抵御危机的有利条件，比如依然良好的经济增长前景，较强的出口竞争力，高额的外汇储备，较稳健的财政收支，宏观当局日渐娴熟的调控能力。但越南、阿根廷、韩国等所显示出的金融脆弱性，使得我国货币危机外部输入的风险大大提高。在计算了隐含财政负担后，可能财政收支形势并不乐观。在此情况下，人民币汇率弹性节奏如何把握和控制？

加强国际合作，尤其是与美国的合作。单纯着眼于国内是不够的，必须谋求国际合作。但目前亚洲国家之间互保的"清迈协定"，不过是一群易感人群之间的互保，从根本上无助于对脆弱经济体的信用增级。传染病理告诉我们：易感人群之间应当相互隔离！信用增级理论显示：增级必须借助于相关性较低主体之间的担保来实现。考虑到当前美元国际本位币的角色以及美国在稳定墨西哥危机中所建立的声誉，应当积极谋求美国对稳定全球包括亚洲金融市场的公开承诺。

当前对形势的举措应当保持"外松内紧"，积极考虑加强外汇流动双边管制措施。面对若干新兴市场国家已出现金融脆弱性，我国暴露于输入性货币危机的风险也有所加大。为避免外汇继续大量流入可能造成的负面影响，宏观当局应立即不动声色地加强外汇流动"双边管制"：不仅加强流入管制，同时相应强化流出管制。虽然在资本管制是否有效问题上依然存在争议，但加强管理无疑大大增强了投机资本预期的不确定性，由此将在一定程度上削弱其投机动机。亚洲金融危机发生后，马来西亚率先特立独行地采取了严格资本管制，最终使得其领先于其他受冲击国家实现了经济正常化。

尽量避免经常项目真正出现逆差的情况。作为稳定市场信心的必要指标，要尽量避免经常项目真的出现逆差，必要时可以恢复出口退税、压缩进口来保证。

尽量避免对汇率目标水平作出明确承诺。在没有足够把握稳定汇率的情况，贸然抛出外汇储备入市干预，无异于是给热钱加速外逃提供了"救生筏"。因此，为避免高额储备实质上成为"诱饵"而招致国际投机资本的主动攻击，应当避免对目标汇率水平作出明确承诺，这样可以大大加大国际投机资本进行投机攻击的风险。

现在，很多人不同意放大商业银行定价的幅度，认为这样会造成商业银行的恶性竞争。如果说其他国家的金融机构都忙着为生存而奋斗的时候，我们不把商业银行放开，让它们学会定价，当外面的人调整好了自己，总结了经验教训，能够在原来的机制上更好地发展的时候，难道那个时候再让我们的商业银行来学习吗？

在金融海啸中学会"游泳"

吴晓灵　中国人民银行副行长

利率改革是中国金融运行不断完善的重要方面。利息作为重要的生产要素——货币资本的收益，在社会资源的配置中起着重要的作用。这些在马克思的著作中都有很多论述。

在计划经济时期，我们把利息作为剥削来看待，因而利率越低越好。"文革"时，还曾经提出过要取消银行利息的概念。现在，我们逐渐认识到，利率是经济运行中的重要变量。在金融改革的过程中，国家明确了利率改革的方向和步骤，对利率的管理从利率完全由国家制定，到逐步让利率由市场决定，方向就是利率的市场化。在这一改革进程中，先从简化利率种类开始，再稳步推进利率的市场化。从 1996~2007 年，人民银行累计简化、放弃了 120 多种利率的管理。利率市场化进程的顺序是，先放开银行间利率后放开客户利率；先放开外币利率后放开本币利率；在存贷款利率上，先放开贷款利率，后放开存款利率；在存款利率方面，先放开大额存款利率，后放开小额存款利率。这是我们利率改革的基本框架。

目前，我们国家已形成了两套利率体系：一套是中央银行利率体系，一套是客户利率体系。在市场经济国家，这两种利率是能够非常有效地传递的；而我们国家现在最主要的问题是，中央银行利率不能够有效地传导到市场上去。这是我们利率市场化改革最主要的关节点，是还没有完成的历史进程。

让商业银行自主定价

中国当前的问题是，有存款利率上限和贷款利率下限管理，央行控制了存贷利差，这样就使得货币市场的利率不能够有效传导到客户利率，利率传导不通畅。央行控制了存贷款利差，好处是保护了银行的盈利能力，避免商业银行用利率来进行恶性竞争；缺点是不利于提高银行的定价能力，不利于培育银行的自律精神。因此，我建议，下一步改革的措施和步骤是，要逐步放松对存贷款利差的控制，让商业银行自主定价。

首先，加大贷款下浮的幅度，现在我们把第一套住房按揭贷款利率的下浮幅度下降到了 0.7，普通贷款还是 0.9，其实完全可以让商业银行把其他贷款的利率也下浮得更多一些。其次，给予大额存款一定的利息上浮的幅度。只有利率市场化，才能让人们从各类金融工具的风险溢价中观察市场风险的状况，也才能够提高商业银行的竞争能力，因为我们国家的中资银行和外资银行比较起来最大的软肋就是我们在产品开发的时候定价能力不强，特别是理财产品，因而经常是在转售国外银行开发的产品。再次，建立政策利率向市场利率的传导机制，是建立间接调控体系的基础。我们国家现在的政策目标，本来应该是控制隔业拆借的利率，但是中国目前的状况让中央银行很为难，有大量的外汇占款，从这个渠道其实是吐出了很多基础货币。在这种情况下，我们怎样用好公开市场的工具和存款准备金的工具，把流动性控制好，这是一个很大的挑战。只有在公开市场业务上中央银行有足够的主动权的时候，才能影响隔业拆借利率，才能形成影响中国的政策目标利率。

除此以外，市场各种金融产品的定价要靠无风险收益率曲线。在国家政策目标利率下，国债的利率水平影响到其他金融工具的定价水平。包括企业要发债的时候，企业债券的利率怎么定？企业债券的利率应该在国债收益率的基础上加点形成，所以必须形成国债的收益率曲线。我们在国债发行上，期限基本是在 1 年期以上，1 年期以下的不多。因为央票发行和国债发行不能期限重合，否则容易产生利率确定上的难度。现在，央票减少发行，国债已经实行余额管理，就应该充分利用国债余额发行的机制，来增加国债发行的品种，让国债形成一个完整的收益率曲线，让商业银行和市场主体按照政策利率方向和无风险收益率曲线自主定价，这应该是我们下一步改革最重要的方面。

中国的中资银行应该在世界金融危机风暴中学会定价。现在，很多人不同意放大商业银行定价的幅度，认为这样会造成商业银行的恶性竞争。如果说其他国家的金融机构都忙着为生存而奋斗的时候，我们不把商业银行放开，让它们学会定价，当外面的人调整好了自己，总结了经验教训，能够在原来的机制上更好地发展的时候，难道那个时候再让我们的商业银行来学习吗？我认为，到那个时候，我们的商行将处于更加不利的状况。别人不利的时候，正是我们练内功的好时候，现在正是推进我国利率市场化，放开商业银行手脚，让商业银行在市场中学会游泳的最好的时机。未来金融改革从三方面开展。

我认为，中国金融改革要转变三个理念：一是应该区分开公民的财产权利和金融机构的功能；二是应该区分宏观的货币调控和微观的金融活动；三是应该科学地界定监管的边界，什么事情该监管、什么事情不要过度监管；在监管中我们也应该妥善地处理创新与监管的关系。

应该尽快稳步推进利率市场化。只有要素价格市场化以后，才能够发挥市场配置资源的作用，资金是重要的要素，而我们现在还没有市场化。如果利率不能市场化，就不可能建立货币政策的传导机制，也不可能实现完全的间接调控。当然，间接调控并不意味着不可以在非常时期使用行政手段。在任何时候，有形的手和无形的手都是需要的，只是在不同时期重点不同、搭配不同。

金融业是一个经营风险的行业，它要管理风险，控制风险。如果管理控制不好风险，就会制造风险。金融危机就是因为金融机构在内控机制、风险管理方面不好而造成的，因而推进微观主体的治理结构改革和完善治理结构至关重要。也就是说，未来的金融改革应该从三个方面开展，一是转变理念，二是从宏观来说，没有利率的市场化，就没有宏观的货币政策的传导机制和实施环境，三是在微观上，如果没有金融机构改革和治理结构的完善，就没有金融稳定的微观基础。

国经济发展的内在动力，不是大量的资本，不是便宜的人力资源，也不是大幅贬值的人民币，而是制度变革。

土地收入：一笔没算清的账

● 不少城市动不动搞"国际化大都市"，大广场、大雕塑、大立交、双向 8 车道，这种跃进式的城市改造给当地的居民和农户带来了什么样的影响？

● 城市土地收入没有纳入预算管理，是小金库，可以摆脱人大监督。地方政府在"土地财政"上屡尝甜头，这是不是各地招商引资、大兴土木的利益源头？

为什么用于廉租住房保障资金很少，一个重要原因就是土地收入还没有纳入预算管理，是政府的小金库，可以摆脱人大、社会监督，从而能任意地占用、挪用、侵占或减免。正因为土地收入没有预算管理，是政府的小金库，所以一个城市究竟有多少土地收入，土地出让净收益是多少，往往是一笔糊涂账。

71.18%土地收入用在哪了？

肖华　江苏建湖县庆丰镇宣传办

审计署公布的国有土地使用权出让金审计调查结果显示，京津沪渝穗等 11 个城市土地出让管理存在严重问题，其中"以租代征"农民集体土地 1 541.05 公顷建高尔夫球场和别墅；另外，土地出让净收益有 1 864.11 亿元未按规定纳入基金预算管理，占 11 城市土地出让净收益总额的 71.18%。

土地出让净收益按规定都应该纳入基金预算管理，可是 11 个城市竟有 71.18%——1 864.11 亿元未按规定纳入基金预算管理！其中，9 个城市违规、减免、变相减免出让金 47.88 亿元，占 9 城市出让金征收额 2 204.61 亿元的 2.17%；以先征后返、为用地单位缴纳出让金以及降低地价出让等方式变相减免出让金 25.34 亿元，占 52.92%。个别城市还为招商引资向企业"零地价"出让工业用地。

《国务院关于解决城市低收入家庭住房困难的若干意见》规定，土地出让净收益用于廉租住房保障资金的比例"不得低于 10%"，可是截至 2007 年 11 月底，全国累计投入的廉租住房资金仅有 154 亿元。在 154 亿元资金中，2007 年 1~11 月投入了 83.2 亿元。如果考虑其他资金，如住房公积金增值收入、社会捐赠等，恐怕土地收入用于廉租房建设会更少。

为什么用于廉租住房保障资金很少，一个重要原因就是土地收入还没有纳入预算管理，是政府的小金库，可以摆脱人大、社会监督，从而能任意地占用、挪用、侵占或减免。正因为土地收入没有预算管理，是政府的小金库，所以一个城市究竟有多少土地收入，土地出让净收益是多少，往往是一笔糊涂账。多少年来，全国一共究竟有多少土地收入，没有一个确切的数字，这次国务院发展研究中心"中国土地政策改革"课题组成员、山东财经大学经济学博士刘正山说，2007 年全国土地出让总价款为 9 130 亿元以上，恐怕这个数字未必就能得到有关部门的认可。就拿 2006 年来说，国家审计署一位高层在一次内部讲话中引用的数据是：2006 年全国土地出让金收入为 7 000 亿元。但也有机构估计，2006 年全国土地出让收入保守估计超过 1 万亿元，两者就相差 3 000 亿元。

当土地收入成为一笔糊涂账的时候，土地出让净收益用于廉租住房保障资金的比例"不得低于 10%"岂不是一句空话。11 城市土地出让净收益的 71.18% 未按规定纳入基金预算管理，我们完全可以想象出在廉租住房保障资金等方面支出是多么少。

许多城市在谈到城市廉租住房建设过程中，都声称缺资金。在此前的 2005 年的检查当中，很多未建廉租房的城市给出的理由都是资金问题，甚至有地方政府提出中央财政是否可以给予支持。事实真的如此吗？一些城市之所以缺资金，恐怕就是因为大部分土地收入未纳入基金预算管理，只有一小部分纳入基金预算管理。在一这小部分中拿出其 10% 建设廉租住房，能不缺资金吗？

有关部门还应该查查那些大量的未按规定纳入基金预算管理的资金究竟用在什么方面，有没有按国家规定拿出一定比例用在城市廉租房建设等民生方面，如果没有，还要补上。恐怕只有这样，审计才能突出更多的民生意义。

全国不少城市为了追求大气派，建设国际化大都市，把大量农民迁走，搞大绿地、大广场、大雕塑，建双向 8 车道甚至是 10 车道的大马路，大立交。而在人均土地资源丰富的美国也少见中国城市建设中的这种大手笔。

冒进城镇化中的土地问题

元硕　中国经济体制改革杂志社

城镇化超出正常发展轨道

城镇化标志着一个国家经济结构、社会结构和生产方式、生活方式的根本性转变。改革开放以来，国民经济的持续高速增长、经济全球化等带动了我国城镇化的快速发展。然而，近 10 年来，城镇化步伐却超出了正常发展的轨道，城镇化的质量并不尽如人意，虚假城镇化、贫困城镇化问题逐步突显。特别是在追求 GDP、追求政绩的大背景下，只要城镇化框架搭建起来，无论"内容物"填充的是什么、填充得怎么样，似乎都不再重要。于是，一系列社会、经济问题由此而生。

在北京大学林肯研究院城市发展与土地政策研究中心成立大会上，中国经济地理学会理事长、著名经济地理学家陆大道大声疾呼："中国需要循序渐进和资源节约型的城镇化。"

然而自 20 世纪 90 年代以来，有关城镇化的主流观点一直是：我国的工业化超过了城镇化，城镇化滞后了。特别是面对农村人口太多、城乡不合理的二元结构，需要实行"快速城镇化"的方针。同时还以国际经验作为例证——城镇化水平在 30%~60% 是城镇化加速发展的阶段。到了 2000 年，当中国城镇化率达到 36% 时，"中国正处在需要'加速'和可以'加速'时期"的论断几乎把持了全部的话语权。

随着全国范围内实施的"地改市"、"县改市"的设市政策，仅 1993~1996 年 3 年中，全国设市城市就由 570 个增加到 666 个，平均每年增加 32 个城市。虽然"九五"

时期是我国城镇化高速发展时期，但是进入"十五"时期，快速行驶中的城镇化列车又一次被"加速"。

按照国家统计局的数据，1990~1995 年，我国城镇化水平每年提高 0.52~0.53 个百分点，而 1996~2001 年，城镇化水平每年提高 1.43~1.44 个百分点。其中，1995~1998 年这 3 年，全国城镇人口每年增加约 2 500 万人。可以说，无论是 1996 年为实现宏观调控目标，中央政府实行的国民经济"软着陆"政策，还是 1998 年爆发的亚洲金融危机，都未能放缓已开足马力前进的城镇化步伐。

2001 年开始的"十五"计划继续强调"随着农业生产力水平的提高和工业化进程的加快，我国推进城镇化的条件已经成熟，要不失时机地实施城镇化战略"，使本来已经高速行驶中的城镇化列车进一步"加速"。从 2000~2005 年 5 年，城镇人口由 4.56 亿增加到 5.62 亿，每年新增 2 100 多万人。如此巨大的城镇人口增长规模，给城镇就业、产业支撑、城镇基础设施供应及资源环境等带来巨大压力。

那些长于讲国际经验的人并不屑于为人们揭开各国城镇化都会经历漫长历史过程的事实，于是，在提出和规划"大"的背景下，规划和建设"大市"几乎遍及全国各省、区、市。

事实上，各国城镇化大都经历了漫长的历史过程。城镇化率从 20% 提高到 40%，英国经历了 120 年（1720~1840 年），法国 100 年（1800~1900 年），德国 80 年（1785~1865 年），美国 40 年（1860~1900 年），前苏联 30 年（1920~1950 年），日本 30 年（1925~1955 年），而我们仅用了 22 年（1981~2003 年）。这个过程要比发达国家的平均水平快一倍多。况且这些国家人口少，需要解决就业的人数也很少。

陆大道认为，在城市每年需要提供 1 000 万以上就业岗位的发展是不可能的，现在应该掉头了。因为城镇化不是一个简单的操作，它涉及产业的转型和新产业的成长、城乡社会结构的全面调整以及庞大的基础设施建设、资源环境的支撑以及大量的立法、管理问题、市民素质提高问题等。

欧美各国城镇化的进程值得我们认真总结。比照我国今天的具体国情，可以清楚看到，大大超过欧美的发展速度是不可能的，城镇化是一个长期积累发展的渐进过程。我们在制定城镇化方针、政策时，需要清晰地考虑，我国有没有条件在城镇化速度方面大幅度超过西方发达国家的历史进程。

"冒进"仅使土地城镇化而非人口城镇化

城镇化追求的目标是"人口城镇化",也就是让新增的城镇人口在教育、医疗、保险、居住等各个方面真正享有市民权利。

在"九五"和"十五"的城镇化发展过程中,与"人口城镇化"目标相悖的是"土地城镇化"速度过快,城镇发展空间严重失控。根据建设部门专家的数据,1991~2000年全国城市建设用地,每年平均增加150多万亩,2001年在300万亩以上,2002年上升到500万亩左右。沿海各省市2010年的土地指标在2001年已经用完。根据国土资源部门的数据,在1997~2000年,平均每年建设占用耕地为270多万亩;而在2001~2005年,该数据已增加至328万亩。可见,在过去10年间,我国各类建设滥占耕地呈现愈演愈烈之势!

陆大道表示,冒进式城镇化导致城镇建设用地盲目扩张和无序蔓延,过度侵占了大量的优质耕地,耕地面积大幅缩减,对粮食安全构成潜在威胁。成片毁掉民居和优质耕地,形成了大量失地农民与城市边缘人群,带来城乡对立、社会冲突,危害社会安全与发展。据估计,2000年全国已有5 000万农民失去土地。在2001~2004年4年间,全国又净减少2 694万亩耕地。按劳均4亩耕地计算,相当于增加了670万农业剩余劳动力。如果按照这种趋势发展下去,到2020年还将有6 000万农民失业和失去土地。

据陆大道介绍,2005年,我国进城务工的农民工数量已达1.3亿人,约占全国总人口的10%。这群规模巨大的农民工虽然在统计上已被计算为城镇人口,被城市化了,但他们的户籍仍是农业人口,也不能平等享受政府为当地城镇居民提供的就业、教育、社会保障、医疗卫生等公共服务。

城市化水平本该由经济发展水平和就业岗位的增加来决定。目前超出经济发展与就业增长能力的过快、过高的城市化,在相当程度上并不是由工业化来推动的,在其背后是相当数量失去土地的农民和人口的失业,是虚假的城市化和贫困的城市化。一些地区的城镇化完全是通过行政区划的调整,把原来的乡简单地直接划到城镇,基本没有产业支撑,成了城镇人口的"老乡们"还是靠农业生活。由于土地价格低廉、补偿不到位,农民利益受到严重侵害,甚至陷入"种田无地、就业无岗、低保无份"的"三无农民"境地。

土地城镇化使过度城镇化成为可能

与空心的城镇化形成对比的是过度城镇化。在以土地扩张为特征的土地城镇化浪潮支撑下，城市人均综合占地水平迅猛提升。2000年，我国人均耕地只有世界平均水平的47%，是澳大利亚的1/30，加拿大的1/19，俄罗斯的1/9，美国的1/8，但在冒进式城镇化的推动下，城市人均占地竟达到了110~130平方米。这是大多数人均耕地资源比我国多几倍乃至10多倍的欧美发达国家的水平。

全国不少城市为了追求大气派，建设国际化大都市，把大量农民迁走，搞大绿地、大广场、大雕塑，建双向8车道甚至是10车道的大马路，大立交。而在人均土地资源丰富的美国也少见中国城市建设中的这种大手笔。据陆大道介绍，在美国、欧洲，大立交不是作为公路运输枢纽来设计，而是作为城市一大景观对待的。他还列举东京、香港的例子说："东京的城市人均综合占地（不是指人均居住小区占地，包括道路、广场等）只有78.7平方米，香港特别行政区人均建设用地才35平方米。而在这样的标准下，那里的人们依然保持了很高的生活质量和居住环境水平，它们仍是世界上最有竞争力的城市。"

城镇化需要循序渐进，需要资源节约

作为国家"十一五"规划专家委员会成员的陆大道介绍道，中央"十一五"规划建议里，有一段话是这样讲的，"城镇化要循序渐进，集中土地，集中用地"。根据中国的发展现实，他的建议如下。

城镇化速度不能很快。依据我国各个发展时期特别是20世纪80年代初至90年代中期的经验，参考国际上的经验，今后城镇化率每年只能考虑提高0.6~0.7个百分点。不同区域的城镇化发展速度应该有所差异。据研究国家中长期科技规划的专家计算，今后城镇化率按年均增长1个百分点预测，2020年将达到57%，城镇总人口8.28亿。年均增加城镇人口1 811万人。这种城市发展的压力是巨大的。

城镇人均占地必须实行低指标。建议以人均60~100平方米作为我国城镇综合用地的适宜区间。要根据人口、经济密度和人均耕地等指标，在全国范围内划分若干大区，确定适宜的控制指标。

在稳妥推进城镇化的同时建设好广大农村。走健康城镇化与新农村建设相结合的道路是我国最适宜的选择。鉴于我国农村人口基数巨大、城镇化与耕地保护矛盾突出，城镇人口就业压力巨大，资源环境承载力已接近饱和的基本国情，城镇化率的目标不一定非要像发达国家一样达到70%~80%或更高。

一定要实行资源节约型的城镇化原则。我国的城镇化需要严格按照循序渐进的原则，采取资源节约型的发展模式，走一条"高密度、高效率、节约型、现代化"的城镇化道路。为了实施这样的发展道路，需要对我国城镇化的进程、标准、指标体系、规模结构、区域差异，城乡关系等等方面进行进一步长期的跟踪和研究。

经济增长的 GDP 追求模式和地方官员政绩评价的唯经济增长范式，催生了各地区党政官员对招商引资的狂热迷恋、相互比拼，而地区之间的巨大差异使得大量的工商投资项目特别是大型投资项目纷纷选择入驻那些相对发达的地区。

异地耕地置换正愈演愈烈

于代松　西华大学经济与贸易学院教授

异地耕地置换，是指某地因经济的快速发展导致工商项目不断入驻、城市建设不断扩张，需要大量占用土地，但受制于"保持耕地总量动态平衡"的政策限制，且本地又缺乏可开发、补充耕地的后备土地（主要是未利用土地），便寻求在上级土地管理部门通融下与土地供应相对充足的相对落后地区协商，由后者提供耕地补充（指标）、前者提供必要的经费补贴，达到在更大行政区域内耕地占补平衡的条件下，相对发达地区取得对土地（耕地）占用的目的。

异地耕地置换产生的原因

地区之间土地价值的巨大差异。由于区域之间竞争的巨大落差，相对发达地区在区位、配套设施、产业条件、市场消费等方面的优势，使得项目、资金、人才、消费等聚集、拥挤到这里，必然导致对土地的巨大需求从而拉动当地土地价值不断攀升。相对落后地区土地利用有限、土地价值不高，又存在着一些几乎没什么现存价值的后备土地（可变成耕地）。在客观上造成土地价值的巨大差异，如果能打破空间距离实现"异地耕地置换交易（指标）"，无疑是天底下最具价值、最有诱惑、最不可抗拒的交易。

招商引资项目落户地区相对集中。经济增长的 GDP 追求模式和地方官员政绩评价的唯经济增长范式，催生了各地区党政官员对招商引资的狂热迷恋、相互比拼，而地区之间的巨大差异使得大量的工商投资项目特别是大型投资项目纷纷选择入驻那些相对发达的地区。使这些地区本就狭窄的土地利用空间必然产生巨大的土地供应缺口，其先发优势带来的经济、政治、市场优势地位必然帮助其打通土地瓶颈、克服土地政策障碍，异地耕地置换就在这样的情势下走向前台。比如四川省连续几任一把手都提出"工业强省"发展战略，成都、德阳、绵阳成为工商业发展主要区域，为这些地区解决土地问题成了全省的重要工作，相关地区、部门也默契地参与、努力促成越来越多的异地耕地置换。

土地政策给予的操作空间。本来异地耕地置换有一个最大的障碍、限制，就是"保持耕地动态平衡"、确保 18.3 亿亩耕地保障线的国家土地政策。但是该政策只是泛泛提出耕地数量目标，没有区位、质量、使用效率方面的指标要求，这就给了地方政府和土地管理部门进行异地耕地置换的政策操作空间。因此，异地耕地置换便成了解决地方经济发展中土地问题的灵丹妙药。

"土地财政"成为地方政府主管运行模式。近年来伴随经济的快速发展，地方政府特别是相对发达地区政府的钱袋子（地方可支配财政收入）越来越依赖土地，"土地财政"早已成为一些地区的主要运行模式。因此，尽量获得更多的土地征用指标，最大限度地把当地土地转型为工商业用地和建设用地，获取尽可能多的土地转让收益，成了先发展地区的事实追求之一。同时，相对落后地区政府税入极为贫乏，财政转移只能满足生存，此外几乎没有其他生财渠道，如能简单开出荒芜之地作耕地（供给）指标卖给其他地区，是难得的生财之道，何乐不为呢？土地主管部门一方面出于支持地方经济发展的"大义"，另一方面很难拒绝耕地（指标）需求和出卖方实现异地耕地置换强烈愿望驱使下的有力游说，而且支持这种交易（活动）的本部门收益也不菲，自然乐见其成了。

异地耕地置换愈演愈烈

正是因为异地耕地置换背后蕴藏着如此巨大的经济利益，所涉及各方自然一拍即合。近年来，异地耕地置换受到各地追捧、愈演愈烈，甚至成为地方经济、社会发展中解决土地制约问题的一项经验、政策得到欢迎、推广。主要表现如下。

首先，规模越来越大。以前异地耕地置换是在个别地区、满足特殊项目而发生的偶然现象，涉及耕地数量、规模也有限，几十、几百亩为主，上千亩的不多。近年来一下成了各地特别是相对发达地区大城市周边地带的普遍、大规模现象，成百上千甚至上万亩地依靠异地耕地指标补充成片占用当地耕地已很正常。以成都市为例，绕城路内外几十平方公里的原耕地相当部分通过异地耕地置换解决了征用问题。

其次，区域跨度越来越大。前几年异地耕地置换主要发生在县域内，近年来上升为市域内、省域内甚至个别重点项目通过全国不同省区的异地耕地置换解决，空间上、距离上的不断突破，为异地耕地置换提供了加速的条件。

最后，参与者越来越积极。原来异地耕地置换主要由涉及（项目）企业操作，地方政府（耕地指标引进、输出方）配合，土地主管部门睁只眼、闭只眼勉强通融。近年来，因土地压力增大，异地耕地置换利益突显，企业活动（力）加强，地方政府强势出击，土地主管部门有效配合甚至主动介入（设专门办理机构），催生出普遍、大规模、经常性的异地耕地置换。

大规模异地耕地置换危害重重

损害耕地质量、危及耕地安全。因为相对发达地区被占用耕地在地形地貌、区域位置、配套设施、土壤质量、利用效益等方面都远远优于异地开发、作为补充的耕地。再有就是异地补充耕地往往在乎的是耕地指标、数量的配比，完成任务了事，不大关心补充来的耕地质量、产出、利用、保护。所以，异地耕地置换在整体上会导致耕地质量的不断下降，同时导致耕地最低保障线（国务院确定为 18.3 亿亩）成为数字游戏式的数量达标，但耕地质量及产出能力迅速下降。

耕地使用效率及产出下降。由于出让耕地（指标）地区相对偏僻、落后、住民稀少且青壮年外流，本来原有耕地就不太受重视、耕作不够有力、产出较低，为完成置换任务而开发、整理出来的新耕地更不受重视，当地农户可能（只能）在一点点的利益驱使下像完成任务式地应付这些新增耕地，新增耕地甚至成片撂荒。

危及土地生态。事实上，那些提供耕地（指标）的地区多属于落后山区，可开发、整理为耕地的土地资源也较为有限，但在利益的诱惑、驱使下却大面积地去开发坡地、草地和生态脆弱的未利用土地，这必然危及未来的土地生态。以四川省攀枝花为例，近年来大面积的山地（坡、台地）被开发或转化为耕地，这些原来的牧草地、荒草地尚有表层植物覆盖或土壤相对板结而不易受雨水冲刷流失，改变为耕地使用后导致表层松动且经常翻动，留下隐患。

拉大区域之间差异。通过异地耕地置换让相对发达地区突破了土地瓶颈，区域竞争的马太效应继续快速释放，在强化区域经济聚集的同时，也拦截了本来可能适合但选择落后地区投资建设的产业项目、资金、消费（市场）、人才，也延缓了落后地区改善基础条件、发展环境的步伐。

腐败操作。由于异地耕地置换存在巨大的利益空间，参与其间的企业、"购买"耕地（指标）地区政府、"出卖"地区政府、上级土地主管部门都有极大的动力来推动这样的交易。以四川省成都、攀枝花耕地置换为例，成都要获得耕地（指标）需要上级土地部门支持，攀枝花争取耕地开发出让指标也需上级土地部门首肯。要大规模、跨区域、多次性地促成耕地置换，需要绕开相关的法规、政策限制，这时相关机构特别是土地主管部门可能被动或主动地卷入利益分享，利用自身的权力、地位配合完成一些"合法"的耕地置换交易，其中的腐败操作空间不容忽视。

> 小部分农户在获得补贴后，并没有按计税面积种植粮食，难以做到农户"粮田非粮化经营"的制度化约束，存在粮食直补、重补"农户"、轻补"粮食"的现象。

农业补贴政策实施效果调查

农业补贴政策执行情况调查课题组

2004 年以来，中央先后实施了对种粮农民的直接补贴、良种补贴、购买大型农机具补贴、农业生产资料综合直补政策。江西处于中部欠发达地区，是国家 13 个粮食主产省之一，也是近几年来国家扶持"三农"重点区域之一。2007 年江西省继续加大对农业的补贴力度，扩大扶持范围。其中种粮直补 6.09 亿元，水稻良种补贴达 4.46 亿元，农机购置补贴资金达 1.02 亿元（比 2007 年增加 7 200 万元）。这些补贴政策的效应如何？课题组对江西省粮食主产县 266 中小规模种粮农户、120 种粮大户进行了问卷调查，并对几个县农业局进行了函调和座谈。

对种粮大户粮食生产的影响

我们对耕种面积 100 亩以上的种粮大户共发放问卷 150 份，收回有效问卷 120 份。

调查发现，2007 年与 2006 年相比，种粮大户粮食种植面积增加、减少、不变现象并存。40%的大户种植面积增加，12.5%的大户种植面积减少，47.5%的大户种植面积不变。被问及粮食种植面积增加或减少的原因时，在种植面积增加的大户中 93.75%认为是粮食涨价，6.25%的大户认为是粮食补贴增加；种植面积减少的大户中 80%认为是粮价不稳定，20%的大户认为是农药化肥价格上涨过快。可见，粮价涨跌是影响大户粮食种植面积增减的首位因素，而粮食补贴的影响力非常小，这主要是因为各地实行粮食补贴的力度和标准不一样。在被调查的 120 户种粮大户中，获得粮食直接补贴的有 40 户，占 33%；获得良种补贴的有 63 户，占 52.5%；获得农资综合补贴的有 42 户，占 35%；获得其中两项及以上补贴的大户比例不到 10%。由于粮食补贴政策中只按计税面积补，种粮大户转包承包户的种田补贴转移完全由流转双方协商解决，因此,种粮大户是否能得到补贴及制度化的保障。

粮食生产效益及收入水平。2006 年种粮大户纯收入 5 万元以下的比例为 32.6%，5 万~10 万元的比例为 54.2%，10 万元以上的比例为 13.2%；其中粮食收入占纯收入比例：在 50% 以下的大户有 12 户，占 10%，51%~89% 的大户有 21 户，占 17.5%，90% 以上的大户有 87 户，占 72.5%。说明粮食给种粮大户带来了经济效益，且种粮大户基本上以粮食种植为主业，其他收入来源很少。

对粮食扶持政策有所了解，但不全面、准确，多数大户对具体政策内容说不清楚。大户对问卷所列举的种粮直接补贴、良种补贴、农资综合直接补贴、购买农机具补贴、粮食最低收购价政策四项扶持政策中，了解 1~2 项的有 70.5%，了解 3~4 项的有 47.5%。

认同以播种面积计算粮食补贴的方式。目前普遍实行的粮食补贴的方式主要有三类：以出售商品粮数量计算、以承包地计税面积计算和以播种面积计算。被调查的大户中 45% 的大户认为以播种面积计算的方式更合理，37.5% 认为以出售商品粮数量计算的方式更合理，17.5% 的大户认为以承包地计税面积计算的方式更合理。

对信贷评价非常低，粮食生产资金来源以自有资金为主。17.5% 的大户通过向信用社贷款进行粮食生产，30% 的大户向亲戚朋友借款进行粮食生产，52.5% 的大户以自有资金进行粮食生产。在自有资金不够时，优先考虑向亲戚朋友借款，向信用社贷款的比例很小。实地访谈时了解种粮大户贷款仍然很难，购买生产资料一般采用赊账的形式。种粮大户对信贷服务的评价非常低，认为满意的为 0，比较满意的有 15%，不满意的比例高达 85%。

最需要政府提供技术服务。在问及目前最需要政府提供的服务时，54.2% 的大户需要技术服务，30.3% 的大户需要信贷服务，9.2% 的大户需要销售服务，6.3% 的大户需要其他服务，这说明技术难题已成为种粮大户发展规模经营的重要制约因素。

最担心粮食价格下跌、生产资料上涨过快。55% 的大户认为当前粮食生产最担心的是粮食价格下跌，40% 的大户最担心生产资料上涨过快，并反映近年来各类农资价格的年均涨幅普遍在 15% 以上，另有 5% 的大户最担心补贴政策会变。这说明粮食补贴政策并不是影响大户粮食生产的重要因素。

普遍不希望子女继承父业。在被问及是否希望子女继承父业时，71.2% 的大户选择"否"，18.6%的大户选择"是"，也有些大户补填上"看小孩自己发展"。

参加种植粮食保险和粮食生产与销售合作组织的愿望较迫切。在被问及"如果政府对种植粮食保险补贴合理，您是否愿意参加保险"时，87.5%的大户回答"是"，12.5%的大户表示不愿意。另外95%的大户愿意参加粮食生产与销售合作组织，希望通过提高组织化程度来提升在生产要素、生产技术、粮食销售上的互助合作，以增强抵御自然和市场风险能力。

对一般农户粮食生产的影响

我们共发放问卷300份，收回且有效问卷266份。调查发现：种粮农户对目前种粮直接补贴的标准满意度较高，但粮食补贴的有无对种粮农户的种粮面积影响不大。对目前种粮直接补贴，选择满意或比较满意的为200户，占总数的75.2%，选择不满意的为66户，占总数的24.8%。但近一步问及如果没有粮食补贴，您家种植粮食的面积时，选择不变的为196户，占总数的73.7%，选择减少的为64户，仅占总数的24.1%。

种粮农户对某些农业补贴政策的作用效果评价不高。有65%的农户认为粮食补贴对增加家庭收入的作用不大；有47%的农户认为购买农机具补贴对提高种粮机械化水平的作用不大；有54.1%的农户认为农资综合直接补贴对稳定种粮收益的作用不大。

农业补贴政策存在的主要问题

补贴力度小，对农户种粮的激励作用弱。虽然2007年的粮价高，江西多数县每百斤稻谷，早稻可以卖到85元左右，中晚稻可以卖到90元以上，而农资涨幅不太大，多数农户每亩种粮纯收入较2007年有所增长，可以达到400元至500元。粮食直补、良种补贴、农资综合补贴每亩总计，种植双季稻补贴接近80元，单季稻接近60元。种植经济作物，一般是种粮收入的两倍以上。近年来，务工收入较高，每天50~80元，每亩补贴只相当于农民一天的打工收入。相对于种植经济作物或务工收入，种粮效益偏低，对一般农户来说，补贴对种粮的激励作用弱化，但种粮大户仍然渴望得到农业补贴。

补贴对象不够明确，补贴政策的增粮效应弱化。一是按照计税面积补贴，等于低产田与常产田、高产田同样得到补贴，不能体现粮食质量、粮食产量和管理水平的高低，特别是滨湖地区税外面积（例如南昌县有 20% 的税外面积）得不到补贴，不利于耕地利用，也有失公平。二是良种补贴没有真正按照良种种类而是按照计税面积进行补贴，使良种补贴的对象为全体农民，实际上是一种普惠制补贴，不利于推广新品种、新技术。三是种粮大户的粮食补贴得不到兑现。江西鄱阳湖地区种粮大户多数是承包税外农田，其他粮食主产区大多是转包外出外工农户的农田，税外农田没有补贴，转包其他农户的直接补贴多数是原承包户得到，虽然有些县市种粮大户在基础设施方面得到地方政府的支持，在与转出户的合约中不少种粮大户也得到良种补贴、农资综合补贴等补贴，但总体上种粮大户的粮食补贴缺乏制度化的保障。

补贴实施事后监督成本和难度很大，增粮增收的双重目标难以同时兼顾。粮食补贴的实施，涉及财政部门、农业部门、金融机构，为了实施方便，减少成本，目前普遍实行一卡通和一折通，并且有些补贴例如良种补贴、种粮直补，一般根据计税面积由财政部门事前直接下达补贴，这对于农户抢农时是一件好事。但由于信息不对称，千家万户的小规模生产，由农业部门事后核实面积，确实难度很大，监督成本很高。难免有小部分农户在获得补贴后，并没有按计税面积种植粮食，难以做到农户"粮田非粮化经营"的制度化约束，存在粮食直补、重补"农户"、轻补"粮食"的现象。

"绿箱"政策补贴不够，农业补贴配套措施缺乏。例如，符合绿箱政策的粮食质量标准体系和检测检验体系建设、农田水利、粮食生产保险和信贷、粮食科技、自然灾害救济等方面的补贴，有待于进一步加强。农村劳动力转移培训和新型农民科技培训也存在着面不够宽的问题，2007 年江西省阳光工程实施 83 县，培训人次仅为 25 万人；新型农民科技培训实施 28 县，培训人数仅为 3.72 万人。实地调查中了解到，农业抵御自然灾害能力很弱，农村对农业水利建设投入要求迫切。

十七届三中全会把土地流转提到这样一个高度之后，地方官员可能会好像拿到一个尚方宝剑，把土地流转当做政绩来追求，农民的意愿和声音更会遭到漠视。如何防止这种问题普遍发生？

这是农民组织兴起的时代

于建嵘　中国社会科学院农村发展研究所社会问题研究中心主任

　　30年前，小岗村率先提出包产到户，冲破人民公社制度的平均主义，而30年后，小岗村的农民顺应时代，形成土地合作组织，由单打独斗回到集体力量。小岗村的变化对中国广大农村有什么样的影响和意义？日前，《中国改革》记者采访了刚从小岗村调研归来的中国社会科学院于建嵘教授。

　　《中国改革》：作为农村改革的前行者，小岗村从30年前强调个体积极性，到现在重视集体力量，小岗村的这一变化对于广大农民来说，所处的是个什么样的时代？如何才能把握时代机遇？

　　于建嵘：小岗村是中国农村改革的一个符号。小岗村30年前发起的家庭联产承包和今天实行土地流转、走向合作经营，并不矛盾。自由和合作都是人类的天性，是人类的权利。30年前他们强调个体积极性，是因为那时的人民公社制度大大束缚了他们的自由和生产自主性，肆无忌惮的剥夺了他们的劳动果实，打击了他们的劳动积极性。在这种情况下，他们的包干到户正是要重新获得自由和生产自主，政府肯定了他们的改革并在全国范围内推广，是符合历史潮流的。

　　但是我们知道，小岗村的包产到户以及随后的家庭承包制，立竿见影地解决了他们的温饱问题，但是30年来小岗村并未致富。一家一户的农业经营可以保证较高的土地生产率，但是劳动生产率却是极低的。没有其他的收入来源，单靠一亩三分地的务农经营，农民致富基本不可能。再者，30年来，中国市场经济体制基本建立起来，农民早已被迫卷入了市场竞争，一家一户的农民抵御市场风险的能力太弱。所以，农民要进行合作，包括小岗村在内的中国农民在土地流转上都可以在遵循自愿进入和自由退出等合作原则的前提下，实行合作，成立土地合作组织。

《中国改革》：面对市场的风险，作为政府，可以采取什么样的措施来保证农民的生产积极性？

于建嵘：一般而言，在市场竞争体制下，能由市场解决的问题就由市场来解决，政府不要做全能政府。农民进入了市场，他们也要在市场中接受锻炼和考验。但是，这并不是说政府就可撒手不管，农业作为弱势产业，农民作为弱势群体，帮助农民抵御市场风险、增加农民收入是政府的职责所在。

针对市场风险对农民生产积极性造成破坏这个问题，我想中央和各地政府都可以有所作为。首先，要继续加大对农民的生产补贴，加大投入完善农村基础设施的建设，这些既不违反 WTO 规则的约定，恰恰相反，WTO 规则中的"绿箱政策"，就是对农民和农业补贴的额度，我们用得远远不够，税费改革前甚至是反运用，美、欧、日等各国都是保护农业，我们国家反而是掠夺农业；其次，政府可以在农业保险和农村金融改革上有所突破，尤其是农业保险可以减少农民在市场风险、自然灾害中受到的损失，但因为农业的特殊性和它面临风险的系统性，农业保险政策的推行不能是市场行为，不能由保险公司来主导（他们毕竟是逐利的企业），而应该要各级政府负责绝大部分的支出。其他，如政府帮助农民建立现代合作组织、创造健康的法治环境等都有助于农民参与市场竞争。参与国际竞争的农产品，政府在关税、法律援助上都要有一套完备的应急机制。

《中国改革》：对于实行土地流转、规模经营，您有什么预见性的建议？

于建嵘：我想，农村土地流转最乐观的局面就是在保护农民权益的基础上，实现适度规模经营，增加各种农产品总产量，提高农民的财产性收入，有利于农民流动，为现代农业的发展打下坚实的基础；最坏的后果是中央出台的这一规则和制度，被一些强势集团利用，出现土地兼并，农民失地问题更加严重，土地的用途被非法更改，乃至冲击粮食安全等。在进一步深化农村改革的过程中，针对土地流转我们应该做的就是制定严格的相关配套法律规章并严格执行，促进乐观的局面出现，预防坏的后果发生。

土地流转过程，有三个比较普遍、比较严重的问题值得注意。

第一是地方政府以促进土地规模经营的名义，违背农民的意愿，强迫进行土地流转，甚至借土地流转谋取私人利益。因为农村土地的实际控制权很大程度上在基层政府及其官员手上，往往是部分官员代行土地的集体所有权。十七届三中全会把土地流转提到这样一个高度之后，地方官员可能会好像拿到一个尚方宝剑，把土地流转当做政绩来追求，农民的意愿和声音更会遭到漠视。如何防止这种问题普遍发生？我想最关键的就是如十七届三中全会公报所说的，农村的土地流转以农民为主体，遵循农民的意愿，在平等、自愿、有偿的原则前提下实行流转，切实保护农民的土地权益。这个必须有相应的法律规章来保证。

第二是土地流转过程中，规模经营所取得的收益，大部分被规模经营户和政府及其官员拿走了，农户自己只得到可怜的少部分。如何在土地流转实现既要保护农民利益，又要遵循农民意愿，还要尽力实现土地的适度规模经营，一个值得借鉴的办法是允许农民成立土地合作社。我们在河北青县以及东部部分县市都发现因为青壮年劳动力的大规模进城务工，农村劳动力缺乏，出现土地抛荒现象时，这些地区的农民就以土地为入社的资本，组成各种专业合作社，既体现了自愿、平等的原则，也保护了农民的土地权益，同时实现了土地的规模经营。还有一个办法是，建议政府给农民发土地承包权证，这样既可以解除农民的忧虑，给农民可预期的利益保证，同时也可防止土地流转到最后把所有的土地权益都流转走了。

第三是防止土地尤其是耕地在流转过程中变更用途，破坏耕地，危害国家粮食安全。实际上，即便世界上许多农地私有化的国家，农地的转让也并非完全自由。以法国为例，为保护耕地，法律规定私有农地要用于农业，不准弃耕、劣耕、搞建筑。为此，法国政府设立专门的农地整治公司。农民在出卖土地时，必须通知农地整治公司。如果农地整治公司认为买卖不合理，它就会提出收购农民的土地。法国这种农地买卖的限制制度对中国具有一定的借鉴意义。

30 年农村改革的根本出发点是尊重农民意愿，体现农民的利益诉求。土地流转也应如此，要坚决反对那种强制农民进行土地流转的行为。在农村改革上，我们要做的就是要相信农民，相信他们懂得如何理性的思考，允许农民自我组织起来，尊重他们的创造，在法律的框架下让他们自己说话、自己行动，不能用不合法的手段束缚他们，同样也不能用某一种模式或经验来束缚他们。

稻米困境:谁来养活中国?

- 粮食安全是国家安全的组成部分,中国人开始奔小康,大部分人衣食无忧,这是否意味着"粮食安全"警报已经解除?

- 稻田被工业用地占用,众多"鱼米之乡"变成了"无米之乡"。

- 粮食丰产和歉收,某种程度上需要"靠天吃饭",为了调节丰歉,大午集团曾搞了一个"粮食银行",这种后来被定性为"非法集资"的行为,怎么看上去更像是一种金融创新?

根据前面的粮食消费和生产模型推算，2010 年我国粮食产需缺口将达到 1 100 万吨，2015 年达到 2 200 万吨，2020 年达到 2 800 万~2 900 万吨，这对我国的粮食安全将是一个严峻的考验。

粮食供求安全展望

姜楠　韩一军　翟雪玲　王莉　农业部农研中心

粮食安全是我国国家安全的基本内容，始终是关系经济社会发展大局的重大问题。在目前我国粮食市场化、国际化进程加快以及人口持续增长的背景下，我国粮食生产供给面临着更加严峻的挑战。国内耕地资源不断锐减已逼近 18 亿亩的红线，主产区水资源短缺的制约日趋明显，全球能源紧张拉动以粮食为主要原料的生物质能源快速发展，国际粮食库存已下降到近 30 年来的最低水平，2007 年国际粮食价格出现了大幅度上涨。在此背景下，非常有必要在综合考虑各种因素和趋势的基础上，对未来十几年的粮食供求形势作出预测和展望。

粮食消费变化分析

受人口增长、养殖业发展和工业加工的需求拉动，1996 年以来我国粮食消费一直呈稳步增长趋势。从粮食消费结构来看，主要包括口粮、饲料用粮、加工用粮、贸易用粮、种子用粮以及损耗等。

粮食消费总量呈刚性增长。"九五"时期（1995~2000 年），国内粮食消费总量年均增长 1%；"十五"期间（2001~2005 年），年均增长 0.8%。"九五"时期和"十五"时期，国内粮食产需格局呈现两种不同状况。"九五"期间，粮食产大于需，我国累计生产粮食 24.82 亿吨，实际消费 23.42 亿吨，生产大于消费 1.4 亿吨；"十五"期间，粮食产不足需，我国累计生产粮食 22.95 亿吨，实际消费 24.35 亿吨，生产小于消费 1.4 亿吨。

口粮消费总量先升后降。"九五"期间，虽然城乡居民人均口粮消费有所下降，城镇人均口粮消费年均下降 3.2%，农村人均口粮年均下降 0.7%，但是由于这一期间人口增长较快，年均人口自然增长率达 9‰以上，快于人均口粮消费下降速度。全国口粮消费保持增长势态。"十五"期间，城乡居民人均消费口粮继续保持下降格局。2005 年，城乡居民口粮人均消费年均分别减少 1.1%和 1.8%。与此同时，"十五"期间，我国人口自然增长率下降到 7‰以下，也导致口粮消费下降。据测算，2005 年全国口粮消费达 27 107 万吨，口粮消费占粮食消费的比重为 54.8%，比 1995 年下降了 5.3%。

饲料用粮持续增长。随着人们对肉、蛋、奶的需求量不断增加，使得饲料粮消费逐渐成为粮食消费总量不断增加的主导因素。1995 年，我国饲料粮消费总量为 12 913 万吨，占整个粮食消费总量的 28.5%；2005 年，我国饲料消费总量达到 15 818 万吨，比 1995 年增加了 2 905 万吨，增幅达 22.5%，饲料粮占整个粮食消费的比重提高到 32.0%，提高了 3.5%。

工业用粮快速增加。工业用粮主要用于酿酒，制作调味品、淀粉、制药等。20 世纪 90 年代以来，我国工业用粮不断增加。2005 年与 1995 年相比，我国工业用粮总量从 3 800 万吨增加到 5 335 万吨，增幅为 40.4%，占整个粮食消费总量的比重也由 8.4%增长为 10.8%。

种子用粮稳中有降。我国种子用粮消费量比较稳定，并有减少的趋势。1995 年，我国种子用粮总量为 1 320 万吨，占整个粮食消费总量的 2.9%；2005 年，我国种子用粮总量为 1 180 万吨，比 1995 年减少了 140 万吨，降幅为 10.6%，种子用粮占整个粮食消费的比重为 2.4%。种子需要量主要取决于粮食播种面积和单位面积用种量，总体上粮食播种面积和亩用种量年度间变化不大，但是近年来随着种子技术的改进，种子用量呈逐渐减少的趋势，因此种子用粮不断减少。

粮食生产变化分析

第一，粮食综合生产能力逐步提高。从历史来看，1978 年我国粮食总产只有 6 000 多亿斤，1982 年跨越了 7 000 亿斤的台阶，达到 7 090 亿斤。1987 年跨越 8 000 亿斤的台阶，达到 8 095 亿斤，1988 年下降到 7 882 亿斤，1989 年又恢复到 8 151 亿斤。1993 年跨越 9 000 亿斤的台阶，达到 9 130 亿斤。1996 年跨越 1 万亿斤的台阶，达到创记录的 10 091 亿斤；1996~1999 年，除了 1997 年当年粮食总产为 9 883 亿斤，低于 1 万亿斤的水平外，其余三年均超越 1 万亿斤。从 1999 年开始，由于自然灾害比较严重，特别是加快农业结构调整和粮食价格低迷导致粮食播种面积减少，粮食产量连续 3 年减产。但是，2004 年以后，国家通过实行最严格的耕地保护制度以及各种扶持政策的实施，粮食生产水平迅速提高，实现了历史性的连续 3 年持续增产。

第二，粮食总产不断增加主要是粮食单产提高的结果。1996~2006 年，我国粮食单产水平总体呈上升趋势，从 298.85 公斤/亩提高到 314.71 公斤/亩。特别是 2003 年以来，单产水平提高很快，从 288.83 公斤/亩提高到 314.71 公斤/亩，增幅达 9%，而同期粮食总产却由 43 069.5 万吨增加到 2006 年的 49 747.9 万吨，增幅达 15.5%。上述数据表明，粮食单产的提高是推动我国粮食总产提高的主导因素。

第三，近年来粮食总产提高主要是三大粮食品种共同作用的结果。2003 年以来，稻谷、小麦和玉米三大粮食作物也持续增产，2006 年的产量分别为 18 257.2 万吨、10 446.7 万吨和 14 548.2 万吨，分别比 2003 年增长 13.6%、20.8% 和 25.6%。从粮食单产水平看，稻谷、小麦和玉米的单产分别为 414.5 公斤/亩、300.7 公斤/亩和 356.6 公斤/亩，分别比 2003 年增长 2.6%、14.7% 和 11.1%。

未来粮食产需缺口预测与展望

对未来粮食消费预测。未来对我国粮食需求有较大影响的因素主要有人口、居民收入、城市化水平和进程、消费结构等。

人口：人口总量和增长速度是影响我国粮食需求最为重要的因素。按照 2006~2010 年、2010~2020 年的年均增长率分别为 6‰、5‰ 预测，预计 2010 年全国人口将达到 13.5 亿，2020 年达到 14.1 亿。

居民收入：2006 年全国城镇居民人均可支配收入和农村居民家庭人均总收入为 11 759.5 元和 5 025.1 元，预计 2020 年将增长到 26 326.9 元和 9 851 元。

城市化水平和进程：我国城乡居民的消费结构存在明显差异，城镇化水平影响着粮食的消费需求。我们预计 2010 年城镇化水平将达到 48%，2020 年将达到 56%。

消费结构：现阶段由于我国城乡存在较大差距，导致城乡居民的粮食消费行为不同存在较大差异，农村居民对猪牛羊肉消费量相对要比城市居民低很多；随着经济的发展和生活水平的提高，农村居民和城市居民对猪牛羊肉消费量将持续增加，但差距依然明显。

模型模拟结果显示：未来我国粮食总需求量还将逐年增加，到 2010 年达到 5.29 亿吨，2020 年将达到 5.67 亿吨。

从消费结构来看，2010 年口粮消费 2.35 亿吨，占国内总消费的 45.5%；饲料粮消费 2.02 亿吨，消费比重为 39%；工业用粮 0.7 亿吨，消费比重为 13.5%。从消费品种看，2010 年稻谷需求将达到 1.97 亿吨，小麦达到 1.12 亿吨，玉米达到 1.45 亿吨。从消费结构看，2020 年口粮消费为 2.23 亿吨，占国内总消费的比重下降到 39.5%；饲料粮消费为 2.43 亿吨，消费比重增加到 43%；工业用粮为 0.87 亿吨，消费比重为 15.4%。

从消费品种看，2020 年稻谷需求将达到 2.09 亿吨，小麦达到 1.15 亿吨，玉米达到 1.57 亿吨。

对未来粮食生产能力预测。影响未来我国粮食供给的主要影响因素有以下几个方面。

科技因素：包括农业机械总动力（万千瓦）、农村用电量（亿千瓦时）、灌溉面积、化肥施用量（万吨）、农村劳动力初中以上文化程度。

资源因素：主要指标有粮食作物播种面积和农业劳动力。

灾害因素：主要指标是受灾面积。

模型模拟结果显示：2010 年粮食总产量将达到 5.17 亿吨，自 2006 年起每年需递增 1%；2020 年粮食总产量将达到 5.38 亿吨，自 2015 年起每年需递增 0.2%。分品种看，稻谷在粮食生产中的比重可能稳重有降。特别是南方各省工业化进程的加快及非农产业的快速发展，将进一步冲击稻谷生产。小麦生产也将呈现缓慢增长趋势。但优质专用小麦由于需求比较旺盛，所占比重将进一步提高。随着杂交玉米的大面积推广，玉米生产能力出现了质的突破，生产水平显著提高。随着对饲料玉米和乙醇原料的需求量不断增大，玉米生产继续将保持较高增长速度。

据农业部《我国粮食综合生产能力研究》课题组预测，到 2010 年稻谷、小麦、玉米三种粮食作物产量预计分别为 1.9 亿吨、1 亿吨、1.5 亿吨，到 2020 年稻谷、小麦、玉米产量分别为 2 亿吨、1.2 亿吨、1.75 亿吨。

未来我国粮食产需缺口分析与展望。改革开放以来，我国粮食产需缺口基本保持平衡，略有进口但规模不大，平均每年约 600 万吨。但近年来粮食进出口大起大落，原因是对整体粮食产需形势没有全面把握。我国在今后相当长的一段时期粮食的产需缺口将持续增大，粮食安全问题不容乐观。根据前面的粮食消费和生产模型推算，2010 年我国粮食产需缺口将达到 1 100 万吨，2015 年达到 2 200 万吨，2020 年达到 2 800 万~2 900 万吨，这对我国的粮食安全将是一个严峻的考验。

在历史上，长江和珠江流域及其三角洲地区是我国传统的稻谷主产区，如广东等省，过去是稻谷主产省，曾调出过稻米支援销区，而现在成了大量购进稻米的主销区。又如江苏省苏南地区，原是我国优质粳稻的鱼米之乡，但是现在许多地方已经变成了吃米靠外购的"无米之乡"。

稻米困境

中国粮食经济学会课题组

从我国稻谷、小麦、玉米三大主粮产量结构分析，2006 年与 1980 年相比，增产幅度最高的是玉米，年产量净增 8 288 万吨，增幅高达 1.32 倍；其次是小麦，同期年产量净增 4 926 万吨，增幅为 89%；最低的是稻谷，同期年产量净增 4 266 万吨，增幅仅为 30%。从国内外粮情综合分析，我国稻米产业的基础相当脆弱，是整个粮食产业中的薄弱环节。

困境之一：稻谷种植面积大幅下降，恢复难度大

据统计，我国水稻种植面积由 1980 年的 5.081 8 亿亩下降到 2006 年的 4.394 3 亿亩，净减少 6 875 万亩，比过去一个大的稻谷主产大省的水稻种植面积还多。需要特别指出的是：这净减少的 6 800 多万亩水稻种植面积，大多数是过去水稻主产区水土条件好的平地高产良田，现在已经被城市增容、高新区扩建和房地产开发等占用，再也无法恢复。

困境之二：稻谷总产量尚未恢复到历史最好水平

1997 年，我国稻谷总产量首次突破 2 亿吨达到 20 073 万吨，创历史最高水平。此后逐年下降间或稍有回升。2006 年全国稻谷总产量回升到 18 257 万吨，但比总产最

高的 1997 年仍少 1 816 万吨。今后，全国稻谷要恢复和超过历史上的最高年总产量，还有很大的难度，主要寄希望于科技进步和提高单产。

困境之三：稻谷产区调出量锐减，而东北集中产区又出现了新的"运出难"

在历史上，长江和珠江流域及其三角洲地区是我国传统的稻谷主产区，如广东等省，过去是稻谷主产省，曾调出过稻米支援销区，而现在成了大量购进稻米的主销区。又如江苏省苏南地区，原是我国优质粳稻的鱼米之乡，但是现在许多地方已经变成了吃米靠外购的"无米之乡"。

近年来，由于粮食生产结构的调整和粮食市场的变化，我国稻谷主产区由南向北呈梯次北移的态势，东北黑龙江三江平原、吉林松花江流域和辽宁辽河出海口，发展成了新的稻谷主产区。但是，这些新产稻区由于受水土资源的制约和湿地保护的限制，可开垦的稻田已经不多，增产的潜力也有限。

目前，我国稻谷种植仍然集中在南方 13 个稻谷主产省（区）、市和东北黑、吉、辽三省，其稻谷种植面积占全国的 84.7%，总产量占全国的 83.4%。若按生产和消费平衡的原则划分，目前内地除西藏外，稻米主产区尚有黑、吉、辽、湘、苏、鄂、川、皖、琼等 9 省。稻米主销区则为京、津、沪、渝、粤、桂、浙、闽、滇、黔等 10 省（区）市，其余冀、晋、蒙、赣、鲁、豫、陕、甘、青、宁、新等 11 省（区）则为稻米产销平衡区。

面对全国稻米产销区的新变化，京、津、沪、浙等过去靠南方籼米供应，现在已主要依靠东北黑、吉、辽等稻米新产区的粳米供应。远至西北的许多城市，也开始批量销售东北粳米。据统计，2004~2006 年东北三省销往省外稻谷达 4 532 万吨，占全国同期跨省外销量的 41%。其中黑龙江已连续三年稻谷外销量居全国第一，共 3 083 万吨，占同期东北稻谷跨省外销量的 68%。

由于近年来铁路运力偏紧，运距较长，东北稻米南下西进，又陷入了新一轮"运出难"的困境。在调研中，东北稻米主产区的粮食管理部门、国有和民营粮食企业以及农村粮食经纪人普遍反映，在运力紧张的情况下，公路、铁路运输部门乱收费、服务差等行业不正之风又开始回潮并有不断加剧之势。

困境之四：稻谷生产结构性矛盾突出，优质米和粳米供应偏紧

目前，国内稻米供求虽然基本平衡，但品种和质量矛盾比较突出。区域差异较大。随着人民生活水平的提高，城乡广大居民对稻米的消费需求也由过去数量温饱型向质量营养型转变，对优质籼米和东北粳米的需求增加很快，供不应求；南方的早籼稻产量虽高但食用口感和市场适销性较差，常有滞销积压，需要及时调整。

据课题组对黑龙江、湖南等 9 省中的 10 县（市）稻谷产销情况的抽样调查显示，2006 年与 1980 年相比，10 县（市）稻谷总产由 235.61 万吨增加到 343.82 万吨，增长了 46%，其中早籼稻只增长 13%，中晚籼稻也只增长 29%，而粳稻则由 3.11 万吨增加到 94 万吨，猛增了 29.23 倍。

这项调查还显示，10 县（市）同期稻谷消费总量由 193.8 万吨增加到 218.19 万吨，增长了 13%，但城乡人口的人均稻谷消费量则由 246 公斤下降到 238 公斤，下降 3%。

课题组对 10 省（区）市的 154 户城镇居民口粮消费情况的抽样调查则显示了与农村人口不同的稻米消费趋势：2006 年与 1980 年相比，这 154 户城镇居民的稻米消费总量不升反降，由 1980 年的 54 717.5 公斤下降为 51 227.4 公斤，下降了 3 440.1 公斤，降幅为 6%；同期这 154 户城镇居民人均消费稻米也由 100 公斤降为 93.2 公斤，下降了 6.8 公斤，降幅为 6.8%；但这 154 户城镇居民同期消费粳米则明显上升，粳米消费总量由 1980 年的 8 077.5 公斤上升到 2006 年的 13 087.4 公斤，净增 5 009.9 公斤，增幅高达 62%，粳米消费由占稻米消费总量的 14.9% 上升到 25.5%，增加了 10.6 个百分点。

由此可见,城镇居民对于粳米等优质大米的需求是很旺盛的。农村人口人均消费稻米增加 6%，而同期城镇居民人均消费稻米下降 6.8% 的现实，从一个侧面反映出了城乡人口对稻米消费需求的区别和生活水平的差异。这也同时提醒稻米产业部门和稻米经营者，必须对稻米产业发展进行有针对性的宏观调控和更深入的市场细分，才能满足城乡不同消费群体对稻米品种质量的多样化消费需求。

困境之五：国内大米加工企业小而散，缺乏国际竞争力

受过去粮食加工企业按行政区划设厂、分片包干供应的影响，国内大米加工企业至今仍处于小而分散和科技含量低的状况，缺乏国际竞争力。据统计，2006 年全国进

入统计的大米加工企业 7 548 个，其中日加工能力 100 吨以下的小企业 6 143 个，占81.4%，这些小厂不仅产量低，而且设备简陋老化，竞争力很差；日加工能力 1 000 吨以上比较大的企业 18 个，仅占 0.2%。在国内大米加工企业中，国有及国有控股企业 848个，占 11.2%，外商及港澳台商投资企业 24 个，占 0.3%，民营企业 6 676 个，占 88.5%。

就目前国内大米加工企业的现状而言，很难与现代化的大型大米加工企业展开竞争，如不及时从宏观上加强调控，我国大米加工行业将有被外商掌控的危险。

困境之六：稻米市场体系不健全，影响稻米顺畅流通

目前，我国包括稻米在内的粮食市场建设虽然有了很大发展，但尚未真正形成完整的体系，"小而分散、杂而不专"的现象比较突出，影响了稻米市场作为交易载体和信息平台等作用的发挥。

当前存在的主要问题：一是稻米市场主体发育不足，千家万户小农难以进入大市场，多数国有稻米企业由于规模小和机制不活，难以起到主渠道作用，众多民营稻米企业和农村粮食经纪人还处于无序竞争的自发状态；二是稻米批发市场建设发展很不平衡，有的稻米集散地缺乏现代化的市场设施；三是稻米期货交易被停止后至今未能恢复，其发现价格、规避风险和引导产销的功能得不到发挥，与我国稻米生产和消费大国的地位极不相称；四是稻米流通不畅，稻米产销区之间、生产经营和消费者之间缺乏有效的沟通与衔接，市场秩序和诚信体系尚不健全等。总之，目前我国稻米集贸市场有待提高，批发市场有待规范，期货市场有待恢复，统一有序的市场体系有待完善。

此外，稻米安全储备体系尚不完善，库存数量和结构需要调整。稻米作为我国民食军需的主要口粮，在国家粮食储备体系中还比较薄弱。

目前，中央粮食储备体系比较健全，也储备了一定数量的稻谷，但地方粮食储备却未达到应储的数量，落实难度很大。

具体问题一是稻谷储备的数量尚未全部达到确保粮食安全和应急动用的要求；二是稻谷储备库存的品种结构不适销对路，市场滞销的早籼和杂交稻库存偏大，而优质稻和粳稻库存偏少；三是稻谷储备布局不尽合理，产区集中过多而销区分布不均，边远山区和部分粮食困难地区储备较少，受运输"瓶颈"制约，在急需时很难及时调运到位。

目前世界粮食储备已降至 30 年来的最低点——只够维持 53 天，远远低于 2007 年年初 169 天的水平。联合国和世界银行都发出严重警告，《谁来养活中国》的作者布朗也发出强烈呼吁：必须用非常手段应对全球粮食危机。

全球粮食危机中的中国机会

李昌平　河北大学中国乡村建设研究中心研究员

　　近来，由于粮食供应短缺和粮价飞涨，一些非洲国家和印尼、菲律宾、海地等国家爆发了骚乱，共有 37 个国家面临粮食安全危机，美国也出现了抢购粮食的风波。目前世界粮食储备已降至 30 年来的最低点——只够维持 53 天，远远低于 2007 年年初 169 天的水平。联合国和世界银行都发出严重警告，《谁来养活中国》的作者布朗也发出强烈呼吁：必须用非常手段应对全球粮食危机。

粮食价格在高位运行将是长期趋势

　　这次粮食危机和以往的不一样，是有大背景的。2005 年 8 月，美国总统签署《能源政策法案》，在美国政府财政扶持下，生物能源成为美国新型产业。当时，多数人都认为用粮食生产能源，成本过高，短期不会有太大的前景。但在随后的两年多时间里，石油价格狂涨 3 倍。两年以前，中国的外汇储备大约是 1 万亿美元，可以购买 200 亿桶石油，目前中国的外汇储备增加到了 1.6 万亿美元，却只够购买 125 亿桶石油了！在两年多的时间里，美元贬值和石油价格飙升，使生物能源产业变得前途无量，不仅一下子使最大的粮食出口国——美国变得身价百倍，还使人多地少、资源稀缺且重仓美元的中、日、印等国损失惨重！美国不仅由此成为生物能源产业的最大收益国，而且，生物能源产业导致的粮食危机还强化了美国的"粮食武器"，进一步巩固了美国的霸主地位。

回过头去看 3 年前的《能源政策法案》。该法案不是一个简单的法案，而是美国全球战略调整的第一步，美元贬值、石油和粮食价格飙升，都是《能源政策法案》出台后的后续步骤。从美国的利益出发去思考此次全球性粮食危机，可以预见石油价格还将进一步上涨，粮食价格也必将长期在高位运行，铁矿石等各种资源价格都将会一路攀升，日中印等资源需求巨大、粮食自给困难且外汇储备庞大的国家，不仅发展成果会逐步蒸发，且发展优势也会随之丧失。

但如果仅仅只从粮食价格长期高位运行的角度去思考问题，高企的粮价也许会给中国粮食生产带来前所未有的发展机会，中国抓住了这个机会，就等于抓住了宝贵的"粮食武器"。

粮价与国际接轨，争取粮食产量突破 6.5 亿吨大关

我们以稻谷价格为例。现在国际稻谷的价格大约合人民币 5 元/公斤，假如生产资料价格保持不变，只要国内稻谷保护价提高到 3~4 元/公斤，我国中部地区单季稻的亩纯收入就可以达到 1 500 元以上，双季稻的亩纯收入将超过 3 000 元以上。这可以促使我国中东部和南部地区的水稻播种面积（主要是提高复种指数）扩大 70%以上，稻谷的产量可增加 60%以上。同样的道理，全国各地的其他粮食品种的生产面积也会大幅增加，产量也会同步增长；此外，粮食种植比较效益的提高，各种利于扩大种植面积和单位面积产量的物质装备、利于提高单位面积产量的技术和品种，都可以用于农业了，至少会增加 20%以上的粮食产量；此时，农村劳动力会有所回流，农民新修水利、培育地力、改造低产田和荒地的积极性也会调动起来，18 亿亩红线至少可以抬高到 20 亿亩。

我国现在的粮食产量是 5 亿吨，增产 30%就可以达到 6.5 亿吨。只要种粮效益提高 50%，我国粮食产量在短期（3~5 年）内突破 6.5 亿吨大关是完全可能的。

粮食产量达到 6.5 亿吨意义重大

我国的粮食产量如果能够达到 6.5 亿吨，每年可以出口 1.5 亿吨粮食，将成为世界第一粮食出口国，其意义将非常重大。

首先，对外可以主导世界粮食贸易某些品种的价格；对内，则为中国农民带来巨大利益，有利于实现全面小康。如果市场原粮价格达到 3~4 元/公斤，我国农民的年人

均纯收入可以增加 1 500 元以上。人均 1 500 元的巨大增量，比 20 世纪 80 年代的承包制创造的增量还要大好几倍，这无疑会推动农村新一轮经济大发展和需求升级，不仅为再翻两番奠定基础，更重要的是有利我国由外需拉动型经济转向内需拉动型经济，让经济发展的目的回归"满足本国人民不断增长的物质文化需求"的本位，结束长达 20 多年的"蜡烛经济"——燃烧自己照亮别人。

其次，可以争取更有利的国际环境。当世界粮食稀缺时，有利我国加强和缺粮国家的战略伙伴关系；当世界粮食过剩时，有利我国同能源富裕国家建立更加牢固和平等的战略伙伴关系。总之，充足的粮食，有利我国争取更有利的国际环境，并巩固国际地位。

再次，可以增加我国在"粮食—石油—生物能源—美元"一体化框架下的贸易砝码，保护中国经济主权和经济发展成果。如果美元疲软，粮食和石油价格走高，中国可以多出口粮食获得利益，弥补石油涨价和外汇储备损失；如果美元升值，粮食和石油价格走低，中国可以用外汇储备增值和石油降价收益弥补粮食降价损失。

最后，可以适当发展生物能源产业，增强中国在生物能源领域的参与权和话语权，对中国长期能源战略有利。

政策建议

第一，迅速提高粮食保护价。去年已经出台的保护价仅比 2007 年高 9%，在生产资料价格上涨 30% 以上的情况下，这个保护价显然不能调动农民粮食生产积极性，上半年的粮食播种面积肯定比 2007 年萎缩。因此，必须迅速提高保护价，扭转农民撂荒或降低复种指数的局面。建议粮食保护价比 2007 年上涨 100%，平均收购价格不低于 3 元/公斤。与此同时，遵循经济规律，逐步提高国内市场粮价，达到与新保护价相当的价格水平。这样既可以刺激粮食生产，也可以减缓边境粮食走私压力，还可以防止国内出现地方保护主义。有一点要特别说明：国内粮食价格上涨后，必然增加国内低收入人群的生活困难，政府应该实施针对低收入人群的食品补贴。

第二，控制和降低粮食生产成本。国家要采取金融、财政、税收等综合性措施，控制和稳定生产资料价格，严厉打击生产资料垄断性涨价。同时，加大对粮食生产和收购仓储的金融支持力度。

第三，加大财政对农业基础设施和服务体系支持的力度。虽然最近几年国家对"三农"投入的幅度有所增加，但还没有赶上我国财政收入增长的幅度。加上"三农"

投入的基数低，按照比例增加投入是不够的。应该有超常规的做法，我们认为至少要在去年 5 600 亿的水平上，今年增加到 1 万亿以上，此后再以 1 万亿为基数和财政收入同比例增长。财政对"三农"支出的增长，要特别注重对商品粮基地建设的倾斜。

第四，下大决心推广河北大午集团"粮食银行"模式，增加粮农收益。大午集团周边的农民，在粮食收获以后，可以将粮食存入大午集团的"粮食银行"，当粮食价格下降到存入时的价格以下时，大午集团按照粮食存入时的价格和农民结算，并支付利息；如果粮食价格一路上涨，大午集团按照当时市价结算，并支付利息。农民还可以用粮食在大午集团换饲料、肥料和食品，享受出厂价待遇。大午集团"粮食银行"模式，不仅国有粮食企业应该学习，政府还要大力扶持农民合作互助组织学习大午集团"粮食银行"模式。

第五，完善土地和土地金融制度，调动农民保护土地和造地积极性。一方面，政府要放弃土地市场的垄断权，准许农民造地和村庄整合节约的土地直接进入土地市场；废除现在的征地制度，准许农民集体所有的土地依法"农转非"（政府无偿获得 50% 用于公益事业）、并保持土地所有者身份，商业用地不再由政府垄断供应，让农民获得土地"财产性收益"。另一方面，政府要建立土地银行，准许农民集体土地所有权在土地银行抵押贷款，农民集体和合作组织以所有权抵押获得的贷款作为本金，建立土地信用合作社，准许农民家庭用土地承包权在土地信用合作社抵押贷款。这样可以一举多得：既可以增加土地经济，增加粮食产量和农民收入；又可以解决制约农村发展的资金瓶颈，促进农村经济全面发展；还可以增强农民的组织功能，保护农民权益。

第六，建立以中、日、东盟和东北亚"粮食—能源"货币贸易区。在没有出现亚元以前，以粮食和石油货币作为贸易尺度和结算工具，放弃用美元结算。

粮食改革，不通则痛。"无农不稳，无工不富，无商不活"的意思是，只要是在种地，农民永远也不可能富起来，如果不能流通，农村永远也不会活起来。大午集团的"粮食银行"，实际上是一个创造性地解决"粮食多了怎么办"的过程。

大午集团的"粮食银行"

马英华　河北大午集团

粮改之痛

1998 年，"全国粮食流通体制改革"启动了，这场改革的主角是工商局，口号是"严厉打击私商粮贩，维护广大农民的利益"。

1999 年，国家计委、国家粮食储备局发布了"关于切实做好按保护价敞开收购农民余粮工作的紧急通知"，严厉打击私商粮贩等各种违法收购、加工和运销粮食的行为，重点加强对加工企业台账的监管，切实管住加工企业粮源。加强对粮食运销合法凭证的监管，防止一票多用和重复使用。对没有合法凭证的粮食，铁路、交通部门不得承运。结果是，无人敢开收购农民的余粮，私商粮贩被禁绝，农民苦不堪言。

河北的大午集团是一家独资企业，正可谓之"私商"，农民卖粮时，为了证明自己不是"粮贩"，按有关部门规定要提供身份证或复印件。好在这种规定没有持续多久，到 2003 年就废止了。

2003 年 3 月 13 日晚，孙大午在北京大学演讲："我从 85 年起开始建企业，工商局就卡猪、卡饲料，让成车的饲料烂掉，现在还卡粮食，2007 年扣了我一车粮食，一车粮食罚款 3 000 元。那么怎么才能不让他扣呢？你就得给粮食部门交合法的单据费，我们最高的时候曾经一年交差价 60 万，这就是粮食的改革。我就不理解，粮食都烂在家里了，为什么不让流通？"

粮食改革，不通则痛。"无农不稳，无工不富，无商不活"的意思是，只要是在种地，农民永远也不可能富起来，如果不能流通，农村永远也不会活起来。既要保护农民种地的积极性，又要保护农民的经济利益，此事古难全。

还有很多地方，至今还在倡导"农业产业结构调整"，"发展高产、高效、优质农业"。然而，9亿农民瞄准4亿城里人的菜篮子米袋子，高产不高效，优质不优价，"两高一优"带来的是更大的打击。

"粮食银行"的由来

大午集团的"粮食银行"，实际上是一个创造性地解决"粮食多了怎么办"的过程。

"这个地方地广人稀，土地多，粮食就多，每家每户每年都剩好多粮食。卖，不值钱；不卖，存在家里虫蛀鼠咬，损耗很大。农民就开始搞养殖。我们刚开始创业的时候，办了一个小型的饲料加工厂，养了1 000只鸡，50头猪。自己家的粮食不够用，我们就向工人借，最后发展到向周边村民借。农民把余粮借给我们，到时候要粮食我们就还粮食，不要粮食我们就把粮食作价支付现金。价格上随高不随低。也就是说，如果借的时候是5毛1斤，还的时候涨到8毛，我们就按8毛结；如果借的时候是5毛，还的时候跌到3毛，我们还按5毛结。后来，有些农民到期后既不来取粮食也不来取钱，粮食款就自动转成借款，开始计利息。农民怎么算都不吃亏，所以大量的粮食就集中到这里来了。"

这就是大午集团的"粮食银行"。20年后，孙大午才听说，他的"粮食银行"还有个学名，叫作"期货市场"。

2002年，美国出台了"新农业法案"，其中规定了农产品补贴的三类方式，其中一种方式叫作"支持性收购"，也被称为"营销援助贷款和贷款差价支付"，操作方式是：农民按支持价（贷款率）将粮食抵押给国家，获得贷款收入，如果后来市场价格始终低于贷款率，则农民可放弃抵押给国家的粮食，而不需要偿还贷款，贷款收入成了销售收入；如果后来市场价格上升，农民可把粮食再要回来，拿到市场上出售，而把原来所获贷款收入加上适当的利息还给国家。

不知道这是不是美国农民的发明创造，可以肯定的是，中国农民的发明创造在大洋彼岸得到了遥遥的呼应。

"粮食银行"是一种金融创新

"粮食银行"成就了大午集团的发展,其特征是"好借好用,好借好还,随高不随低",其本质是一种建立在信用和道德基础上的实物形式的金融活动。

金融不只是资金的融通,还可以是实物的流通,在贷款无门的情况下,粮食成了大午集团的流动资金。不过,"粮食银行"的由来,也正是孙大午 2003 年获"非法吸收公众存款罪"的由来。

孙大午认为,他的粮食银行是一种应该得到鼓励的金融创新,如果这种形式的金融合作都被打击,就不知道还有什么更好的金融合作形式了。他觉得,这不过是一种农民合作社,生产合作和金融合作融为一体、以金融为关键支撑的一种生产合作社,是一种最有生命力的形式。

金融是现代经济的血脉,农村要发展,离不开金融,没有金融活动就没有活力可言。现在的农村,不是贫穷,而是贫血。本来土地、资金、劳动力这三大经济要素几乎都是农民的,可是农民却无缘分享经济改革和现代文明的硕果。最主要的是对农民管得太多、太死,农村搞不了企业,就留不住资金,也留不住人才。

大午集团是幸运的,粮食银行使周边无数村庄的粮食源源不断地流入企业,上万吨粮食的库容,大半实物充当了流动资金。被加工成饲料后,又源源不断地涌向了市场,形成了一个良性的循环。

改革要情参阅－资讯汇编

"权力搅买卖"的寻租条件

阻碍改革主要来自两个方面。吴敬琏指出，阻碍和反对改革的力量主要来自两个方面：一方面，某些在转型期中凭借特权受益的既得利益者的干扰；另一方面，一些改革开放前旧体制和旧路线的维护者利用这种情势忽悠大众，把他们引向反改革开放的方向。中国改革有双重体制并存、"权力搅买卖"的寻租条件广泛存在的问题。在这种情况下，某些能够凭借权力获益的人就力图阻碍市场化改革的进一步推进，或者极力扭曲改革，以便通过权力获得更多的财富。

中国离福利国家还有多远

清华大学教授、著名学者秦晖谈及中国的医疗和住房问题时表示："我们中国不要说离福利国家还差得十万八千里，就连零福利差别都还是很大"。所谓的"零福利"，就是说二次分配以后基尼系数下降得不多，而所谓的负福利就是二次分配以后基尼系数反而扩大形成的。即便在 2007 年全国"新农合"搞得最好的江苏省，也仍然有 700 万人没有被覆盖，真正享受全额公费医疗的在江苏只有 14.4 万人，占总人口的千分之二；这些人医疗福利人均享有 4 200 到 6 000 元，相当于农民的 80 多倍。

高校"官满为患"

高校"官满为患"，出路在于行政权力的淡化。据《南方日报》报道，《人民日报》所调查的 5 所全国重点大学中，部门最少的 27 个，最多的 40 个。西北大学 2 300 多名教职工中，专职教师仅 1 200 多人，校级管理部门和各院系处级以上干部共有 300 人左右；而吉林大学校级领导共 11 人，另有校长助理 10 人，全校正处级以上干部 223 人，副处级以上干部 538 人。据有关专家说，目前我国的重点大学，校级领导一般有 10~15 名，处级干部一般在 300 人以上。

莫让民意涌入法院

新任最高人民法院院长王胜俊对待判不判死刑的问题，谈到三个依据："一是要以法律的规定为依据；二是要以治安总体状况为依据；三是要以社会和人民群众的感觉为依据。"目前，我国法院审判权存在严重行政化倾向。行政官员化的法官和行政机构化的法院必然很在乎民意和上级领导的意图，甚至将民意直接作为判决的依据之一，或按上级领导意图下判。法院改革的核心目标是法官独立行使审判权，莫让民意涌入法院。

"80 后"厅官

"80 后"厅官突显用人的制度性无序状况。还有两个月才满 28 岁的张辉荣升共青团山东省委副书记，舆论纷纷质疑我国用人制度存在的无序。2002 年 7 月毕业分配至街道办事处，到 2006 年 6 月调任槐荫区西市场街道办副主任（副处级），只有 3 年零 11 个月，离 5 年最低工龄尚差 1 年零 1 个月。2007 年 5 月，张辉任副处不满 1 年又被提拔为共青团济南市委副书记。2008 年 2 月，张辉就任共青团山东省委副书记，连一年试用期都不满。张辉三次提拔都有不符合规定的情况。

东航"返航门"事件折射国企行政整合困局

在东航飞行员集体"返航"事件当中，可以看到国有企业大规模整合过程中暴露的诸多问题。依靠行政力量整合起来的东方航空公司，管理权的争夺始终没有停止，利益分配上的不平等，企业文化的整合出现裂缝。2006 年出现了高达 27.8 亿元的巨额亏损。2007 年上半年末，东航净负债达 400 亿人民币，16 倍于其股本。据国外有关机构对我国的研究表明，国内并购重组的失败率高达 90%。

"59 岁现象"变"35 岁现象"

据《重庆商报》报道，重庆市检察院发布消息称，目前该市职务犯罪在年龄上出现新的变化，呈现出"35 岁现象"，而传统的"59 岁现象"已不再突出。从 2003 年到 2007 年，该市检方立案查办的 35 岁以下职务犯罪嫌疑人有 623 人，占立案总数的

16.69%。35 岁以下干部群体职务犯罪以贪污、受贿为主，涉案金额普遍较高，涉案金额 100 万元以上的 5 件特大案中，35 岁以下的就占 3 件。"35 岁现象"反映了得机会就腐败的肆无忌惮。

政治体制改革不能总在意识形态冲突里打转

据《21 世纪经济报道》报道，中共中央党校党建教研部主任王长江在接受采访时指出，我们长期形成的一种习惯是把政治体制改革意识形态化，一提政治体制改革就和自由化、西方多党制联系起来。政治体制改革的方向是推进民主。一方面老百姓需要民主。另一方面，一具体到实践，民主在操作层面在各个国家都很相似，没有太多本质的区别。民主不可能不选举，不可能不进行参与，不可能不需要监督，为此要大胆地推进民主。

垄断国企怎么也吃环保"红牌"

广东省首次根据环保信用级别，分别向企业发放绿、黄、红三种牌，全省 19 家企业领到红牌，其中中石化、中石油旗下国企占了两席。对此，《中国工业报》刊登尹卫国文章说，按照我们的惯性思维，偷排、漏排污染物的主要是小企业。石油、石化大型垄断国企不存在没钱治污的可能，但在利益驱动下，这些"富豪"国企也会不惜危害社会公共利益。广东环境执法部门拿垄断污染国企开刀，对整改不力的环保红牌企业将责令停业或关闭。这对治理污染很有必要。

183 个城市欲建国际化大都市

住房和城乡建设部总工程师王铁宏表示，全国 200 多个地级以上城市就有 183 个曾经提出过建设国际化大都市的设想。与之对应的有这样两个数据：一是全国 109 座历史文化名城中有相当多的城市不同程度地受到了"建设性破坏"；二是全国拖欠的 1 780 亿元工程款中，各地政府投资的建设项目所拖欠的工程款就高达 700 亿元。正如中央编译局副局长俞可平所言，个个"国际化"本质在于没有完善有效的程序遏制某些地方政府的非理性建设冲动。

年薪 10 万抵一纸户口的无奈

中青报社会调查中心实施的一项调查显示，77.1%的人认为，找工作最好能解决户口，但户口不是决定性因素。同时，有 11.1%的人认为，户口是其择业的决定性因素，一定要签能够解决户口的单位。67.8%的人认为，年薪超过 10 万元以上才能弥补户口所带来的损失和影响。在不合理的户籍制度及其附着的不平等户籍福利下，这一切源于户口上捆绑着许多现实的福利，户口关系到住房福利、医疗福利，关系到孩子的入学问题。

2020 年上海人口红利期料将终结

人口负担加重。根据 2007 年末的老年人口抚养系数，上海市老龄科学研究中心副主任桂世勋发现，截至 2007 年 12 月 31 日，上海户籍人口中 15 到 59 岁的劳动年龄人口是 975.61 万人，而 2006 年底这个数据是 980.85 万人。上海市首次出现了劳动力人口负增长，在全国范围内也是首个省级行政区出现劳动年龄人口负增长。如果上海现行的迁入政策没有变化，到 2020 年左右，上海户籍人口负担较低、劳动力资源充沛的人口红利期将有可能终结。

国民境外豪赌，年掷 6 000 亿

博彩全球化已导致中国内地大量的赌金流入境外，据中国公安部的统计说，内地每年通过各种渠道流出境外的赌博资金已超过 6 000 亿元，相当于 2003 年全国福利彩票、体育彩票发行总额的 15 倍。内地公安机关每年查处的赌博人数都在上升，年龄涉及老中青各个年龄段，赌民也几乎涵盖社会各阶层，尤其是内地官员和国企领导在境外豪赌的为数不少。

民主既是改革目标也是改革手段

宪政学者秋风指出，回顾改革以来的进程，存在两种显著不同的改革进路：一种是民众率先进行规则、制度创新；另一种是地方强势官员或中央政府某些部门自上而下地推行某些改革措施。前者大体上皆达成了扩大人民民主，有利于市场、法治制度

之发育完善，各方的利益也大体实现了多赢。后者有些取得了成就，但有些也产生了某些负面后果。改革方案是通过什么样的过程形成的，在很大程度上决定着改革方案的取向。唯有通过民主程序，改革方案才会具有必要的正当性、合法性。

警惕"官员明星化"倾向

《解放日报》刊登端木昌的文章说，周良洛曾因提出"用经营城市的理念来加强基础设施建设"而名噪一时，以至曾入选某年度中国城市的"明星区长"。周在当选北京市海淀区区长之前就收受一家广告公司的贿赂达 164 万元之多，当了"明星区长"后，几年间受贿约 1 500 万元，连他的妻子也因涉嫌受贿 800 余万元而被一起送上法庭受审。周良洛最近被一审判处死缓。当前要警惕"官员明星化"倾向。其主要表现是：不求务实，只图虚名；哗众取宠，抬高自己；拉拢亲信，肆意吹捧。

地市领导班子 13 人升职 9 人换新车

《半月谈》刊登记者专稿称，2007 年以来，基层党政机关进行了换届工作，一大批新任官员陆续走马上任。记者在基层采访时看到，这次人事变动，在一些地方带来了党政机关领导干部大换车之风。在江汉平原的一个市，市委市政府领导班子中有 13 人的职位有变动，有的是就地升职，有的是从别的县市调来，其中有 9 人换了新车。据有关专家初步估算，每一辆"官车"每年的运行成本（含司机工资、福利）至少在 6 万元以上，如果加上车的维修保养，有的超过 10 万元。

路透社：中国城市化对农业发展的严重影响

据路透社，中国政府将农业发展经费增加 30%，达到创记录的 5 625 亿元，以制止因城市扩张造成的可耕地破坏、水资源的日益短缺和劳动力向迅速发展的城市外流的现象。到 2020 年，估计约有 3 亿至 4 亿农民迁往城市，并在城市里消耗比农村多几倍的食物和水。中国的最高气象官员 2007 年 8 月警告说，到 2030 年当人口达到 15 亿的最高点时，中国可能需要增加 1 000 万公顷农田，否则可能面临 1 亿吨粮食短缺。

进一步改革党的执政方式

中央党校《学习时报》刊文说，政治体制改革包括多方面的内容和任务，各个方面又是相互联系和影响的。当前，政治体制改革以行政管理体制的改革为重点，着力实现政府职能的转变，这就直接联系到党的执政方式，要求着眼于体制问题来进一步改革并完善党的执政方式。党的执政方式的改革，关系到政治体制改革全局的成效。进一步推进党的执政方式的改革，就要对原有执政方式的弊端和不适应性有足够的认识，打破在这方面的陈旧观念和老习惯。一是要搞清楚党组织和国家政权的关系，二是要明确认识到人民当家作主是社会主义民主政治的本质和核心。

购并已触及到了国家安全的底线

学者高梁：购并已触及到了国家安全的底线。2004 年东三省 3 500 家省及省以下国有工业企业，经过 2005 一年"国企改革攻坚战"，80%以上已经实现了产权重组（中小企业 90%以上），吉林省 816 家全部改完。其中只有 20%左右保持了国家控股。大企业改制的基本路子，就是"引进战略投资者"，特别青睐跨国公司前来并购，并规定除国有大煤矿外，不限制股权比例。一些极其重要的为武器装备配套的工厂，也鼓励外商来参（控）股。这已经触及到了国家安全和社会稳定的底线。

成思危：制度创新是改革的核心

原全国人大常委会副委员长成思危指出，在改革中要处理好的四个关系，人治和法治，公平和效率，政府和市场，集权和分权，都是涉及权力结构的调整。我认为改革面临的最大问题就是面临这四个矛盾，而这四个矛盾归结为一句话，就是政府职能要转变。政府如果不能成为一个服务型政府，其官员贪恋于加强自己的权力并且用手中的权力来谋求私利，改革前途堪忧。我国多次机构改革的结果都不够好，根源就在这里。政府职能不转变，改革是难以成功的。改革的核心是制度创新。

城乡分割正危及中国发展大局

由于城乡持续分割和城市化不足，不仅使得国内的地区差距和收入差距持续扩大、公共品供给不平衡，而且还演变成了消费不足和畸形的消费结构，导致过多的出口和顺差，使得土地资产难以流动，不能实现有效的分配，导致大量土地闲置浪费和土地开发过度并存的局面长期维持，导致了沿海大城市的过度拥挤、地价暴涨、地产暴利以及环境污染等所有这些伴随我们经济发展的严重问题。在制度上尽快终止和解决城乡分割，解除加快城市化进程的体制和政策障碍，将是中国改革30年之后必须面对的最重要的经济体制改革。

降低行政成本是亟待破解的课题

在去年"两会"期间，九三学社中央提出的《关于建立行政成本信息公开与监督机制的建议》提案中显示，我国的行政成本不但远高于欧美发达国家，而且高出世界平均水平25%。降低行政成本已成为一个亟待破解的课题。我国当前吃财政饭的总人数已达4 000多万，还有500多万人依赖于政府的权力实行自收自支。这意味着全国人口中，每20多人就有1个属财政供养。行政成本过高大大挤占教科、文卫、社会保障等公共服务事业资金，特别是直接影响到用于解决民生问题的资金。

就业洪峰不仅要预警更需要疏导

人力资源和社会保障部日前表示，我国将加强失业调控，建立失业动态报告和失业预警制度。早在2007年，国家有关部门已发布预警：中国的第三次就业高峰已经到来，在严峻的就业形势面前，青年人将面临失业压力，政府与社会各方须采取有效措施安全度过"就业洪峰"。根据美国耶鲁大学学者的调查，人们对失业的重视程度是通货膨胀的6倍，因此政府的"不受欢迎指数"是：6×失业率+通货膨胀率，这个指数越高，政府越不受欢迎。如果处置不当，就业的洪峰是颇具负面影响的。

中国成奢侈品消费"新天堂"

据报道，刚结束的北京车展，"中国富豪购买力惊人，花6 000万席卷13辆豪车"。在上海和广州车展上也有这种情景。据世界奢侈品协会的调查数据显示，中国是全球奢侈品消费成长速度最快的国家。2007年中国人奢侈品消费占全球市场份额的18%。几乎所有世界顶级品牌都在中国设有分店。虽然许多奢侈品在中国的售价比国外高 50% 以上，一些人仍趋之若鹜。不久前在北京、上海、广州等地热销的日本大米，比在日本国内价格高 3 倍多，比中国产大米贵 25 倍多，被称为"天价"大米。

博士产量世界第一，半数以上当了公务员

根据最新统计，中国 2007 年培养的博士人数突破 5 万人，已经超越美国，成为世界最大的博士授予国家。我国目前获准授予学士学历的大学有 700 多所，美国有 1 000 多所，而我国拥有博士学历授予权的大学已经超过 310 所，美国则只有 253 所。美国每 10 个硕士才能出 1 个博士，我国每 4.2 个硕士中能出 1 个博士。而据国务院学位办主任杨玉良院士日前透露，和以前博士毕业后九成以上在高校和科研院所工作不同，现在博士就业出现新动向，半数以上进入政府，当了公务员。

百亿车牌拍卖款去向质疑

对于拍卖所得款项去处问题，上海市政府一直没有公布具体细节，只有一个笼统的说法是，拍卖款为 94.2 亿元，其中 39 亿元用于上海中环线工程建设，36 亿元用于轨道交通建设，专户余额为 16.9 亿元。这一说法被认为过于含糊。根据历年媒体的相关报道进行不完全统计，算下来的数字约为 137.54 亿元，因此围绕着这一问题的质疑声越来越大。遗憾的是众目所待却迟迟得不到回应。交通局说只负责拍卖过程，经费使用情况由发改委负责；发改委负责人则明确表示，"只听取意见，不会解答任何问题"。

越耗油的车在中国越流行

中国是仅次于美国的世界第二大石油消费国，2007 年的石油进口提高了 12% 以上。而比起国内有大量石油资源的美国来，中国的能源安全要脆弱得多，可以说是世界上最依赖石油的国家。据北京车展消息：最耗油也最容易制造污染的车在 SUV 最普及的美国，过去一年 (截至 3 月) 的销售量下降了 22%，而去年中国的 SUV 的销售量则预计上涨 40%~45%。乃至世界各国的车商，都把很难卖出去的 SUV 拿到中国粉墨登场。

美国国会研究局报告：中国软实力不足为惧

中国富裕起来后，通过对外投资与不附带条件的外援来争取盟友并且削弱美国的影响力，然而美国国会的调查显示，美国其实无须为此担忧。美国国会研究局的研究发现，中国动用其庞大的美元储备来进行对外投资，在境内或境外都不见得受欢迎。2006 年底，中国的对外投资只占全球直接对外投资的 0.58%，为 733 亿美元（约 998 亿新元）。中国通过贸易与投资、人道援助与文化交流以及旅游业所发挥的软力量影响力，根基是薄弱的。

跨国公司涉嫌瞒报在华污染信息

国际环保组织"绿色和平"在北京发布最新调查报告显示，28 家世界知名企业污染物排放信息公布情况不尽如人意，其中有 13 家跨国公司公布了中国以外地区的污染物排放信息，却独漏中国，涉嫌采取"双重标准"。这 13 家企业分别是：埃克森美孚、通用汽车、皇家壳牌石油、丰田汽车、道达尔、通用电器、福特汽车、日产汽车、日立、雀巢、巴斯夫、宝马以及东芝。绿色和平相关负责人王亚敏表示，28 家企业是 2007 年《财富》杂志世界 500 大企业的前 100 百名，都是生产性企业，在中国设有生产性工厂。

"问责秀"破坏政府公信力

截至目前，全国出台并全面启动行政问责制相关办法的省（区、市）已达 10 多个。但在问责制度实施过程中却突显"六重六轻"现象：重行政问责，轻法律问责；重内部问责，轻外部问责；重执行问责，轻决策问责；重事故问责，轻日常问责；重应对问责，轻预防问责；重形式问责，轻结果问责。

高管薪酬制定权力须受制约

多家银行 10 日发布补充年报，披露公司高管收入。收入最高的高管是民生银行董事长董文标，其 2007 年的税前报酬为 1 748.62 万元。招商银行执行董事、行长兼首席执行官马蔚华税前收入为 963.1 万元。兴业银行报酬最高的是董事长高建平，为

297.60 万元。中信银行执行董事、行长陈小宪的税前报酬总额为 648.6 万元。我国银行绝大多数是国有银行或国家控股,银行的管理层薪酬标准制定过高,就意味着是国家与纳税人利益的相对受损,这很大程度上与国有或国家控股上市公司高管薪酬制定机制不够健全有关。

温铁军:实现农业"零排放"成当务之急

最近 30 年,在农业现代化导向之下的"化学化"和"机械化",使农业成为立体污染最大的领域。知名"三农"问题专家温铁军日前指出,以现代农业造成的环境破坏来说,一般的化肥能够被农作物吸收 20% 多,最好的复合肥也不过 30%,其余的70% 要么进入大气污染了空气,要么流入江河湖海或进入土壤。目前农业对我国污染的"贡献率"已达一半。当前新农村建设的当务之急是实现农业"零排放",恢复农业和农村的环保建设。

迟福林:公共服务均等化的关键是遏制特权

中国 (海南) 改革发展研究院执行院长迟福林指出,"特权"现象在教育领域,公共卫生与基本医疗、基本社会保障、公共就业服务等方面不同程度地存在。以基本医疗为例,一项资料显示,目前我国农村合作医疗覆盖率只有 10% 左右,而城市合作医疗覆盖率则为 42%;政府公共投入方面,国家财政用于农业的财政支出比重不断下降,由 1978 年的 13.43%,下降到近年来的 7.12%。

中国"人口红利"已不可继续

从 1978 年到 1998 年,在中国持续 20 年的经济高速增长中,资本贡献率为 28%,技术进步和效率提升的贡献率为 3%,其余都是劳动力的贡献。这样的"人口红利"已不可能继续了。亚洲开发银行日前发布的一份《2008 年亚洲发展展望》警示,中国在劳动力方面面临三大挑战:人口老龄化带来的"人口红利"消失,熟练和半熟练工人短缺制约了企业制造水平,以及结构调整等问题带来的一系列问题。

中国的崛起要求民族心理的转型

英国诺丁汉大学中国政治研究所所长郑永年指出，通过 30 年的改革开放，民族主义的主要问题由"富国强兵"变成了如何在国际政治舞台上展现中国的富强。与此相呼应的是两种典型的民族主义心态。"百年耻辱"心态和年轻一代的过分自信，两种情绪有机地结合到一起，造就了新一波民族主义。而理性的爱国主义者应当从长远国家利益而计，必须对这种民族心理进行反思，实现民族主义的转型。

财税体制改革的方向不是"强干弱枝"

安邦集团的高级分析师贺军指出，近年来国内的"财权与事权不匹配"，主要表现为地方政府承担的事务越来越多，而财力增长不足。2007 年中央本级收入 27 738.99 亿元，占全国财政收入的 54.1%；而承担诸多具体事务的地方本级收入则只有 23 565.04 亿元，占全国的 45.9%。财权与事权不匹配不仅加大了中央政府转移支付的压力，还使得地方政府在面对教育、医疗等问题时有心无力，并且间接引发了地方政府的各种乱收费。

孙立平："阜阳现象"的背后是政府公信力的丧失

清华大学社会学系教授孙立平撰文指出，"阜阳现象"的背后是政府公信力的丧失。首先是有关部门原来隐瞒疫情的历史以及由此导致的公信力的丧失。而公信力丧失的结果是现在说什么人们也不相信，宁可做最坏的揣测。其次，也许是更重要的，是近年来阜阳腐败案件的频发以及导致地方政府公信力的丧失。到目前为止，阜阳市干部中已经有 2 名省部级、8 名市委常委、11 位厅级领导干部因腐败而落马。在这样的官场生态中，其公信力的丧失无疑是必然的。

民众最关注官员财产情况

针对 2007 年 5 月 1 日正式实施的《中华人民共和国政府信息公开条例》，《中国青年报》进行了一项调查（3 837 人参加）。结果显示，98.4%的人认同"获取政府信息是公众应有的权利"，仅有不到 2%的人对此表示反对或"不知道"。调查显示，

58.1%的人表示会"积极关注相关部门的信息公开目录",58%的人会"监督政府作为,以减少腐败"。调查中,77.5%的人最希望政府公开的信息是"官员财产情况",71.3%的人选择"政府财政预算、决算报告"。

公务员薪酬改革直指地区差异

公务员薪酬制度改革将通过"削峰填谷"、设立津贴补贴调控线、征收津贴补贴调节基金等方式,力争在 2009 年实现规范津贴补贴的目标。据了解,2007 年公务员工资收入最高的是上海市,较低的地区包括贵州、甘肃等,发达地区和落后地区同级别公务员收入差距,"已经大到不能接受的地步"。西北某县公务员在深圳福田区考察时发现,同为处级公务员,这个县每月只有 1 300 元的收入,而深圳则有 14 000 元。而作为缩小地区收入差距的一个重要手段——地区附加津贴补贴制度改革,一直是呼之不出。

政府必须坚持责任伦理

已故著名学者王元化认为,长期以来,我们只追求宏伟目标和乌托邦理想,至于为实现这些理想和目标所会带来的后果,老百姓所要付出代价,都可以在所不惜。这是一种只讲意图伦理的政治。但是,政治家更重要的还必须讲责任伦理。以责任伦理指导自己工作的政府,其突出的表现就是将人的生命放在第一位。在一轮一轮政治改革完成以前的较长时期,必须是有责任伦理和人权观念的政府。如其不然,一旦放弃体制改革和政治文明的建立,不立此为本,那么,必将流为新权威主义,这是与现代民主政治精神泾渭殊途的。

中国新富阶层占据社会总人口数量的 5%

国内首份关于"新富阶层"的研究报告在京发布,调查对象涉及北京、上海、广州、杭州等 10 多个一线城市的数百名人士。报告将税后年收入在 30 万元以上的人士定义为"新富阶层",年龄在 25~50 岁之间。目前中国的新富阶层占社会总人口数量的 5%。其中税后年收入在 30~100 万之间的人口数量为 5 000 多万,税后年收入在 100 万元以上的约有 500 万人。

"文化热"变成了"工程战"

近年来，在某些地方，文化发展存在许多误区，地方政府大兴土木，急于通过上大项目来发展文化，展示文化政绩。某省计划投资300亿元建设中华文化标志城，并高调宣布890万元在全球征集建设方案，引发了广泛的社会争议。西北某省黄帝陵总共进行了两次整修，共投资2.8亿元。中部地区两个城市计划投入3.5亿元，对黄帝故里景区进行改扩建。南方某市累计投资2亿多元，新建各种祭禹建筑。巨大的经济和政治利益使得"文化热"变成了"工程战"，"传统保护热"变成了"祖先争夺战"。

煽情传统文化是在害中国

北京大学中文系教授李零撰文指出，传统文化寄托了中国人的理想和情感，大家希望以此提高道德，改善当下的社会风气，希望扩大影响，让世界更加了解中国，这种心情是可以理解的，但是这种心情太煽情而发展为狂热，则适得其反。阅读传统经典也需要理性。读经典热、传统服装热、祭拜炎黄热等现象"统统是病"。这不是爱中国而是在害中国。当前官员、商人请文化人出谋划策搞规划，借文化圈钱的例子并不少见，错位地理解和诠释中国传统文化，恰好败坏了中国传统文化的形象。

划分社会阶层不如研究利益群体

清华大学社会学系教授孙立平撰文指出，中国还没有形成比较稳定的社会阶层，利益群体的分析模式之所以应当引起重视，至少有这样几点原因。一是从一般的意义上说，利益群体是更现实的行动主体。在现实生活中，人们很少直接看到阶级或阶层在行动，人们看到的现实行动者主要是利益群体。二是在特殊的意义上说，社会转型时期恰恰是利益关系调整最剧烈的时期，随着集体消费在现代社会中的地位越来越突出，围绕集体消费发生的矛盾和冲突会越来越多，利益群体这个行动主体的地位也就会越来越重要。

林毅夫：最好的制度是内生的

已故著名经济学家杨小凯认为，后发国家不仅有后发优势，还有后发劣势：先发展经济，再进行宪政体制改革，必然导致腐败现象的产生，而致长期经济发展的失败。最近刚赴任世界银行首席经济学家、高级副行长的林毅夫则认为，经济发展未必是实行宪政体制的结果。从历史看，至今还没有发现世界上有哪一个后发国家，是因为先进行了共和宪政体制改革，然后才实现了经济持续快速发展。制度决定于国情，只能是一面发展经济一面逐步探索逐步完善。一个最优的制度安排实际上是内生的，与发展阶段及历史、文化等有关系。

"举一切事宜均候上级指示"

照抄照转与层层加码都是不作为。新华通讯社高级编辑陈四益撰文称，地方政府"举一切事宜均候上级指示"的风气导致的照抄照转与层层加码，是历数千年而未改的官场痼疾，都是集权体制的衍生物。因为权力太过集中，下面习惯于事事依赖，上面习惯于指挥一切。上下交相为用，便形成了上头的瞎指挥和下头的不作为。照抄照转和层层加码正是这种不作为的两种表现方式。由于经济与政事的改革，这两种习气已渐有改进。其改进之道在于改变高度集权的体制，分清各自的责任，在法治的前提下，发挥各级的主动性和创造性。

官员"老板化"困扰中国政坛

目前，各地官员老板式的"经营城市"和招商引资行为，产生的负面影响已经大大超过其积极意义。但一些地方官员说，如果不搞招商引资，地方经济发展不了，政府就没有税收。没有税收，就业问题、社会保障问题、教育问题、医疗卫生问题、公共服务问题都无法解决。官员越来越像老板的背后有着深刻的体制原因。在现行政治经济体制之下，政企分开的改革目标还没有完全实现。中央对地方、上级对下级，最关键的考核目标、决定任免升迁的事项一直是经济指标、GDP 增长率为主。

中国濒临"中等国家"陷阱

按照世界银行的估算，到 2010 年，东亚和东南亚，包括中国，将会有 95% 以上的人口进入中等收入国家这一行列。然而，中等收入国家的风险和问题也将会是全新的。第一个陷阱是收入分配差距拉大，从某种意义上来说，中国现在已经进入这个陷阱。第二个陷阱是城市化。目前中国有大量的农民进城，是城市化过程的一部分。第三个陷阱是资本账户开放。第四个陷阱是产业升级。在不远的将来，中国会有相当大规模的产业可能要转移出去。

八成公众希望官员主动体面"下台"

中国青年报社调中心和题客调查网最近联合开展的一项 8 139 人参与的在线调查显示，79.0% 的人认为应当提倡官员主动引咎辞职，使官员勇于承担责任，27.3% 的人认为制度上应该加强对权力的制约。有专家指出，政治责任感和政治责任评价是政治官员实施自我追究责任的两个内在条件，但还必须有环境压力的外在条件。这种压力来自于两个方面：权力的制约和自由的舆论。追究政治责任本身就是对政治官员行使权力的正当性的怀疑，权力的制约使得政治官员在行使公共权力的同时，权力制衡机制自动发挥作用，纠正权力的不正当行使。

法办涉案人大代表有多难？

广东云浮市"亿万富翁"梁广镇，因涉嫌挪用公款犯罪被立案侦查。鉴于其云浮市人大代表身份，经云浮市检察院申请，该市人大常委会许可检察院对其采取强制措施并移送法院进行刑事审判。广西百色市人大常委会表示了不同的意见：梁广镇也是百色市人大代表，未经其许可，云浮市检察院不能对其采取强制措施并移送法院进行刑事审判。如果这样的做法推广开来，一个大企业家如在几个地方成为人大代表，在其触犯法律以后，只要有一个地方的人大常委会出于地方保护，就可能阻拦对其实行强制措施，法律也就变成一纸空文了。

谢淑丽：中国应培养积极的民族主义

美国著名的中国问题专家谢淑丽在分析中国强烈的民族主义情绪的原因时指出，中国如果沉溺在受害的历史中不可自拔，那是不健康的。积极的民族主义是指民族自豪，对中国在科技方面的成就感到骄傲。每个国家都有某种形式的民族主义。我们常把自己这种感情称为爱国主义，而其他国家会觉得这是民族主义。所有国家都会有爱国情感，这样的情感是无可指摘的，但有危险的是爱国主义中反对外国的一面。这可能给中国带来麻烦，可能导致中国不由自主地陷入冲突，而且同时加大国内不稳定的风险。

经济透视：

多个特大金矿被外企圈占

据《第一财经日报》报道，自 2003 年后，数以百计的外国初级矿业公司和无以计数的独立找矿人活跃在中国的金矿勘探开采行业获利丰厚。贵州、云南、辽宁等多个储量过百吨的特大型金矿山，均被澳大利亚、加拿大等外资矿业公司控股圈占。金山矿业公司自 2005 年来，在加拿大资本市场的股价上升了 400%，从一家名不见经传的初级矿业公司一跃成为加拿大高级矿业公司。专家认为，外资圈占我主要金矿山将在一定程度上危及国家金融安全。

低粮价不利于粮食安全

据《上海证券报》，目前中国的粮食价格是全世界最低的，国际市场小麦和大米的价格是中国的 2 到 3 倍。中国加入世贸组后仅仅 6 年，国内农产品与国际市场农产品的价格形成了巨大的倒基差。在世界经济一体化的情况下，这种巨大的价格逆差肯定是不合理的，也是难以长久维持的。在这种局面下，合理的粮食价格或许是稳定粮食生产最有效的市场化手段。

农民在涨价中获利少是个大问题

据《人民日报》，日前农业部组织调研组选择 9 个品种的农产品对产销全程跟踪调查。结果显示，在农产品产销链条中，农民投入多、耗时长、风险大，但获得的利润相对较少。1 斤油菜，地头收购价 0.4 元，北京超市价 2.2 元，农民每斤只赚 5 分钱；1 斤尖椒，农民出售价 1.25 元，超市零售价 6.5 元，上涨 4.2 倍。解决 13 亿人口的吃饭问题，除了坚决保住 18 亿亩的耕地红线外。让农民在种植农产品中得到利益、增加收入是关键。

谁创造 GDP 增量，谁就交出更多税收

据《安邦资讯》，国家税务总局数据显示，第一季度中国税收的名义增量高达 3 818 亿元，而 GDP 的名义增量则为 10 664 元，名义税收增量在 GDP 名义增量中的占比高达 35.8%。对比来看，根据官方披露的数据显示，2007 年第一季度的中国名义 GDP 总量为 50 287 亿元，名义税收收入为 11 284 亿元，税收收入在 GDP 中的占比仅为 22.5%。这意味着谁创造了 GDP 增量，谁就交出更多的税收。企业通过生产力进步而获得的增值价值，其承担的税负要比原有价值承担的税负要高出 50% 以上。

经济因素才是中国在西欧形象恶化的深层次原因

据英国《金融时报》报道，最新哈里斯（Harris）民意调查显示，在欧洲人眼中，中国已取代美国成为全球稳定的最大威胁。在欧洲五个国家，平均有 35% 的受访者认为中国对全球稳定构成的威胁大于其他任何国家。其中，36% 的法国受访者认为中国是最大的威胁，高于 2007 年的 22%；德国为 35%，高于 2007 年的 18%；英国为 27%，高于 2007 年的 16%。上述三个国家 2007 年都将美国列为更大的威胁。如果说以前欧洲民众对中国的敌意以政治因素居多，那么此轮敌意加深的最主要原因可能还在于经济因素。

林毅夫：2030 年中国整体经济规模将为美国 2.5 倍

将出任世界银行首席经济学家兼资深副总裁的中国学者林毅夫，以经验法则分析，并观察预期寿命、卫生条件，以及食品支出总额占个人消费支出总额比重的"恩格尔系数"等指针数据分析，中国当前经济规模与 1960 年代的日本相似，而日本历经近 30 年发展，1988 年人均收入追上美国。参酌日本前例，再加上人民币长期的币值变化，到 2030 年中国的人均收入可望达到美国的一半，中国人口为美国 5 倍，届时中国

的整体经济规模将是美国的 2.5 倍，为全球最大的市场。

9 000 万亩耕地不再种粮是个危险信号

在粮价暴涨的背后，全球粮食储备正在大量减少。据联合国统计，目前全球粮食储备已降到 1980 年以来的最低水平。而在国内的重庆，竟然有 11% 的耕地不再种粮，国家补贴成了农民的利润来源。当前土地出现抛荒现象并不仅限于重庆，全国各地都不同程度存在。据中央党校研究室副主任周天勇估计，到 2007 年 10 月，全国抛荒耕地在 9 000 万亩左右。越来越多的耕地不再种粮，这无疑是一个非常危险的信号。

资金缺口将成铁路政企改革的推手

瑞银证券副董事长卫强表示，未来几年铁路行业年均资本开始超过 3 000 亿，而年资金缺口可能高达 2 000 亿元。据 2006 年的数据，铁道部总资产为 1.5 万亿，但负债率已经高达 80%，铁道部每年还本付息的压力已非常大。"未来几年如果想靠大规模的发债或者借贷来解决这 2 000 亿的资金缺口是不太可能的"。通过资本市场来融资就成为重要的渠道。商业化资本与生俱来的利益要求将倒逼铁路行业进行政企分开以及运价体系松动等一系列改革。

外汇储备合理规模应为 3 000 亿

国家发改委对外经济研究所所长张燕生表示，我们现在面临着从 1993 年以来持续的贸易顺差。现在外汇储备资产达到了 1.68 万亿美元。中国的外汇储备资产合理规模实际上是 3 000 亿到 4 000 亿美金，我国现在已是名列前茅的资本净输出国，海外总资产在 GDP 的比例接近 50%。中国最大的财富是亏损的。2006 年，在中国的三资企业年均资本收益率高达 21%，而中国购买的 10 年期美国国债的市场收益率是 4.12%，扣除通胀因素后也就是 1.86%，考虑美元贬值因素，这笔财富实际上是亏损的。

农行股改的财务成本可能将达 8 000 亿元之巨

据报道，银监会《2007 年报》披露了中国农业银行不良贷款的真实状况。截至

2007 年末，农行不良贷款余额 8 065.1 亿元，不良率为 23.7%，需要计提的贷款损失准备高达 6 539.95 亿元。分析人士认为，农行股改的财务成本可能将达 8 000 亿元之巨。根据中国人民银行广州分行行长马经 2007 年在两会召开期间透露的信息，央行为中、工、建、交等商业银行改革所支付的成本约为 21 000 亿元。如今再加上农行的 8 000 多亿元，国家共为 5 家国有银行支付改革成本近 3 万亿元。

中国经济持续发展，其政治自由也会最终跟进

据英国《星期日电讯报》，中国正在经历世界上前所未见的最迅速的工业革命。在过去 30 年的大多数时间里，它的发展速度平均为 8% 到 10% 每年。出口和进口都以每年 20% 甚至更多的速度增长。中国并非不受美国发展减缓的影响。2001 年中国对美国的出口只占其国家收入的 2%，现在已经上升到 10%。中国也在形成越来越强的自我推动力，这也是出口增幅现在呈下降趋势的原因。上周的新数据显示，中国在 2006 年的经济增幅为 11.6%，2007 年为 11.9%。这意味着随着中国经济持续发展，它的政治自由也会最终跟进。

警惕境外机构"偷走"中国民间黄金

目前国内黄金现货交易非常活跃，一些境外机构正在出于某种目的窥视中国黄金。西汉志（北京）国际黄金有限公司总经理黄汉君说，4 月中旬曾经有沿海地区的客户向他们咨询，希望订购 10 吨黄金，后来得知客户是海外某国的。10 吨黄金相当于山东黄金一个季度的产量，也相当于中国央行黄金储备的 1/60，不是个小数目，"境外客户在我国民间搜集黄金的现实，应该引起相关部门的重视。"金天下首席经济学家张卫星说，作为国际金融流通中的"硬通货"，增加黄金储备，应对可能的金融危机，不失为一种良策。

"石油农业"正促使粮食告别廉价时代

中国农业科学院农业资源与农业区划研究所尹昌斌博士日前表示，廉价农产品时代可能将一去不复返了。当前我国的农业已经是"石油农业"，化肥、农药、农业机械化与自动化都离不开以石油为代表的化石能源。在我国，仅化肥农药就占粮食生产

成本的四分之一左右。石油价格的飙升直接影响着农业生产成本，带动农业生产成本的大幅度上升。石油价格快速上升，又使以玉米、油料作物为代表的生物能源制造变得"有利可图"，以生物燃料生产的粮食消耗增长迅速。

中国经济发展面临三大挑战，劳动力现短缺

国务院发展研究中心研究员吴敬琏说，中国经济在改革开放 30 年中获得了巨大的发展，现在已经步入人均 2 000 到 3 000 美元这一新的发展阶段。中国过去经济增长，是由要素投入和出口需求驱动的。这种增长方式曾经有效地支持了中国经济的高速增长。但是，从要素投入驱动这个角度看，出现了以下三大挑战：由于大量土地和自然资源的投入，造成资源短缺和环境破坏；由于资本要素的超常投入，引致投资和消费的失衡；劳动力开始出现短缺。

中央级国企在 5 年内将被缩减至 30~50 家

国务院国资委研究中心主任王忠明透露，"未来 5 年，中国国资体系将面临大洗牌。中央级国企可能从 159 家缩减至 30~50 家，地方级国企总数也不超过 1 000 家。"国家资本大量投放是中国国企运行的最大特点，"不愁资金来源"的优势令很多国企陷入了"拿得多、给得少"的尴尬局面，不少高能耗、低效益的国企单位更成为城市发展进程中的"后进生"，国企也未能发挥其应有的公共效应。对于国企未来的出路，王忠明认为应发掘新的战略性企业。

按"1 美元/天"的标准统计，中国目前的贫穷人口将有 3 亿之多

中国的扶贫之路任重道远。在如何统计中国的贫穷人口的问题上，由于 PPP（购买力平价）使中国经济总量"缩水"，中国的贫穷人口将随着人均 GDP 的下调而大幅增加。卡内基国际和平基金会的凯德尔认为，按"1 美元/天"的标准统计，中国目前的贫穷人口将有 3 亿之多，较现时估计的 7 000 到 8 000 万多出 3 倍。世行发展研究组的陈少华和拉瓦雷认为，按新的 PPP 并根据 1.25 美元/天的国际标准估算，中国的贫困人口为 2.04 亿，较之前估计的高出 1.3 亿。即使我们的贫困人口还是先前估计的七八千万，这仍是相当于一个欧洲大国的人口，我们的扶贫之路仍任重道远。

83 亿违规土地出让金背后是"土地财政"

国家审计署日前公布了一份京津沪渝穗等 11 个城市国有土地使用权出让金使用情况的审计调查报告。报告显示，2004 至 2006 年，这 11 城市共实现土地出让净收益 2 618.69 亿元，其中 1 864.11 亿元未按规定纳入基金预算管理，占 11 城市土地出让净收益总额的 71.18%。违规使用出让金 83.73 亿元。截至 2008 年 1 月底，11 城市已收回被挪用、出借、返还和欠征的出让金 68.27 亿元。有专家指出，土地出让金日渐成为许多地方的重要收入来源，甚至成为最大一块财政收入，地方财政已成名副其实的"土地财政"。

国际扫描：

美国《新闻周刊》："超级阶层"主宰世界

超级阶层（superclass）拥有比地球上其他阶层大得多的权力，属于这个阶层的人极少，也许 6 000、7 000 或 8 000 人。 这个世界最富有的 10% 的人口控制着世界上 85% 的财富。政治精英是所有这些超级精英中的精英。这个阶层的名单有一个显著的从公共权力向私有权力变化的趋势。华尔街黑石集团的 CEO 史蒂夫·施瓦兹曼说："你如果认识世界前 5 大公司董事会里的董事，那么你会发现他们同时也是 140 家其他大公司的董事，并在 22 所大学里担任教职。"

美林：全球粮食储备只够吃 60 天

国际货币基金组织（IMF）总裁多米尼克·斯特劳斯—卡恩说，粮食价格飞涨可能给世界带来"可怕后果"，这种情况如果得不到缓和，国际社会过去 5 至 10 年的发展成果将毁于一旦，由此产生的社会动荡在极端情况下会导致战争。世行行长罗伯特·佐利克说，在许多发展中国家，穷人购买食品的费用占收入的比例最高达 75%，食品价格上涨对贫困人口的生活构成沉重打击。美林证券发表报告称，全球粮食库存只够满足 60 天的需求。

粮农组织：37 国面临粮食危机，骚乱将愈演愈烈

联合国粮食及农业组织总干事雅克·迪乌夫的话说，飞涨的粮价不可能下降，这会迫使贫穷国家的粮食进口额增加 56%。粮农组织在最新发布的世界粮食状况报告中说，一些非洲国家和印度尼西亚、菲律宾、海地等国家由于粮价飞涨和粮食供应短缺而爆发骚乱，共有 37 个国家面临粮食危机。粮价飞涨对发展中国家人民造成的影响更加深远，因为他们 50% 至 60% 的收入都用于购买粮食，而发达国家人均购粮花费只占收入的 10% 至 20%。

高通胀是穷国动乱的温床

埃及最大的纺织厂——"米萨尔棉纺厂"的 25 000 名工人打算举行大规模静坐示威，抗议物价上涨过快，要求增加工资。2 000 余名抗议者与守卫广场的安全部队官兵发生肢体冲突，并迅速演变成暴力事件。这次抗议活动只是埃及全国罢工潮的一部分。埃及人口 7 600 万，有近 40% 的民众生活在贫困线即每天 2 美元以下。近几个月来，食用油和大米的价格翻番，而政府补贴的面包却极度短缺。

日韩企业全球化竞争的启示

日本或韩国在经济腾飞阶段，对外国直接投资却几乎关闭了大门。1986 年，日本只吸收外国直接投资 8 亿美元，而同期中国吸引外资已达到 19 亿美元。韩国在 1960 年就制定了《外国资本引进法》，限制外国直接资本进入。韩国引进外资的重点是放在利用国外贷款上。日韩经济成功的真正意义，在于出口导向背后所暗含的日韩国内企业凭借其劳动力优势与美欧发达国家在国际市场上的直接竞争。

德国出口霸主地位背后的非价格因素

德国出口霸主地位背后的非价格因素值得中国深思。去年一季度中国出口增长 21.4%，较 2007 年同期下降 6.4 个百分点。但德国在 2007 年继续保持世界第三大经济体和世界第一出口国的地位，2007 年德国对外贸易顺差达 1 965 亿欧元，创历史最高纪录。非价格因素是中德之间在面临相似问题时所呈现的巨大的差异。所谓非价格因

素，即除价格以外的因素，像技术、品牌、质量、售后服务等方面。这些因素带给德国产品更高的附加值。这也正是德国继续保持世界第一出口大国的霸主地位的根源。反观我国，片面强调价格因素使企业的发展道路越走越窄直至倒闭。

油价粮价可能引发全球性滞胀

因为美元贬值，与美元挂钩的国际大宗商品，石油、铜、其他矿产以及其他原材料价格大幅上涨。石油价格高企使寻求替代能源需求上升，导致提取再生能源的相关谷物的工业需求上升，价格上涨，进而带动国际粮价普遍上涨。许多国家的通货膨胀大幅上涨，特别是许多新兴市场国家和发展中国家，通胀都达到两位数，越南通胀水平接近20%，俄罗斯超过14%，都达到历史高位。不排除出现20世纪70年代和80年代石油危机出现的经济"滞胀"局面。

日本为发达国家中最封闭投资市场

欧盟（EU）贸易专员彼得·曼德尔森（Peter Mandelson）指责日本利用其他经济体的开放，同时在国内设置贸易和投资障碍，是"发达国家中最为封闭的投资市场"。之前，日本政府以国家安全为由，拒绝了英国维权基金儿童投资基金有关将其在日本最大的电力设备批发商电源开发公司（J.Power）股权比例提高一倍至20%的提议。在欧盟累计3万亿美元的对外外国直接投资中，日本仅占3%。日本的外国直接投资比例在发达国家中处于最低水平，是经合组织（OECD）平均水平的七分之一。

房价痛苦指数有多高

房价在居民年家庭收入3倍以上就属于难接受的范畴。严格按此标准，大部分国家就成了房奴的王国。住房专家 Wendell Cox 和 Hugh Pavletich 在第四次国际房价承受力调查中发现，美国的中等房价是美国中等家庭年收入的3.6倍，洛杉矶的房价则最难以承受，其中等房价($588 400)是当地中等家庭年收入（$51 100）的11.5倍。在几个发达国家中，加拿大，3.1倍，爱尔兰，4.7倍。英国，5.5倍。新西兰和以地广人稀著称的澳大利亚，6.3倍。

金砖四国未来 10 年将涌现大批百万富翁

巴克莱财富（Barclays Wealth）称，以美元计算，金砖四国（巴西、俄罗斯、印度与中国）的百万富翁人数在未来 10 年将大幅增加。巴克莱借用经济学人智库（Economist Intelligence Unit）的数据预测，到 2017 年，在家庭净财富总额排行榜上，中国将从第 7 位上升至第 3 位，仅落后于美国与日本。同样，巴克莱预测印度将从第 14 位上升至第 8 位，俄罗斯将上升 8 位至第 11 位，巴西将上升 3 位至第 12 位。

发展中国家不应追求粮食自给自足

据英国《金融时报》，美国与联合国的农业官员警告称，如发展中国家离开全球市场，追求自给自足，可能会加剧粮食危机。美国驻联合国粮农组织代表加蒂·瓦斯凯兹表示，回归粮食的自给自足可能会使难题复杂化。联合国高级农业官员担心粮食危机会带来不受欢迎但有可能出现的后果——粮食保护主义。粮农组织助理总干事何塞·马里拉·桑普西称，一些发展中国家现在倾向于回归农业的自给自足型，自给自足与保护主义往往相伴而行。

美国即将成为下一个陨落的经济大国

继老牌经济大国纷纷衰落后，下一个该轮到美国了。虽然出现类似大萧条那样的金融危机的可能性很小，但是目前的动荡已预示着那种曾使以前的世界主要经济大国，特别是英国崩溃的全球动荡。根据文献记载，西班牙帝国、海上强国荷兰和工业化英国在鼎盛时期和衰落时期都有六大致命伤：（1）对事情不再有正确的理解；（2）褊狭或狂热的宗教；（3）军事或帝国野心过大；（4）经济两极分化；（5）金融业地位上升（替代工业）；（6）债务过重。这些致命伤今日的美国也有。

英国《经济学家》：美国并非"自由的土地"

国际人权组织"自由之家"公布的最新调查报告《今天的美国：有多少自由？》，深入剖析了美国的自由状况。政府开放程度出现倒退。被列为机密的文件从 2001 年的 870 万份增加到 2005 年的 1 420 万份短短几年间增加了 60%多。从 1980 年到 2006 年，美国人的入狱率增加了约 4.4 倍。现在美国是世界上入狱率最高的国家之一：有 560 万美国人，或者说每 37 名美国成年人中就有 1 人曾经入狱。美国是世界上少数几个剥夺重罪犯权利的国家之一，一些州甚至禁止重罪犯人投票。

日本的学校是防灾中心

日本在人口集中的地区一定会设置紧急避难场所，这些场所大多设在学校、街头的公园和小广场。在日本这些年来发生的多次地震灾害中，最后不会倒塌的建筑物中，学校定是其中之一。日本的学校是防灾的中心，是市民在遭遇灾害时最放心的躲避场所——那里有宽大的操场，有体育馆，一有地震、暴雨等灾难发生时，市民就会先到这里来躲避。而日本各社区发出的防灾通知中，总要标出小学、中学所在的位置，告诉住户一旦发生灾害，要去学校躲避。

全球长寿企业日本最多

据韩联社 5 月 14 日报道说，韩国银行当天发表了《日本企业长寿的秘密及启示》的报告书，称日本拥有 3 146 家历史超过 200 年的企业，为全球最多，更有 7 家企业历史超过了 1 000 年。排在世界最古老企业前 3 位的都是日本企业。在这些长寿企业中，89.4%的企业都是员工不超过 300 人的中小企业，多以家庭为单位经营。经营范围大部分是制作食品、料理、酒类、药品以及与传统文化相关的行业。报告书分析认为，日本经济能够从 20 世纪 80 年代的日元强势和 90 年代的经济不景气中摆脱出来，一定程度上得益于这些长寿企业。

日本"海外农场"对中国的启示

日本 20 世纪 40 年代在东南亚建立了农场，80 年代将垦荒范围延至中国等地。现在，日本在世界各地拥有 1 200 万公顷农田，相当于日本国内农田面积的 3 倍左右。截至 2007 年，日本大财团三井物产已在巴西投资 100 亿日元，参与农场经营，掌握了粮食生产上的自主权。作为产业组织者，三井物产控制着海外农场供应，控制着庞大食品产业的上端，通过大型贸易公司在农业国建立稳定的供货基地。中国在海外农场方面主要是政府行为，多为孤立的种植示范，没有像日本三井物产这样的大型商社来供应，其丰富的经验值得学习。

日韩拟囤积稀有资源

日本和韩国分别在去年 2 月与 3 月公布计划，加大一批稀有战略资源的储备力度。其大量储备的稀有战略资源多来自中国，其战略储备计划的重点也是针对中国。中国拥有世界稀土资源的 88%，2005 年我国稀土出口总额 3.1 亿美元，其中出口日本 1.8 亿美元，占总金额的 58.27%，排在首位；出口美国 0.3 亿美元，占 10.26%，排在第 2 位。此外，钨及钨制品出口总额 7.3 亿美元，其中出口日本 2.3 亿美元，占 31.67%，排在首位；出口美国 0.88 亿美元，占 12.10%，排在第 3 位。严格控制我国稀有金属出口刻不容缓。

潘基文：2030 年前全球粮食需增产 50%

联合国秘书长潘基文称，全球粮食年产量在 2030 年前需增长 50%，如果无法让全球日益增长的人口填饱肚子，因饥饿而导致的社会动荡将一触即发。从 2007 年初起，全球粮价整体上涨了 60%，这在 30 多个国家引起了骚乱，特别是喀麦隆、埃及等不同程度上依赖进口粮食的国家。据联合国粮农组织（FAO）的数据，2007 年全球粮食价格上涨 37%。由于灾害性天气的来袭，2008 年粮价涨幅更惊人，仅第一季度就上涨了 16%。尽管去年小麦、谷物等粮食的收成可能创历史纪录，但粮价压力还将延续一段时间。

地球村的"模范居民"值得中国借鉴

改革开放 30 年来，中国"经济快车"奔行的速度令世人瞩目，但据国家发改委能源研究所估算，我国的能源利用效率目前仍然很低，比经合组织（OECD）国家落后 20 年；同样是生产 100 万美元的产品，中国所消耗的能源是美国的 2.5 倍，欧盟的 5 倍，日本的 9 倍。中国和日本同为能源消耗大国，但日本的节能技术和理念在国际上享有盛誉，值得中国学习。目前日本创造 1 美元 GDP 所消耗的能源，只有美国的 37%，是发达国家中最少的。日本可谓地球村里的"模范居民"。